Sillmann

Einstieg in SwiftUI

Bleiben Sie auf dem Laufenden!

Unser **Computerbuch-Newsletter** informiert Sie monatlich über neue Bücher und Termine. Profitieren Sie auch von Gewinnspielen und exklusiven Leseproben. Gleich anmelden unter:
www.hanser-fachbuch.de/newsletter

Update inside.

Mit unserem kostenlosen Update-Service zum Buch erhalten Sie aktuelle Infos zu den Neuerungen von SwiftUI.

Und so funktioniert es:

1. Registrieren Sie sich unter:
   www.hanser-fachbuch.de/swiftui-update

2. Geben Sie diesen Code ein:

   4kES-HaN7-aF9P-k87w

Der Update-Service läuft bis Oktober 2022.
Als registrierter Nutzer werden Sie in diesem Zeitraum persönlich per E-Mail informiert, sobald ein neues Buch-Update zum Download verfügbar ist.

Wenn Sie Fragen haben, wenden Sie sich gerne an:
swift-update@hanser.de

Thomas Sillmann

Einstieg in SwiftUI

User Interfaces erstellen
für macOS, iOS, watchOS und tvOS

HANSER

Der Autor:
Thomas Sillmann, Aschaffenburg
www.thomassillmann.de

Alle in diesem Buch enthaltenen Informationen, Verfahren und Darstellungen wurden nach bestem Wissen zusammengestellt und mit Sorgfalt getestet. Dennoch sind Fehler nicht ganz auszuschließen. Aus diesem Grund sind die im vorliegenden Buch enthaltenen Informationen mit keiner Verpflichtung oder Garantie irgendeiner Art verbunden. Autor und Verlag übernehmen infolgedessen keine juristische Verantwortung und werden keine daraus folgende oder sonstige Haftung übernehmen, die auf irgendeine Art aus der Benutzung dieser Informationen – oder Teilen davon – entsteht.

Ebenso übernehmen Autor und Verlag keine Gewähr dafür, dass beschriebene Verfahren usw. frei von Schutzrechten Dritter sind. Die Wiedergabe von Gebrauchsnamen, Handelsnamen, Warenbezeichnungen usw. in diesem Buch berechtigt deshalb auch ohne besondere Kennzeichnung nicht zu der Annahme, dass solche Namen im Sinne der Warenzeichen- und Markenschutz-Gesetzgebung als frei zu betrachten wären und daher von jedermann benutzt werden dürften.

Bibliografische Information der Deutschen Nationalbibliothek:
Die Deutsche Nationalbibliothek verzeichnet diese Publikation in der Deutschen Nationalbibliografie; detaillierte bibliografische Daten sind im Internet über http://dnb.d-nb.de abrufbar.

Dieses Werk ist urheberrechtlich geschützt.
Alle Rechte, auch die der Übersetzung, des Nachdruckes und der Vervielfältigung des Buches, oder Teilen daraus, vorbehalten. Kein Teil des Werkes darf ohne schriftliche Genehmigung des Verlages in irgendeiner Form (Fotokopie, Mikrofilm oder ein anderes Verfahren) – auch nicht für Zwecke der Unterrichtsgestaltung – reproduziert oder unter Verwendung elektronischer Systeme verarbeitet, vervielfältigt oder verbreitet werden.

© 2020 Carl Hanser Verlag München, www.hanser-fachbuch.de
Lektorat: Sylvia Hasselbach
Copy editing: Walter Saumweber, Ratingen
Umschlagdesign: Marc Müller-Bremer, München, www.rebranding.de
Umschlagrealisation: Max Kostopoulos
Satz: Kösel Media GmbH, Krugzell
Druck und Bindung: CPI books GmbH, Leck
Printed in Germany

Print-ISBN: 978-3-446-46362-2
E-Book-ISBN: 978-3-446-46587-9
E-Pub-ISBN: 978-3-446-46648-7

Für meine Mutter und meine Schwester.
Danke für all eure Unterstützung und euren kreativen Input.

Inhalt

Vorwort		**XI**
1	**Über SwiftUI**	**1**
1.1	Programmierung mit SwiftUI	3
1.2	Die Preview	5
1.3	Voraussetzungen	8
1.4	Integration	9
2	**Grundlagen**	**11**
2.1	Das View-Protokoll	11
	2.1.1 Ablauf der View-Generierung	14
	2.1.2 Structure vs. Klasse	14
2.2	Grundlagen der View-Erstellung	15
	2.2.1 Text und Image	15
	2.2.2 Views organisieren mittels Stacks	16
	2.2.3 Views mittels Modifier anpassen	19
	2.2.3.1 Funktionsweise von Modifiern	22
	2.2.3.2 Auszug verfügbarer Modifier	26
	2.2.4 Einsatz von Library und Preview	28
	2.2.5 Layout-System	30
2.3	Status	31
	2.3.1 Property	32
	2.3.2 State	33
	2.3.3 Binding	34
3	**Views, Controls und Container**	**39**
3.1	Text und Grafiken	39
	3.1.1 Text	39
	3.1.2 TextField	42
	3.1.3 SecureField	45
	3.1.4 TextEditor	46
	3.1.5 Image	47

3.2	Buttons		53
	3.2.1	Button	53
	3.2.2	EditButton	57
	3.2.3	PasteButton	57
	3.2.4	Menu	58
	3.2.5	Weitere Buttons	60
3.3	Value Selectors		61
	3.3.1	Toggle	61
	3.3.2	Picker	66
	3.3.3	DatePicker	70
	3.3.4	Slider	74
	3.3.5	Stepper	78
3.4	Value Indicators		83
	3.4.1	ProgressView	83
	3.4.2	Label	85
	3.4.3	Link	86
3.5	Stacks		87
	3.5.1	HStack	88
	3.5.2	VStack	92
	3.5.3	ZStack	96
	3.5.4	LazyHStack und LazyVStack	98
3.6	Grids		99
3.7	Listen und Scroll-Views		103
	3.7.1	List	103
	3.7.2	ForEach	112
	3.7.3	ScrollView	125
3.8	Container-Views		128
	3.8.1	Form	128
	3.8.2	Group	130
	3.8.3	GroupBox	134
	3.8.4	Section	136
3.9	Weitere Views		139
	3.9.1	Spacer	139
	3.9.2	Divider	142

4	**Navigation und Präsentation**		**143**
4.1	NavigationView		143
	4.1.1	Grundlagen	143
	4.1.2	Festlegen einer Standardansicht für die Ziel-View	146
	4.1.3	Ändern des NavigationView-Styles	148
	4.1.4	Setzen eines NavigationView-Titels	150
	4.1.5	Navigation-Bar ausblenden	152
	4.1.6	Setzen von Navigation-Bar-Items	153

	4.1.7	Alternatives Auslösen eines NavigationLink	155
	4.1.8	Navigationsstrukturen unter watchOS	157
4.2	TabView	....	158
	4.2.1	Grundlagen	159
	4.2.2	Programmatisches Wechseln eines Tab-Bar-Items	162
4.3	HSplitView und VSplitView	....	164
4.4	Sheet	....	165
	4.4.1	Sheet auf Basis eines Boolean	165
	4.4.2	Sheet auf Basis eines Identifiable-Items	166
	4.4.3	Reaktion auf Ausblenden eines Sheets	168
4.5	Alert	....	169
	4.5.1	Erstellen eines Alert	169
	4.5.2	Einblenden eines Alert auf Basis eines Boolean	171
	4.5.3	Einblenden eines Alert auf Basis eines Identifiable-Items	172
4.6	ActionSheet	....	174
	4.6.1	Erstellen eines ActionSheet	175
	4.6.2	Einblenden eines ActionSheet auf Basis eines Boolean	177
	4.6.3	Einblenden eines ActionSheet auf Basis eines Identifiable-Items ...	177

5 Status **179**

5.1	Property	180
5.2	State	182
5.3	Binding	183
5.4	ObservedObject	186
	5.4.1 Datenmodell vorbereiten	187
	5.4.2 Datenmodell in SwiftUI-View einbinden	187
	5.4.3 Auf Änderungen reagieren	190
5.5	StateObject	193
5.6	EnvironmentObject	194
5.7	Environment	200
5.8	Zusammenfassung: Welcher Status für welche Situation?	202

6 Integration **205**

6.1	Hosting	205
	6.1.1 NSHostingController und UIHostingController	206
	6.1.2 WKHostingController	207
6.2	Representables	208
	6.2.1 Erstellen einer Representable-View	210
	6.2.2 Aktualisieren einer Representable-View	213
	6.2.3 Weitergabe von Aktualisierungen an SwiftUI	215

7	**Preview und Xcode**	**221**
7.1	Funktionsweise der Preview	222
7.2	Arbeiten mit der Preview	224
7.3	Konfiguration der Preview	227
7.4	Mehrere Previews parallel einsetzen	228
7.5	Preview ausführen	231
7.6	Preview auf Device ausführen	233
7.7	Library	234
7.8	Kontext-Actions	239

Nachwort **243**

Index **245**

Vorwort

Liebe Leserin, lieber Leser,

ich entwickle seit inzwischen über zehn Jahren Apps für die verschiedenen Plattformen von Apple. Die Einführung des iPhone und des App Store hat meinen Werdegang maßgeblich beeinflusst und sorgte dafür, dass ich mich heute voll und ganz dem Apple-Kosmos verschrieben habe.

In all diesen Jahren gab es viele kleine Evolutionen, die uns App-Entwicklern das Leben erleichterten. Die Einführung von Automatic Reference Counting vereinfachte die Speicherverwaltung deutlich. Storyboards öffneten ganz neue Wege, App-Strukturen umzusetzen und Views zu gestalten. Auto Layout verbesserte die Möglichkeiten, Views für verschiedene Bildschirmgrößen zu optimieren.

Daneben gab es auch einige wenige *große* Revolutionen. Eine davon war die Einführung der Programmiersprache Swift. Eine andere zeichnet sich erst seit jüngster Zeit ab. Die Rede ist von *SwiftUI*.

Mit SwiftUI ändert sich maßgeblich, wie Views für die verschiedenen Plattformen von Apple umgesetzt werden. Es gibt keine View-Controller mehr, nur Views. Die basieren auf Structures, nicht auf Klassen. Ihre Erstellung erfolgt deklarativ, nicht imperativ. Und ein Status bestimmt, welches Verhalten sie an den Tag legen und unter welchen Bedingungen sie sich aktualisieren.

Die Arbeit mit SwiftUI ist so gänzlich anders als das, was man all die letzten Jahre mit AppKit, UIKit und WatchKit gewohnt ist. Gleichzeitig zeichnet sich jetzt bereits ab, wie mächtig dieses neue UI-Framework von Apple ist. Noch nie war es leichter, ansprechende Nutzeroberflächen zu erstellen. Und noch nie brauchte es dafür so wenige Zeilen Code wie mit SwiftUI.

Dazu kommt, dass SwiftUI auf allen Apple-Plattformen zur Verfügung steht. Hat man die grundlegende Funktionsweise demnach einmal verinnerlicht, ist man imstande, Views für macOS, iOS (und iPadOS), watchOS sowie tvOS zu erstellen. SwiftUI stellt ein gemeinsames Toolset dar, das sich im gesamten Apple-Kosmos nutzen lässt.

Seit der erstmaligen Vorstellung von SwiftUI auf der WWDC 2019 bin ich begeistert von diesem Framework. Wie mächtig es ist, wird mir jedes Mal bewusst, wenn ich in Projekten auf die „alten" Techniken zur Erstellung von Nutzeroberflächen mittels Storyboards und View-Controllern zurückgreife. Im Vergleich ist die Arbeit mit SwiftUI um so vieles komfortabler.

SwiftUI stellt die Zukunft der UI-Erstellung für Apple-Plattformen dar, und mit diesem Buch möchte ich Ihnen einen passenden Einstieg zur Verfügung stellen. In den folgenden Kapiteln erfahren Sie, wie SwiftUI funktioniert und welche Views Ihnen zur Verfügung stehen. Auch gehe ich im Detail auf den Status ein und wie er sich auf die Aktualisierung von Ansichten auswirkt. Ebenso kommt die Integration von SwiftUI in bestehende Projekte auf Basis von Storyboards nicht zu kurz.

Zusätzlich erhalten Sie zusammen mit diesem Buch noch Zugriff auf einen ganz besonderen Service: Dank Update inside kommen Sie in den Genuss von Zusatzkapiteln, die nach und nach veröffentlicht werden. Neben weiteren Themen, die es aus Platzgründen nicht mehr in dieses Buch geschafft haben, werden Sie so auch über kommende SwiftUI-Updates informiert. Der Update-Service läuft bis Oktober 2022. Sie werden persönlich von uns benachrichtigt, wenn neue Updates zum Download zur Verfügung stehen. Registrieren Sie sich dazu einfach unter *www.hanser-fachbuch.de/swiftui-update* mit dem Passwort von der zweiten Seite dieses Buches.

Nun bleibt mir nur noch zu sagen, dass ich Ihnen von Herzen viel Freude mit diesem Buch und der Arbeit mit SwiftUI wünsche. Ergänzende Artikel und Videos rund um die Entwicklung für Apple-Plattformen finden Sie auf meinem Blog unter letscode.thomassillmann.de.

Ihr Thomas Sillmann
Aschaffenburg, August 2020

1 Über SwiftUI

Als Apple Developer stand einem in den letzten Jahren ein klares Set an Frameworks und Funktionen zur Verfügung, um User Interfaces für die verschiedenen Plattformen aus dem Hause Apple umzusetzen. Da gibt es einerseits die Storyboards, mit denen sich – dank entsprechender Xcode-Integration – Nutzeroberflächen in einem separaten Editor komfortabel zusammensetzen lassen. Sogar das Verknüpfen mehrerer Views ist über Storyboards möglich, was in Summe den Umfang des zugehörigen Quellcodes massiv reduzieren kann.

Daneben pflegt Apple schon seit Jahren die bekannten UI-Frameworks AppKit, UIKit und WatchKit. Sie alle enthalten essenzielle UI-Elemente und Funktionen für die verschiedenen Apple-Plattformen. So stellt AppKit die Grundlage für alle bisherigen Mac-Apps dar, während UIKit unter iOS, iPadOS und tvOS zum Einsatz kommt. WatchKit schließlich bringt alles mit, um Anwendungen für die Apple Watch entwickeln zu können.

Mit der WWDC 2019 änderte sich dieses über Jahre bereits erfolgreiche Fundament grundlegend. Denn mit SwiftUI stellte Apple damals ein gänzlich neues UI-Framework vor, das bei den Entwicklern ähnlich unvorhergesehen einschlug wie seinerzeit die erstmalige Präsentation der Programmiersprache Swift (siehe Bild 1.1).

Doch was ist SwiftUI genau? Und was macht es so besonders?

Wie bereits beschrieben stellt SwiftUI ein UI-Framework dar. Es platziert sich als Alternative zu den bestehenden Frameworks AppKit, UIKit und WatchKit, ohne diese zu ersetzen. Hier kommt aber zugleich die erste große Besonderheit von SwiftUI zum Tragen: Mittels SwiftUI lassen sich Nutzeroberflächen für *alle* Apple-Plattformen erstellen. Egal ob Mac, iPhone, iPad, Apple Watch oder Apple TV: SwiftUI unterstützt sie alle!

Damit sinken für Entwickler die Einstiegshürden enorm. Hatte man beispielsweise bisher ausschließlich Apps für das iPhone auf Basis von UIKit programmiert, musste man sich beim Wechsel auf den Mac zunächst mit AppKit vertraut machen. Es galt dann, den Umgang mit den verschiedenen neuen View- und View-Controller-Klassen zu erlernen und sich mit den Besonderheiten des jeweiligen Frameworks auseinanderzusetzen.

SwiftUI löst dieses Problem, zumindest in Teilen. Mit denselben Views und Funktionen lassen sich mittels SwiftUI Nutzeroberflächen für alle Betriebssysteme von Apple erstellen. Hierbei gilt ein essenzieller Grundsatz:

Learn once, apply anywhere.

Bild 1.1 SwiftUI war das Highlight der WWDC 2019.

SwiftUI entbindet Entwickler nicht davon, ihre Views für die verschiedenen Plattformen zu optimieren. Man kann sich nur allzu gut vorstellen, dass für die Apple Watch erstellte Nutzeroberflächen eher schlecht als recht für den großen Fernsehschirm geeignet sind.

So geht es bei der Arbeit mit SwiftUI nicht primär darum, einmalig Views zu generieren, die auf allen Apple-Plattformen laufen. Stattdessen stellt SwiftUI ein gemeinsames Toolset dar, das man einmalig lernt, um es dann überall einsetzen zu können.

Aus diesem Grund stehen ein Großteil aller Typen und Funktionen, die innerhalb von SwiftUI definiert sind, sowohl auf dem Mac, dem iPhone, dem iPad als auch auf der Apple Watch sowie auf dem Apple TV zur Verfügung. Das ermöglicht es auch, Views zwischen diesen Plattformen zu teilen (sofern es sinnvoll ist). Beispielsweise ließe sich so eine Zellenansicht innerhalb einer Liste sowohl auf dem Mac, dem iPhone oder der Apple Watch gleichermaßen verwenden, sofern das Aussehen für dieses Element auf allen Plattformen identisch sein soll.

In diesem Zusammenhang ist es aber auch wichtig zu erwähnen, dass nicht alle Elemente innerhalb des SwiftUI-Frameworks auf allen Apple-Plattformen gleichermaßen zur Verfügung stehen. Bestimmte Views und Funktionen lassen sich zum Teil nur unter einzelnen Betriebssystemen nutzen.

Aufschluss hierüber gibt die Xcode-Dokumentation. Zu jedem Element können Sie im oberen rechten Bereich unter der Überschrift *Availability* erkennen, unter welchen Plattformen die jeweilige Funktion zur Verfügung steht (siehe Bild 1.2).

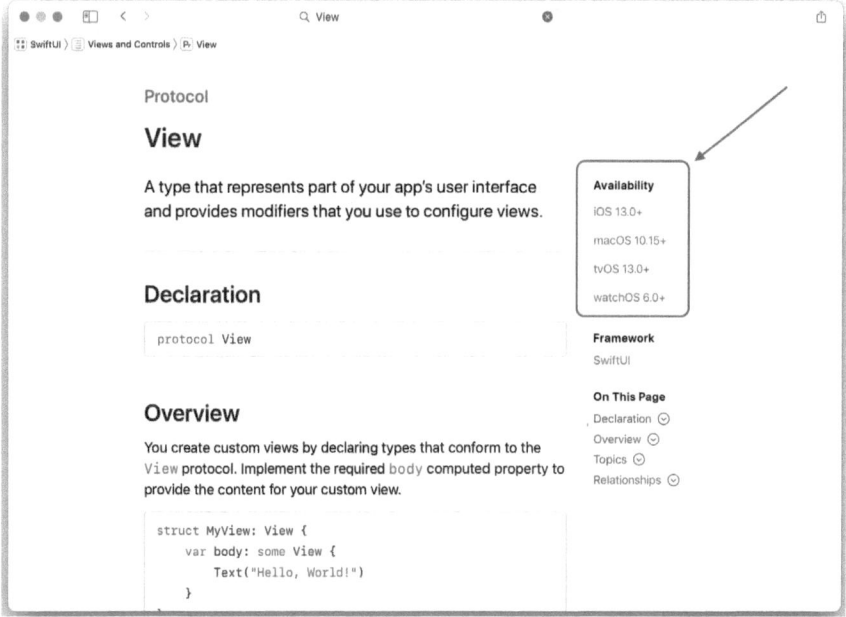

Bild 1.2 Mithilfe der angegebenen SDKs können Sie ermitteln, unter welchen Plattformen die verschiedenen SwiftUI-Funktionen zur Verfügung stehen.

■ 1.1 Programmierung mit SwiftUI

Der Einsatz des SwiftUI-Frameworks unterscheidet sich deutlich von dem, was man bisher von AppKit, UIKit und WatchKit gewohnt ist.

Zunächst wäre da die Syntax. Mit SwiftUI verfolgt Apple einen deklarativen Ansatz zur Erstellung von Views (dem gegenüber steht die imperative Programmierung, wie sie bisher immer zum Einsatz kam).

Statt Views mithilfe von Befehlen à la `addSubview(_:)` zusammenzubauen, legt man das Aussehen und die Struktur in SwiftUI explizit fest. Möchte man beispielsweise ein Label und einen Button untereinander darstellen? Dann packt man beide in einen V-Stack (eine View, um weitere Views vertikal untereinander anzuordnen), und das war's auch schon! Der dafür notwendige Code ist in vereinfachter Form in Listing 1.1 zu sehen.

Listing 1.1 Umsetzung einer einfachen SwiftUI-View mit einem Label und einem Button

```
VStack {
    Text("Hello, SwiftUI!")
    Button(action: {}) {
        Text("Button")
    }
}
```

Diese deklarative Syntax zeigt sehr deutlich, aus welchen Elementen sich eine View zusammensetzt und wie diese angeordnet sind. Beim imperativen Ansatz aus AppKit, UIKit und WatchKit hingegen steuert man mittels Befehlsaufrufen den Aufbau und das Erscheinungsbild von Views. Das kann zu teils fehlerhaften Darstellungen führen, falls diese Aufrufe nicht korrekt oder zu einem falschen Zeitpunkt erfolgen.

SwiftUI ist dank der deklarativen Syntax vor solchen Problemen gefeit, da zu jedem Zeitpunkt klar ist, wie eine View auszusehen hat und wie sie strukturiert ist.

Wie mächtig dieser deklarative Ansatz der View-Erstellung bisweilen sein kann, zeigt der Code in Listing 1.2. Die darin aufgeführten drei Zeilen reichen aus, um eine Table-View-ähnliche Liste mit SwiftUI zu erstellen, die über 100 Zellen verfügt (siehe Bild 1.3).

Listing 1.2 Erstellen einer Liste mit 100 Zellen.

```
List(0 ..< 100) { row in
    Text("Cell \(row)")
}
```

Hier braucht es keine Implementierung von verschiedenen Data Source-Methoden, wie es beispielsweise bei der Arbeit mit der Klasse `UITableView` unter UIKit der Fall wäre. Darüber hinaus lässt sich dieser kompakte Code sehr gut lesen und er spiegelt genau den Aufbau der Listenansicht wider.

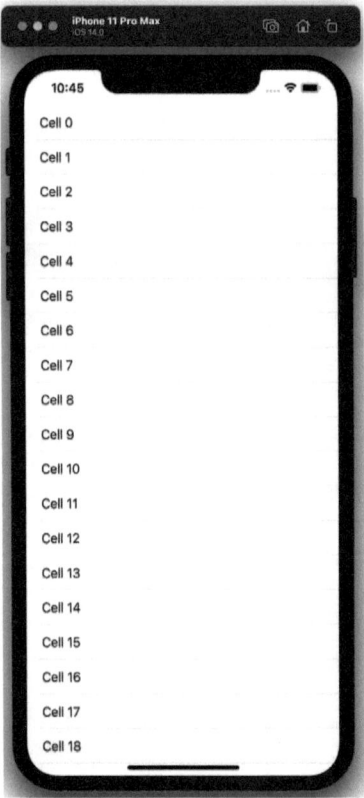

Bild 1.3
Mit drei Zeilen Code lässt sich in SwiftUI eine solche Listenansicht erzeugen.

Verständnis der Listings

Zu diesem Zeitpunkt müssen Sie noch nicht verstehen, was genau innerhalb der bisher gezeigten Listings geschieht. Die Listings sollen vielmehr verdeutlichen, wie die deklarative Syntax von SwiftUI grundlegend aussieht und mit wie wenigen Zeilen Code man bereits beeindruckende Ergebnisse erzielen kann. Selbstverständlich gehe ich in den folgenden Kapiteln detailliert auf die Funktionsweise von SwiftUI ein und erläutere, wie der Code genau funktioniert.

1.2 Die Preview

Eine weitere Besonderheit von SwiftUI und gleichzeitig eines der mächtigsten Features ist die sogenannte *Preview*. Diese erlaubt es, mittels SwiftUI erstellte Views parallel im Editor anzuzeigen (siehe Bild 1.4). So erkennt man auf einen Blick, wie sich Änderungen am Code auf das Aussehen von Ansichten auswirken.

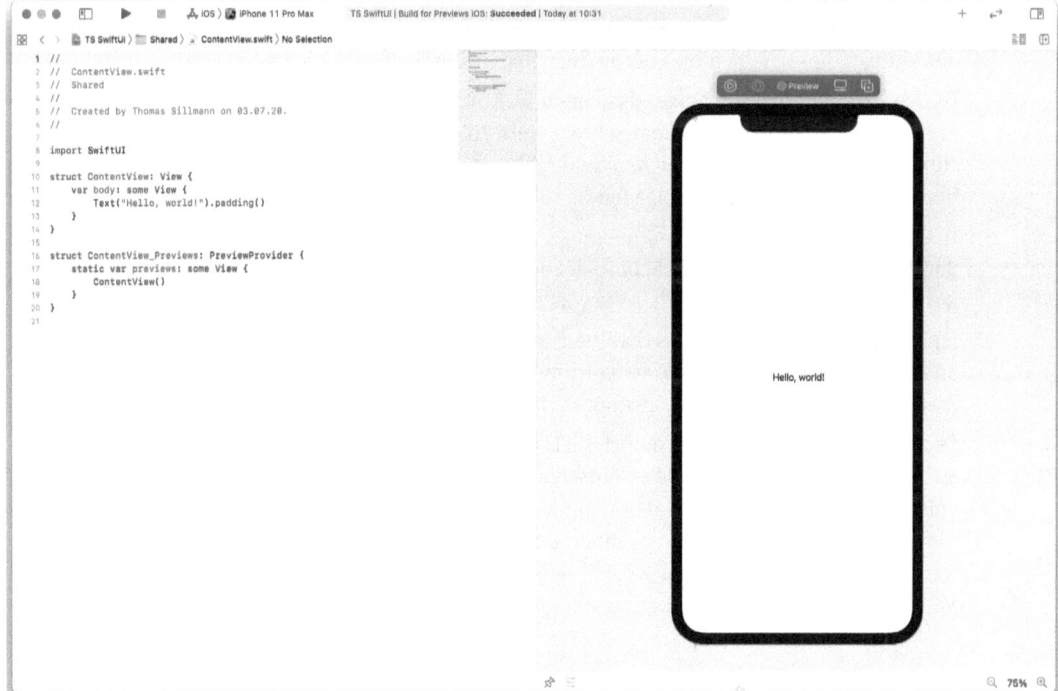

Bild 1.4 Die Preview in der rechten Bildschirmhälfte spiegelt das aktuelle Aussehen unserer SwiftUI-Views wider.

Ehrlicherweise muss man konkretisieren, dass dieses Feature primär der Entwicklungsumgebung Xcode und weniger dem SwiftUI-Framework zu verdanken ist. Apple integrierte diese Vorschaufunktion speziell für SwiftUI in seine IDE, mit dem SwiftUI-Framework selbst hat sie aber im Prinzip nichts zu tun.

Die Preview ist beim Öffnen einer SwiftUI-View standardmäßig immer aktiv. Jedoch ist es notwendig, sie zunächst initial zu starten. Dazu klickt man auf die Schaltfläche mit dem Titel „Resume" im oberen rechten Bereich der Preview (siehe Bild 1.5).

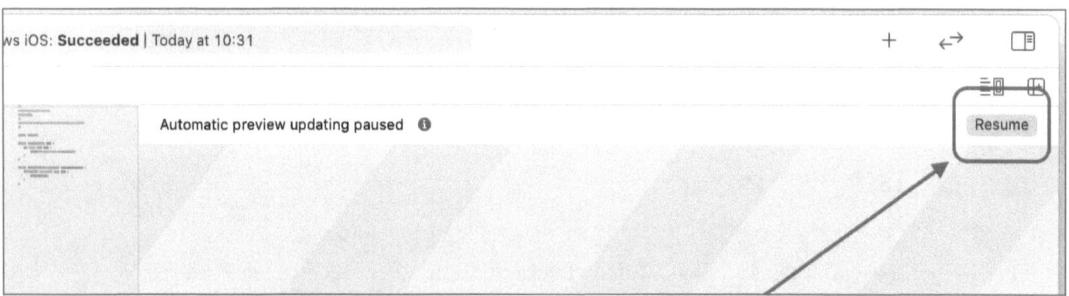

Bild 1.5 Die Preview muss man zunächst per Klick auf die Schaltfläche „Resume" starten.

Durch Betätigung dieses Buttons findet eine Kompilierung des Xcode-Projekts statt. Das ist notwendig, da Views möglicherweise mit Daten arbeiten, die als eigenständige Typen innerhalb des Projekts definiert sind. Damit die Preview korrekt arbeiten kann, muss sie über den Aufbau dieser Typen und deren Funktionen Bescheid wissen.

Dieser Umstand hat zur Folge, dass auch während der Arbeit an einem Xcode-Projekt die Preview zwischendurch automatisch pausiert. In der Regel geschieht das immer bei Änderungen außerhalb der eigentlichen SwiftUI-View. Auf die kann die Preview ohne Neukompilierung des Projekts nicht zugreifen.

In einem solchen Fall erscheint ebenfalls die in Bild 1.5 zu sehende Leiste am oberen Rand der Preview. Ein Klick auf die Schaltfläche mit dem Titel „Resume" reicht aus, um erneut die korrekte Vorschau einer SwiftUI-View anzuzeigen.

Ist die Preview einmal aktiviert, aktualisiert sie sich automatisch, sobald man Änderungen an der zugehörigen SwiftUI-View vornimmt. Ändert man so beispielsweise die Größe oder die Farbe eines Textes, ist das geänderte Ergebnis umgehend in der Vorschau ersichtlich.

Doch die Preview kann noch mehr! Sie lässt sich so nicht nur für die Darstellung, sondern auch für die *Änderung* von Views einsetzen. Das funktioniert ganz ähnlich, wie man es beispielsweise von Storyboard-Dateien her kennt. So lassen sich Elemente wie Labels und Buttons innerhalb der Preview auswählen, um dann Anpassungen über den Attributes Inspector vorzunehmen (siehe Bild 1.6). Welche Änderungsmöglichkeiten hierbei konkret zur Verfügung stehen, hängt immer vom ausgewählten Element ab.

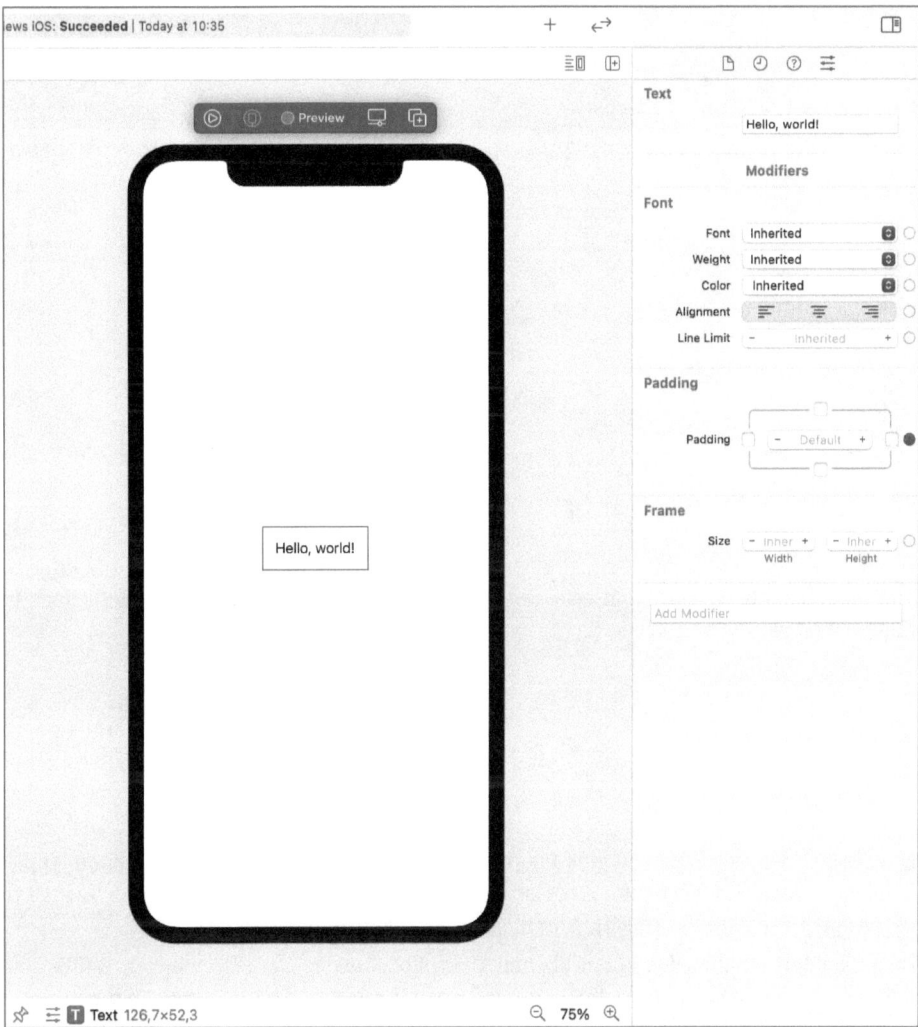

Bild 1.6 Mithilfe der Preview und des Attributes Inspectors lassen sich ebenfalls SwiftUI-Views anpassen.

Darüber hinaus ist es möglich, der Preview neue View-Elemente mittels Drag-and-drop hinzuzufügen. Hierzu öffnet man zunächst die Library über die Plus-Schaltfläche am oberen rechten Rand der Xcode-Toolbar. Unter den verfügbaren Reitern wählt man im Anschluss denjenigen links außen aus (die sogenannte *Views Library*, siehe Bild 1.7). Dort findet man eine Auflistung diverser Views, die sich mit SwiftUI einsetzen lassen. Diese können nun aus der Library sowohl in den Code als auch in die Preview gezogen werden, um sie an der entsprechenden Stelle einzufügen.

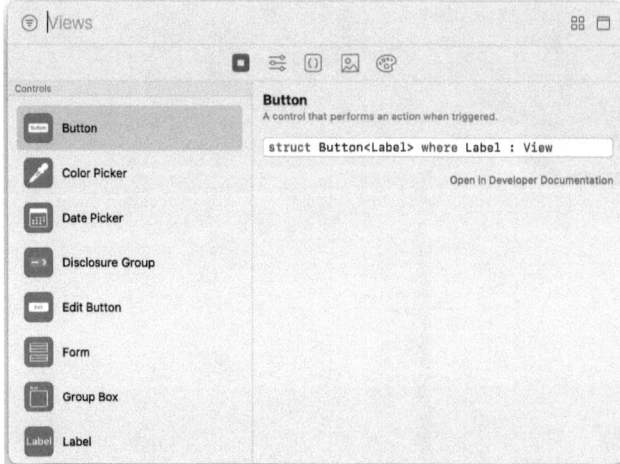

Bild 1.7 Über die Library hat man Zugriff auf verschiedene Elemente des SwiftUI-Frameworks.

Dieser erste grobe Überblick zur Preview soll an dieser Stelle genügen. Mehr zur Preview und die effiziente Arbeit damit erfahren Sie sowohl im nachfolgenden Kapitel als auch in Kapitel 7 („Preview und Xcode").

■ 1.3 Voraussetzungen

Das SwiftUI-Framework steht nur für die neuesten Versionen der verschiedenen Apple-Betriebssysteme zur Verfügung. Das ist wichtig zu wissen, weil der Einsatz von SwiftUI in bestimmten Projekten so (noch) nicht möglich oder aufwendiger ist.

Im Folgenden erhalten Sie einen kleinen Überblick, welche Voraussetzungen erfüllt sein müssen, damit Sie mit dem SwiftUI-Framework in Ihren Projekten arbeiten können.

Zunächst ist da die Entwicklungsumgebung Xcode. Neben der Preview-Funktion (siehe Abschnitt 1.2, „Die Preview") bringt sie auch das SwiftUI-Framework mit. Dazu benötigen Sie mindestens Version 11 von Apples IDE. Die aktuellste Version können Sie direkt aus dem Mac App Store herunterladen und installieren (siehe Bild 1.8).

Für die verschiedenen Apple-Plattformen können Sie SwiftUI ab den folgenden Versionen einsetzen:

- macOS: ab Version Catalina 10.15
- iOS: ab Version 13
- iPadOS: ab Version 13
- watchOS: ab Version 6
- tvOS: ab Version 13

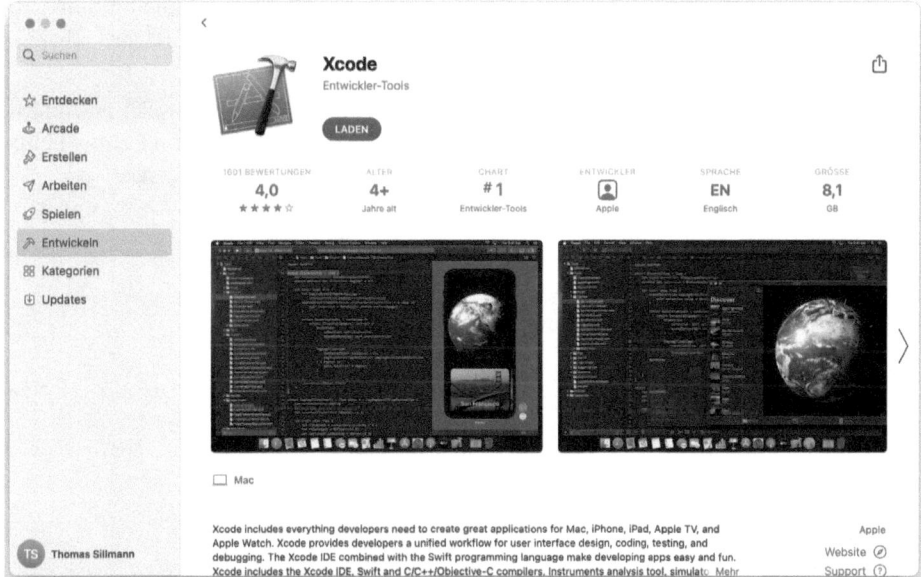

Bild 1.8 Ab Version 11 von Xcode ist SwiftUI in Apples IDE integriert.

Wichtig hierbei: Manche Elemente und Funktionen des Frameworks stehen erst mit neueren Versionen zur Verfügung. Die entsprechende Info können Sie der Dokumentation entnehmen.

Und auch wenn es offensichtlich anmuten mag, möchte ich abschließend noch ein Wort zur Programmiersprache verlieren, die bei der Arbeit mit SwiftUI zum Einsatz kommt. Denn wie kaum anders zu erwarten, lässt sich das SwiftUI-Framework ausschließlich mit Swift nutzen, nicht mit der ebenfalls im Apple-Umfeld bekannten Programmiersprache Objective-C.

■ 1.4 Integration

Auch wenn die im vorherigen Abschnitt genannten Voraussetzungen erfüllt sind, möchte man bereits bestehende Projekte auf Basis von AppKit, UIKit und WatchKit in der Regel nicht komplett auf SwiftUI umstellen. In solchen Szenarien wäre es meist besser, bestehende Views und View-Controller sowie Storyboard-Dateien beizubehalten. Gleichzeitig möchte man womöglich aber auch langfristig die Vorteile von SwiftUI nutzen und so neue View-Elemente vorzugsweise mit SwiftUI erstellen.

Erfreulicherweise ist ein Mischbetrieb von AppKit, UIKit und WatchKit zusammen mit SwiftUI kein Problem. Apple stellt entsprechende Klassen, Protokolle und Funktionen zur Verfügung, um sowohl bestehende Views und View-Controller in SwiftUI einzubinden als auch SwiftUI-Views aus AppKit, UIKit und WatchKit heraus zu nutzen.

Die Entscheidung, SwiftUI einzusetzen, gilt dementsprechend nicht zwingend für ein ganzes Projekt. Man hat zu jeder Zeit die Möglichkeit, Views und View-Controller auch über die „klassischen" Wege zu erstellen und zu nutzen.

Letztlich ist SwiftUI schlicht ein alternatives UI-Framework, das sich parallel zu AppKit, UIKit und WatchKit positioniert. Ob man damit nun ein ganzes Projekt oder nur einige wenige Teil-Views umsetzt, ist jedem Entwickler vollkommen selbst überlassen.

Alle weiteren Informationen zum Thema Integration finden Sie in Kapitel 6 dieses Buches.

2 Grundlagen

Mit diesem Kapitel geht es nun richtig los! ☺ Nach dem ersten groben Überblick zu SwiftUI im vorangegangenen Kapitel erfahren Sie nun, wie das Framework konkret funktioniert und mithilfe welcher Bestandteile und Techniken Sie Views umsetzen. Hierbei lernen Sie bereits alle grundlegenden Bestandteile und Mechanismen kennen, die SwiftUI so einzigartig machen.

■ 2.1 Das View-Protokoll

Das View-Protokoll stellt die Basis einer jeden View in SwiftUI dar. Es definiert die elementaren Eigenschaften und Funktionen, die jede Ansicht mitbringen muss.

In gewisser Weise ist es vergleichbar mit der UIView-Klasse aus UIKit beziehungsweise der NSView-Klasse aus dem AppKit-Framework. Diese dienen ihrerseits als Basis für alle Ansichten, die über das jeweilige Framework erzeugt werden. Und genauso muss jede View, die wir mittels SwiftUI erstellen, konform zum View-Protokoll sein (siehe Bild 2.1).

Die wichtigste Eigenschaft des View-Protokolls ist eine Property namens body. Über sie definiert man das Aussehen und die Funktionsweise einer Ansicht. Als Ergebnis liefert body ebenfalls ein Element zurück, das konform zum View-Protokoll ist.

Lassen Sie uns anhand dieser ersten Informationen direkt ein erstes konkretes Beispiel betrachten. Dazu finden Sie in Listing 2.1 die Umsetzung einer einfachen SwiftUI-View, die ein Label mit dem Text „Hello, World!" ausgibt. Die View besitzt den Namen ContentView und ist als Structure umgesetzt (siehe hierzu auch Abschnitt 2.1.2, „Structure vs. Klasse"). Sie liefert eine Instanz vom Typ Text zurück. Text ist eine Structure aus dem SwiftUI-Framework und seinerseits konform zum View-Protokoll, entsprechend können wir es als Rückgabewert für die body-Property nutzen (mehr zu den verfügbaren Views und Controls in SwiftUI erfahren Sie in Kapitel 3 dieses Buches). Text ist vergleichbar mit der Klasse UILabel aus dem UIKit-Framework und dient zur Darstellung kurzer Texte.

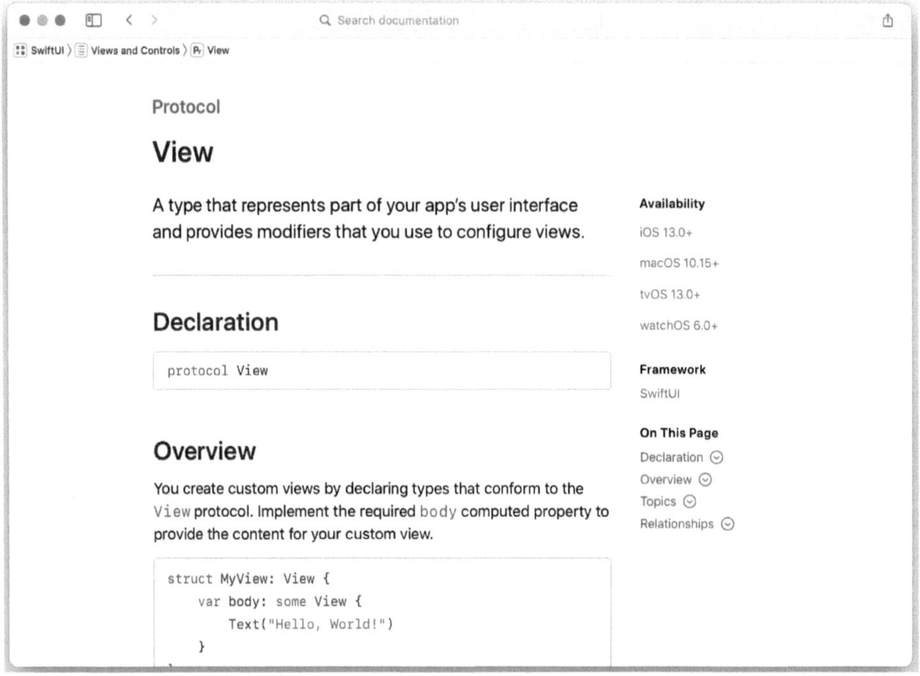

![Screenshot der SwiftUI View-Dokumentation]

Bild 2.1 Alle Views in SwiftUI basieren auf dem View-Protokoll.

Listing 2.1 SwiftUI-View zur Darstellung eines Labels

```swift
struct ContentView: View {
    var body: some View {
        Text("Hello, World!")
    }
}
```

Warum kein return?

Womöglich wundern Sie sich, warum das Ergebnis der body-Property – die Text-Instanz mit dem Inhalt „Hello, World!" – nicht explizit mittels return zurückgegeben wird. Hierbei handelt es sich um ein Feature von Swift 5.1, der sogenannten *Shorthand Getter Declaration*. Sie erlaubt es uns – sollte der Getter einer Computed Property aus nur einem einzigen Befehl bestehen, der gleichzeitig das gewünschte Ergebnis generiert – auf die explizite Angabe von return zu verzichten.

Der Einsatz der Shorthand Getter Declaration ist in SwiftUI gang und gäbe. Sie trägt ihren Teil dazu bei, den Quellcode von SwiftUI-Views möglichst kompakt und übersichtlich zu halten.

Eine wichtige Rolle bei der Deklaration von SwiftUI-Views spielt der Typ der body-Property. Sofern es keinen triftigen Grund gibt (und mir selbst ist ein solcher bisher bei der Arbeit mit SwiftUI noch nicht untergekommen), sollte man diesen immer mittels `some View` deklarieren (so wie auch in Listing 2.1 zu sehen).

Um eines vorneweg klarzustellen: Das Beispiel aus Listing 2.1 funktioniert auch dann tadellos, wenn man als Typ für die body-Property explizit `Text` angibt. Es reicht umgekehrt jedoch nicht aus, schlicht das Protokoll `View` für die Typ-Deklaration zu nutzen (siehe hierzu auch Listing 2.2).

Listing 2.2 Deklaration der body-Property

```
// Möglich!
var body: Text {
    // ...
}

// Fehler!
var body: View {
    // ...
}
```

Der Grund ist, dass das `View`-Protokoll einen Associated Type definiert. Hierbei handelt es sich um den Typ jener Ansicht, die man anzeigen möchte (im vorangegangenen Beispiel war das ein Text). `View` benötigt zwingend die Information darüber, welcher konkrete Typ als Associated Type verwendet werden soll, um funktionieren zu können. Definiert man – wie im zweiten Beispiel von Listing 2.2 zu sehen – als Rückgabewert für eine Eigenschaft oder Funktion schlicht den Protokoll-Typ `View`, fehlt jener konkrete Associated Type, und es kommt zu einem Compiler-Fehler.

Doch auch die explizite Angabe des konkreten Typs, den man mittels body-Property zurückliefert, ist nicht ideal. Hierbei spielen vorrangig zwei Gründe eine Rolle:

- Gerade bei der Arbeit mit SwiftUI kann es schnell passieren, dass sich der Rückgabetyp einer View ändert. Ergänzt man beispielsweise die Ansicht aus Listing 2.1 noch um ein zusätzliches Bild, das neben dem Label angezeigt wird, gibt die View keine `Text`-Instanz mehr zurück. Stattdessen stellt die View nun einen Stack dar, der einen Text und ein Bild enthält (dazu später mehr). Geben wir nun den Rückgabetyp einer View in der body-Property explizit an, müssen wir ihn jedes Mal ändern, wenn wir die Struktur und den Aufbau der Ansicht aktualisieren. Das ist ein Aufwand, den wir uns in der Regel sparen wollen.

- Möglicherweise soll nach außen hin gar nicht ersichtlich sein, welchem konkreten Typ die body-Property einer View entspricht. Das ist insbesondere dann ein sehr wichtiger Punkt, falls man ein Framework erstellt und Teile der Implementierung nicht zugänglich sein sollen. In diesem Fall kommt eine explizite Angabe des Rückgabetyps von body schlicht nicht in Frage.

Die Lösung für diese Problematik sind die mit Swift 5.1 eingeführten sogenannten *Opaque Types*. Mithilfe eines solchen Opaque Type lässt sich der konkrete Typ, den eine Funktion zurückliefert, verschleiern. Gleichzeitig legt man fest, dass jener konkrete Typ immer identisch ist.

Um einen solchen Opaque Type zu definieren, nutzt man das Schlüsselwort some. Genau einen solchen Opaque Type nutzten wir in Listing 2.1 als Rückgabetyp für die body-Property:

```
var body: some View { ... }
```

So sind die beiden aufgeführten Probleme gelöst: In body können wir nun eine beliebige View zurückgeben, solange diese nur konform zum View-Protokoll ist. Da spielt es keine Rolle, ob es sich bei dem Ergebnis nun um einen Text, ein Bild oder eine Liste handelt. Gleichzeitig ist aus der body-Deklaration heraus nicht ersichtlich, welche *konkrete* View zurückgeliefert wird. Das ist ausschließlich in der Implementierung von body definiert.

Mit SwiftUI erstellte Ansichten deklariert man in der Regel immer mittels des Opaque Type some View. Das bietet die größtmögliche Flexibilität und ist die ideale Grundlage für SwiftUI-Views.

2.1.1 Ablauf der View-Generierung

Wird eine SwiftUI-View geladen, führt das automatisch zum Aufruf der zugehörigen body-Property. Bei näherer Betrachtung erscheint dieses Konzept aber fehlerträchtig. Denn wie wir wissen, generiert man innerhalb von body wiederum selbst eine View. Diese springt entsprechend dann in die Implementierung *ihrer* body-Property und so weiter. Es entsteht demnach eine Endlosschleife, die in vereinfachter Form in Bild 2.2 skizziert ist.

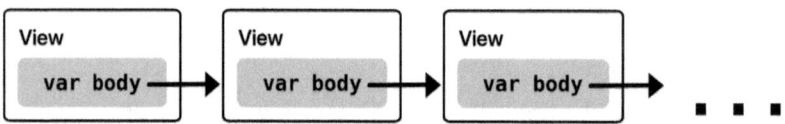

Bild 2.2 Eine View generiert aus ihrer body-Property heraus eine weitere View.

Um dieses Problem zu lösen, stehen innerhalb des SwiftUI-Frameworks sogenannte *Primitive Views* zur Verfügung. Eine Primitive View beendet den beschriebenen Kreislauf und dient als Endpunkt. Sie stellt das letzte Glied in dieser View-Hierarchie dar.

Zu den Primitive Views in SwiftUI zählen unter anderem die Elemente Text, Color, Spacer, Image, Shape und Divider. Mehr zu den verschiedenen Views, die im SwiftUI-Framework enthalten sind, erfahren Sie in den Kapiteln 3 und 4 dieses Buches.

2.1.2 Structure vs. Klasse

Da es sich bei View um ein Protokoll handelt, ist es theoretisch möglich, es nicht nur auf Structures, sondern auch auf Klassen anzuwenden. Bei der Arbeit mit SwiftUI kommt das aber nicht infrage. Views in SwiftUI basieren **immer** auf Structures, nicht auf Klassen.

Doch warum ist das so? Aus AppKit, UIKit und WatchKit ist man es schließlich gewohnt, Views und View-Controller immer als Klassen umzusetzen. Das hängt nicht zuletzt mit der Vererbung zusammen. Eine Klasse wie UIView bringt so ein grundlegendes Set an Eigenschaften und Funktionen mit, auf dem alle Subklassen aufbauen können.

Genau das ist aber auch das Problem, das Apple mit SwiftUI zu lösen versucht. Denn jede View aus AppKit, UIKit und WatchKit bringt eine Vielzahl an Properties und Methoden mit, von denen die meisten nicht benötigt werden. Man werfe nur einmal einen Blick in die Dokumentation von Klassen wie NSView oder UIView und stelle sich selbst die Frage, wie viele davon man durchschnittlich für eigens erstellte Views benötigt.

Durch den Wechsel auf Protokolle und Structures fällt dieser Overhead weg. Eine View in SwiftUI ist vollkommen reduziert auf die Eigenschaften und Funktionen, die die jeweilige View benötigt; nicht mehr und nicht weniger. Tatsächlich sollen Views in SwiftUI immer möglichst kleingehalten werden und eine ganz konkrete Aufgabe erfüllen. Sie entsprechen mehr eigenen kleinen Funktionen als aufgeblähten Ansichten.

Zweifellos ist hier für Entwickler, die bereits Erfahrungen mit AppKit, UIKit und WatchKit gesammelt haben, ein Umdenken notwendig. Doch gerade weil SwiftUI gänzlich eigene Wege geht und sich kaum an den bereits vorhandenen Konzepten orientiert, stellt es auch eine so innovative und spannende neue UI-Lösung dar.

2.2 Grundlagen der View-Erstellung

In den folgenden Abschnitten setzen wir uns mit den Grundlagen der View-Erstellung unter SwiftUI auseinander. Hierbei stelle ich Ihnen auch diverse erste View-Typen vor, die bei der täglichen Arbeit mit SwiftUI in der Regel häufig benötigt werden. Mehr zu den verfügbaren Views und Controls in SwiftUI erfahren Sie in Kapitel 3 dieses Buches.

2.2.1 Text und Image

Zwei der häufigsten Elemente, die einem bei der Arbeit mit SwiftUI begegnen, sind Text und Image. Ersteres dient zur Ausgabe von Zeichenketten, letzteres zur Darstellung von Bildern.

Listing 2.3 zeigt beispielhaft, wie Sie Views auf Basis dieser Elemente erstellen und verwenden. TextView gibt hierbei den String „Hello SwiftUI" auf dem Display aus, während ImageView die Grafik eines Buches anzeigt. Diese Grafik stammt aus SF Symbols, der umfangreichen Bildbibliothek von Apple.

Listing 2.3 Erstellen einer Text- und Image-Instanz

```
struct TextView: View {
    var body: some View {
        Text("Hello SwiftUI!")
    }
}

struct ImageView: View {
    var body: some View {
        Image(systemName: "book.fill")
    }
}
```

Die Structure `Image` bringt neben dem hier gezeigten `init(systemName:)` noch weitere Initializer mit. Diese erlauben es, Bilder aus einem Asset-Catalog zu laden oder Instanzen auf Basis von `NSImage` beziehungsweise `UIImage` zu verwenden.

Weitere Informationen zu `Text` und `Image` finden Sie in Kapitel 3 dieses Buches. In Abschnitt 2.2.3, „Views mittels Modifier anpassen", erfahren Sie mehr über die Konfigurationsmöglichkeiten von Views. Dazu gehören beispielsweise das Ändern von Schriftgrößen und Farben.

2.2.2 Views organisieren mittels Stacks

Zu den wichtigsten Views in SwiftUI gehören die sogenannten *Stacks*. Ein Stack setzt sich aus mehreren Views zusammen und ordnet diese an. *Wie* die Anordnung der zugehörigen Views erfolgt, hängt vom jeweiligen Stack ab. Stacks gibt es in insgesamt drei Ausführungen:

- `VStack` ordnet Views vertikal untereinander an.
- `HStack` ordnet Views horizontal nebeneinander an.
- `ZStack` legt Views übereinander.

Während `VStack` und `HStack` bei der Arbeit mit SwiftUI in der Regel ständig im Einsatz sind, findet ein `ZStack` eher in Spezialfällen Verwendung. Dazu gehört beispielsweise die Verwendung eines Bildes als Hintergrund, über das man einen Text legt.

Alle drei Stack-Views gehören zu den sogenannten *Container-Views* in SwiftUI. Container-Views setzen sich aus einer oder mehreren anderen Views zusammen und organisieren sie auf eine festgelegte Art und Weise (mehr dazu erfahren Sie in Kapitel 3 dieses Buches). Im Falle der Stacks geht es schlicht um die Anordnung und den Aufbau der zugehörigen Views.

Ein erstes einfaches Beispiel dazu finden Sie in Listing 2.4. Die darin deklarierte `ContentView` setzt sich aus einem `VStack` zusammen, der selbst wiederum zwei Views enthält: eine `Text`- und eine `Image`-Instanz. Der Einsatz von `VStack` sorgt dafür, dass die `Text`- und `Image`-View untereinander angeordnet werden, so wie in Bild 2.3 zu sehen.

Listing 2.4 Anordnung einer `Text`- und `Image`-View untereinander mittels VStack

```
struct ContentView: View {
    var body: some View {
        VStack {
            Text("Hello, World!")
            Image(systemName: "book.fill")
        }
    }
}
```

Bild 2.3
Dank eines VStack werden Text und Grafik untereinander angeordnet.

Interessant ist hierbei die Syntax, die so nicht nur bei Stacks, sondern bei *allen* Arten von Container-Views in SwiftUI zum Einsatz kommt. So handelt es sich beim letzten (und dem einzigen nicht-optionalen) Parameter bei der Initialisierung eines Stacks um ein Closure. Dank der Trailing Closure-Syntax in Swift ist es möglich (und bei der Arbeit mit SwiftUI geradezu erwünscht), die Implementierung jenes Closures direkt an die Initialisierung des Stacks zu koppeln (daher auch direkt die geschweiften Klammern nach der Typangabe `VStack`).

Des Weiteren ist dieses Closure ein besonderer Parameter, es handelt sich dabei nämlich um einen sogenannten *View-Builder*. View-Builder basieren auf der gleichnamigen Structure `ViewBuilder` und besitzen die Aufgabe, eine View auf Basis eines Closures zu erzeugen (eben genau das, was wir mithilfe von Stacks erreichen).

Das führt dazu, dass alle Views, die schlicht Teil dieses Closure-Parameters sind, von dem zugrunde liegenden Container passend verarbeitet werden. Daher reicht es aus, nacheinander alle Views in solch einem Closure aufzuführen, die man anzeigen möchte. Der View-Builder kümmert sich dann um den Rest.

Die View-Builder stellen eine wichtige Funktion für die deklarative Syntax von SwiftUI dar. Dank ihnen ist es möglich, eine Quellcode-Struktur, wie sie in Listing 2.4 zu sehen ist, umzusetzen. Darin spiegelt sich der genaue Aufbau der View wider. Basis ist in dem gezeigten Beispiel ein Stack, der zwei Views (einen Text und eine Grafik) vertikal untereinander anordnet.

Weitere Informationen zu View-Buildern und Container-Views erhalten Sie in Kapitel 3 des Buches.

Stacks können beliebige Views aufnehmen und darstellen. Dazu zählen auch andere Stacks. Das erlaubt komplexe Verschachtelungen, um selbst aufwendigere Views umzusetzen und zu gestalten.

Ein passendes Beispiel dazu finden Sie in Listing 2.5. Ausgangspunkt ist auch hier erneut ein VStack, der dieses Mal insgesamt drei Views enthält: eine Text-Instanz zu Beginn und am Ende des Stacks und dazwischen einen HStack. Der HStack wiederum enthält vier Views, die horizontal nebeneinander angeordnet werden. Es geht los mit einem Text, gefolgt von drei Grafiken. Das Ergebnis dieses Codes sehen Sie in Bild 2.4.

Listing 2.5 Verschachtelung von Stacks

```
struct ContentView: View {
    var body: some View {
        VStack {
            Text("Hello SwiftUI!")
            HStack {
                Text("Images:")
                Image(systemName: "book.fill")
                Image(systemName: "paperplane.fill")
                Image(systemName: "sun.max.fill")
            }
            Text("Another text ...")
        }
    }
}
```

Bild 2.4
Durch die Kombination von Stacks lassen sich auch komplexere View-Konstrukte umsetzen.

Stacks sind ein essenzielles Mittel in SwiftUI, um Views zu strukturieren und zu organisieren. Durch Mischung von `VStack` und `HStack` legt man den Aufbau seiner Views fest und bestimmt, wie sie angeordnet werden.

2.2.3 Views mittels Modifier anpassen

Man konfiguriert Views in SwiftUI prinzipiell auf zwei verschiedene Arten.

Zunächst ist da die Initialisierung. Mittels Initialisierung einer View legt man grundlegende Informationen fest, die essenziell für die Erstellung der jeweiligen View sind.

In den vorangegangenen Abschnitten sahen wir bereits einige Beispiele dazu. So übergeben wir bei Initialisierung eines Labels den anzuzeigenden Text oder legen fest, welche Grafik eine `Image`-Instanz anzeigen soll:

```
Text("Text to display ...")
Image(systemName: "book.fill")
```

Auch bei den Stacks kam dieser Mechanismus zum Einsatz. Bei deren Initialisierung legen wir unter anderem fest, welche Views Teil des zugrunde liegenden Stacks sind:

```
VStack {
    Text("Hello SwiftUI!")
    Image(systemName: "book.fill")
}
```

Allerdings gibt es noch weit mehr Konfigurationen, die man an Views durchführen kann. Dazu gehören unter anderem das Setzen einer Textfarbe, das Festlegen eines Hintergrunds und das Definieren der Größe einer View.

Alle diese Konfigurationen, die über die eigentliche Initialisierung einer SwiftUI-View hinausgehen, setzt man mithilfe der sogenannten *Modifier* um. Ein Modifier ist zunächst nichts anderes als eine Methode, die man auf einer View aufruft. Er verändert die View auf eine spezifische Art und Weise und liefert als Ergebnis eine komplett neue View-Instanz zurück.

Ein erstes einfaches Beispiel dazu finden Sie in Listing 2.6. Die darin erzeugte View setzt sich aus einer einfachen `Text`-Instanz zusammen. Auf dieser Instanz wird aber zusätzlich der Modifier `underline()` aufgerufen. Dieser fügt dem zuvor erstellten Text eine Unterstreichung hinzu (siehe Bild 2.5).

Listing 2.6 Einsatz eines Modifiers

```
struct ContentView: View {
    var body: some View {
        Text("Hello SwiftUI!")
            .underline()
    }
}
```

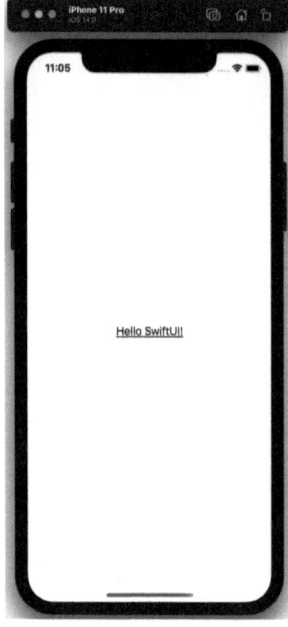

Bild 2.5
Mittels Modifier wurde der Text um eine Unterstreichung ergänzt.

Ein zweites Beispiel führt Listing 2.7 auf. Darin kommen gleich mehrere verschiedene Modifier zum Einsatz, um sowohl einen Text als auch ein Image anzupassen. `font(_:)` beispielsweise konfiguriert einen Text oder ein Image in einer bestimmten Schriftgröße. Welche zum Einsatz kommt, definiert man mittels des Parameters dieses Modifiers, der eine Instanz vom Typ `Font` erwartet. `foregroundColor(_:)` färbt ein Element in der gewünschten Farbe ein, `bold()` formatiert es fett.

Bei der Grafik kommen andere Modifier zum Einsatz. Zunächst sorgt `resizable()` dafür, dass sich das Bild in seiner Größe verändern lässt. Anschließend definiert `scaledToFit()`, dass die Grafik nicht gezerrt wird, sondern sich ihren Proportionen passend in den gegebenen Raum, der ihr für die Anzeige zur Verfügung steht, einfügt. Zu guter Letzt sorgt der `frame(height:)`-Modifier dafür, dass die `Image`-View eine Höhe von 40 Punkten besitzt. Das Ergebnis dieses Codes sehen Sie in Bild 2.6.

Listing 2.7 Einsatz mehrerer Modifier

```
struct ContentView: View {
    var body: some View {
        VStack {
            Text("Hello SwiftUI!")
                .font(.largeTitle)
                .foregroundColor(.yellow)
                .bold()
                .underline()
            Image(systemName: "book.fill")
                .resizable()
                .scaledToFit()
                .frame(height: 40)
        }
    }
}
```

Bild 2.6
Das Erscheinungsbild von Text und Image wurde mittels Modifier deutlich verändert.

Interessant ist die Syntax, mit der Modifier auf Views aufgerufen werden. Statt sie alle hintereinander in einer einzigen Zeile nach der Initialisierung der zugehörigen View aufzurufen, erhält jeder Modifier typischerweise seine eigene Zeile. Durch die zusätzliche Einrückung ist auch bei mehreren Views gut ersichtlich, welcher Modifier zu welchem Element gehört.

Modifier auf mehrere Views anwenden

Möchte man mehrere Views identisch formatieren, besteht die Möglichkeit, den oder die gewünschten Modifier auf den zugrunde liegenden Container anzuwenden. Der Modifier wird dann auf alle Views innerhalb des Containers übertragen. Zu sehen ist das am Beispiel in Listing 2.8. Darin finden sich innerhalb eines VStack drei Text-Instanzen, die alle mittels `font(_:)`-Modifier als `largeTitle` formatiert werden sollen. Statt diesen Modifier einzeln auf jede der drei Text-Instanzen anzuwenden, wird er lediglich einmalig auf dem Container aufgerufen.

Listing 2.8 Anwendung eines Modifiers auf einen Container

```
struct ContentView: View {
    var body: some View {
        VStack {
            Text("One")
            Text("Two")
            Text("Three")
        }
        .font(.largeTitle)
    }
}
```

> Wichtig hierbei: Nicht jeder Modifier lässt sich auf eine beliebige View anwenden! Manche Modifier lassen sich nur im Zusammenspiel mit spezifischen Elementen nutzen. `bold()` beispielsweise kann man nur auf Instanzen vom Typ Text aufrufen. Aus diesem Grund kann `bold()` auch nicht auf den VStack aus Listing 2.8 angewendet werden. Dieser enthält zwar nur Text-Instanzen, ist selbst aber eben kein Text-Element. Außerdem könnte sich der Inhalt des VStack verändern, sodass neben Text auch andere Views wie beispielsweise Image darin zum Einsatz kommen; ein übergreifender Aufruf des `bold()`-Modifiers auf den Container macht dann keinen Sinn mehr.

2.2.3.1 Funktionsweise von Modifiern

Ich habe bereits geschrieben, dass Modifier eine View anpassen und als Ergebnis eine komplett neue View zurückliefern. Diesen Umstand führe ich nun noch einmal etwas detaillierter aus, da er sehr wichtig für das Verständnis von Modifiern und deren Funktionsweise ist.

Werfen wir dazu einmal einen Blick in die Dokumentation eines Modifiers, beispielsweise die von `foregroundColor(_:)` (siehe Bild 2.7). Darin ist zu erkennen, dass diese Methode als Ergebnis eine neue View zurückliefert.

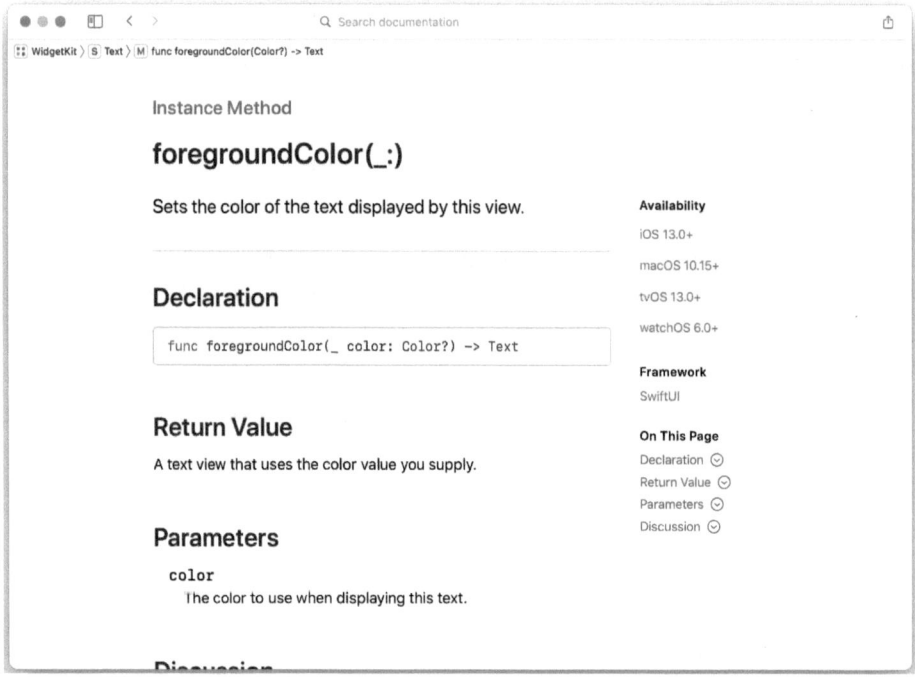

Bild 2.7 Ein Modifier liefert als Ergebnis eine neue View zurück.

Modifier arbeiten wie folgt: Zunächst dient ihnen als Basis eine View, auf die sie angewendet werden (zum Beispiel eine Text-Instanz). Ein Modifier manipuliert die View dann auf die zugrunde liegende Art und Weise; im Falle von foregroundColor(_:) wird also die Farbe geändert. Diese Änderung findet aber nicht direkt auf der View statt, über die der Modifier aufgerufen wurde. Stattdessen erzeugt der Modifier eine gänzlich neue View (auf Basis der Ursprungs-View), die die Anpassungen des Modifiers enthält.

Ruft man mehrere Modifier hintereinander auf, entsteht so eine Kette. Der erste Modifier manipuliert die Ursprungs-View und liefert als Ergebnis eine neue View zurück. Diese neue View ist die Basis des nachfolgenden Modifiers, der seinerseits Anpassungen daran vornimmt und eine neue View zurückliefert. So setzt sich das ganze fort, bis der letzte Modifier seine Konfigurationen abgeschlossen hat (siehe Bild 2.8). Das finale Ergebnis – also jene View, die wir vom letzten Modifier als Ergebnis erhalten – entspricht dann der Ansicht, die zum Einsatz kommt.

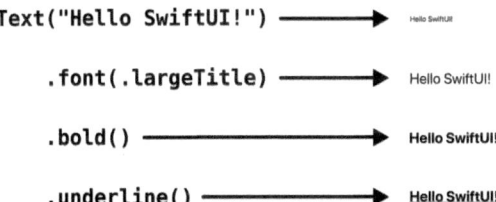

Bild 2.8 Ein Modifier baut auf dem anderen auf und nimmt weitere Konfigurationen an einer View vor.

Aufgrund dieser Funktionsweise von Modifiern gibt es aber ein sehr wichtiges Detail zu beachten: die *Reihenfolge* der Modifier-Aufrufe.

In vielen Fällen spielt die Reihenfolge, in der man verschiedene Modifier einsetzt, keine Rolle. Das gilt beispielsweise für die in Bild 2.8 eingesetzten Modifier. Man könnte auch erst bold() und underline() vor font(_:) aufrufen und das Endergebnis wäre noch immer dasselbe.

Aber das ist nicht in jedem Fall so. Ein entsprechendes Beispiel hierfür finden Sie in Listing 2.9. Darin erfolgt die Erstellung einer Text-Instanz, auf die zwei Modifier angewendet werden. Der erste – padding() – fügt einen Abstand zu allen Seiten des Textes ein. Der zweite – border(_:width:) – setzt im Anschluss einen grauen Rahmen um die View mit einer Stärke von 3 pt. Das Ergebnis zeigt Bild 2.9.

Listing 2.9 Erstellen eines Textes mit Rahmen

```
struct ContentView: View {
    var body: some View {
        Text("Hello SwiftUI!")
            .padding()
            .border(Color.gray, width: 3)
    }
}
```

Bild 2.9
Dem Text wurden ein Abstand sowie ein grauer Rahmen hinzugefügt.

Das gezeigte Ergebnis ist aber ein gänzlich anderes, wenn man die Reihenfolge der Modifier vertauscht und als Erstes `border(_:width:)` aufruft, so wie in Listing 2.10 und Bild 2.10 zu sehen.

Listing 2.10 Änderung der Reihenfolge der Modifier-Aufrufe

```
struct ContentView: View {
    var body: some View {
        Text("Hello SwiftUI!")
            .border(Color.gray, width: 3)
            .padding()
    }
}
```

Bild 2.10
Die Reihenfolge der Modifier-Aufrufe wirkt sich auf das Erscheinungsbild einer View aus.

Der Grund hierfür ist relativ simpel: Im zweiten Beispiel wird zuerst der Rahmen der Text-Instanz hinzugefügt. Da diese View keine Abstände zu den Rändern besitzt, „klebt" der Rahmen so direkt am anzuzeigenden Text. Erst dieser Ansicht werden im Anschluss die Abstände zu allen Seiten hinzugefügt. Diese Abstände sind zwar nicht direkt sichtbar, aber vorhanden.

Deutlicher wird das, wenn man nach dem Aufruf von padding() den border(_:width:)-Modifier ein zweites Mal setzt. So fügt man einen weiteren Rahmen hinzu, der jetzt allerdings auf der von padding() zurückgelieferten View basiert, also jener Ansicht, die die Abstände zu allen Seiten besitzt (siehe Listing 2.11 und Bild 2.11).

Listing 2.11 Ergänzung eines zweiten Rahmens

```
struct ContentView: View {
    var body: some View {
        Text("Hello SwiftUI!")
            .border(Color.gray, width: 3)
            .padding()
            .border(Color.black, width: 1)
    }
}
```

Bild 2.11
Der zweite Rahmen orientiert sich an der von padding() zurückgelieferten View mit den Abständen zu allen Seiten.

Dieses Beispiel demonstriert sehr schön die Funktionsweise der Modifier. Sie wenden ihre jeweiligen Änderungen immer auf die View an, über die sie aufgerufen werden, und liefern als Ergebnis eine entsprechend angepasste Ansicht zurück. Das muss man berücksichtigen, wenn man mehrere Modifier hintereinander aufruft, um die korrekte Reihenfolge der Aufrufe sicherzustellen.

2.2.3.2 Auszug verfügbarer Modifier

In Tabelle 2.1 finden Sie eine Zusammenstellung diverser Modifier, die Ihnen in SwiftUI zur Verfügung stehen und die insbesondere bei der Arbeit mit Text- und Image-Instanzen praktisch sind. In den kommenden Kapiteln stelle ich Ihnen noch weitere Modifier vor, die entweder bei der Arbeit mit bestimmten Views oder zur Umsetzung spezifischer Funktionen notwendig sind.

Tabelle 2.1 Auszug verfügbarer Modifier

Modifier	Beschreibung	Anwendbar auf
bold()	Formatiert einen Text fett.	Text-Instanzen
italic()	Setzt einen Text kursiv.	Text-Instanzen
underline()	Unterstreicht einen Text.	Text-Instanzen

Modifier	Beschreibung	Anwendbar auf
foregroundColor(_:)	Setzt eine Farbe für alle Vordergrundelemente einer View (Text, Bilder etc.). Er erwartet die gewünschte Farbe in Form eines Color-Parameters.	Alle Views
font(_:)	Formatiert einen Text auf Basis des übergebenen Font-Parameters.	Text-Instanzen
background(_:)	Fügt eine als Parameter übergebene View als Hintergrund ein.	Alle Views
padding()	Fügt Abstände an den Rändern zu einer View hinzu.	Alle Views
border(_:)	Fügt einer View einen Rahmen hinzu.	Alle Views
cornerRadius(_:)	Rundet den Rahmen einer View um den übergebenen Wert ab.	Alle Views
opacity(_:)	Legt die Transparenz einer View fest. Der Parameter 0 steht für volle Transparenz, 1 für keine Transparenz.	Alle Views
hidden()	Blendet eine View aus.	Alle Views
resizable()	Erlaubt das Verändern der Größe einer Grafik.	Image-Instanzen
scaledToFill()	Skaliert eine View, um den gegebenen Raum voll auszufüllen.	Alle Views
scaledToFit()	Skaliert eine View, um den gegebenen Raum bestmöglich zu nutzen (ohne die Ansicht zu verzerren).	Alle Views
frame()	Legt Größe und Positionierung einer View fest.	Alle Views

Modifier-Parameter

Viele Modifier bringen ein oder mehrere Parameter mit. So nutzt man beispielsweise beim Einsatz des frame()-Modifiers die Parameter width und height, um die gewünschte Breite beziehungsweise Höhe für eine View anzugeben:

.frame(width: 300, height: 100)

Ein Großteil solcher Parameter verfügen in SwiftUI aber bereits über Standardwerte. Das hat den Vorteil, dass man nur diejenigen angeben muss, die tatsächlich relevant sind. Möchte man so beispielsweise nur die Höhe einer View anpassen, übergibt man dem frame() Modifier lediglich den height-Parameter mit dem gewünschten Wert:

.frame(height: 100)

In der Dokumentation von Xcode finden Sie eine vollständige Übersicht aller Parameter, die ein Modifier unterstützt (und natürlich lernen Sie auch in diesem Buch noch eine Vielzahl davon kennen ☺).

2.2.4 Einsatz von Library und Preview

SwiftUI-Views lassen sich nicht nur im Code erstellen und konfigurieren. Sie können ergänzend sowohl die Library von Xcode als auch die Preview nutzen, um Ihre Views anzupassen.

So finden Sie in der Library zwei entsprechende Reiter am äußersten linken Rand. Über diese können Sie zwischen der *Views* und der *Modifiers* Library wechseln (siehe Bild 2.12).

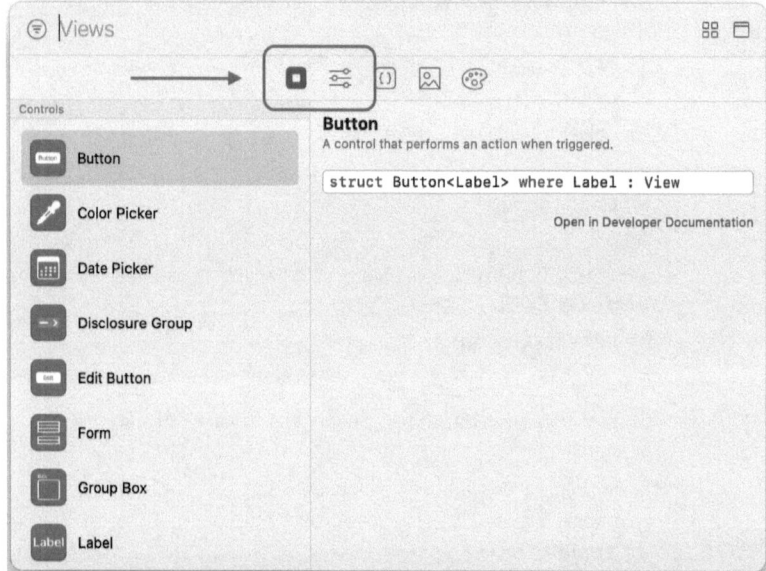

Bild 2.12 Die beiden neuen Reiter innerhalb der Xcode-Library erlauben Ihnen den Zugriff auf SwiftUI-Views und -Modifier.

 Sichtbarkeit der Reiter

Die beiden genannten Reiter werden nur dann angezeigt, wenn Sie eine SwiftUI-Datei geöffnet haben und die zugehörige Preview anzeigen. Haben Sie die Preview deaktiviert, stehen Ihnen der *Views*- und der *Modifiers*-Reiter in der Library nicht zur Verfügung.

Die *Views Library* listet eine Vielzahl verschiedener Ansichten auf, die Sie mit SwiftUI verwenden können. Nach Auswahl eines Elements erhalten Sie am rechten Rand genauere Informationen dazu. Um eine View zu verwenden, ziehen Sie sie mittels Drag-and-drop aus der Library an die gewünschte Stelle im Code, an der sie zum Einsatz kommen soll. Xcode fügt die entsprechende View dann mitsamt einem Standard-Initializer ein. Abhängig von der gewählten View müssen Sie eventuell noch einige Informationen für die Initialisierung ergänzen. Im Falle eines `Image` müssen Sie beispielsweise den Namen für die anzuzeigende Grafik angeben.

Analog dazu verhält es sich mit der *Modifiers Library*. Sie finden darin eine Vielzahl verfügbarer Modifier aus SwiftUI, die Sie mittels Drag-and-drop einer View im Code zuweisen können. Auch hier müssen Sie eventuell zusätzliche Informationen nach dem Einfügen des Modifiers ergänzen (siehe Bild 2.13).

```
 9  import SwiftUI
10
11  struct ContentView: View {
12      var body: some View {
13          Text("Hello SwiftUI")
14          |              Bold
15      }
16  }
17
```

Bild 2.13 Views und Modifier lassen sich auch aus der Library heraus im Code ergänzen.

Sie können Views und Modifier aus der Library aber nicht nur mittels Drag-and-drop im Code hinzufügen. Alternativ können Sie diese Elemente auch in der Preview platzieren und so Ihre Views zusammenstellen (siehe Bild 2.14).

Diese Form der View-Erstellung erinnert stark an die Arbeit mit Storyboards in Xcode. Ein massiver Unterschied besteht aber darin, dass sich alle Änderungen an der Preview umgehend auf den Code auswirken. Ergänzen Sie so beispielsweise eine View oder einen Modifier in der Preview, aktualisiert Xcode den zugehörigen Code automatisch auf die passende Art und Weise.

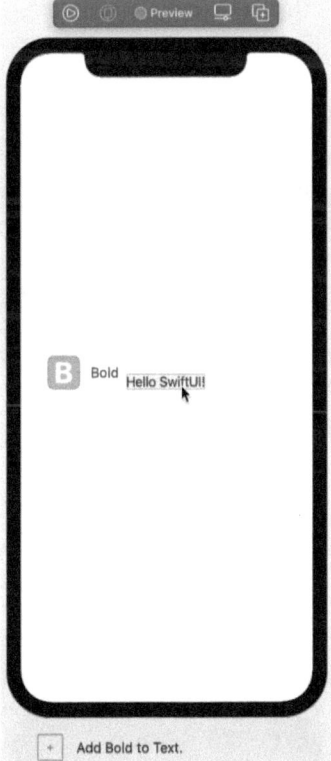

Bild 2.14
Views und Modifier können Sie aus der Library heraus auch in der Preview platzieren.

Der Grund hierfür ist, dass es in SwiftUI **keine Trennung** zwischen Code- und Interface-Dateien gibt. So ist die Preview nichts anderes als eine Vorschau des Quellcodes. Entsprechend führen Änderungen an der Preview auch zur Aktualisierung des Codes, da ausschließlich der für das Aussehen und die Funktionsweise von SwiftUI-Views verantwortlich ist.

> **Die Library als Lernhilfe**
>
> Gerade in Sachen Modifier hat SwiftUI eine ganze Menge Funktionen zu bieten. Zu Beginn kann es daher schwer fallen, die passenden Methoden zur Anpassung von Views zu finden.
>
> Machen Sie sich an dieser Stelle die Suche der Library zunutze. Sie kann Ihnen helfen, den passenden Modifier für einen bestimmten Zweck zu finden. Außerdem kann es sich lohnen, einfach einmal durch die Liste der Modifier zu scrollen und sich so einen Überblick darüber zu verschaffen, welche Möglichkeiten zur Verfügung stehen. Dasselbe gilt auch für Views.

2.2.5 Layout-System

Das Layout-System in SwiftUI arbeitet anders, als man es von AppKit, UIKit und WatchKit sowie der Arbeit mit Storyboards und Auto Layout gewohnt ist. Bei der Zusammenstellung einer View kommen insgesamt drei Konzepte zum Tragen, die immer nacheinander ausgeführt werden.

1. Parent-View schlägt Größe für Child-View vor

Bei der Parent-View handelt es sich um jene View, in die man eine andere View einfügt. So ist beispielsweise ein Stack die Parent-View für alle Views, die als Teil des Stacks eingebunden werden.

Dieser Parent-View steht ein bestimmter Raum zur Verfügung. Im Falle der allerersten View, die man mittels SwiftUI in einer App anzeigt, fungiert die sogenannte *Root View* als Parent-View. Es handelt sich bei ihr um eine automatisch vom System erzeugte View, die den gesamten zur Verfügung stehenden Bildschirmplatz einnimmt.

Anhand dieser Parent-View steht fest, wie viel Platz den Child-Views zur Verfügung steht.

2. Child-View legt ihre Größe selbst fest

Jede Child-View bestimmt die Größe, die sie für die korrekte Darstellung benötigt, in SwiftUI selbst. Im Falle einer einfachen `Text`-Instanz entspricht diese Größe dem Raum, der benötigt wird, um den Text korrekt und vollständig anzuzeigen. Zur Bestimmung dieser Größe nutzt die Child-View auch den Raum, der ihr von ihrer Parent-View bereitgestellt wird.

Nutzt man einen Modifier wie `frame()` (siehe hierzu auch den Abschnitt 2.2.3.2, „Auszug verfügbarer Modifier"), erzeugt man eine neue View, die die übergebene Breite und Höhe besitzt. Diese Information nimmt die View dann als Grundlage für ihre Größe.

3. Parent-View platziert Child-View in ihrem Koordinatenraum

Zu guter Letzt positioniert die Parent-View ihre Child-View innerhalb ihres eigenen Koordinatenraums. Im Falle der Root-View bezieht sich dieser auf die zur Verfügung stehende Displaygröße. Die Positionierung der Child-View erfolgt in der Regel zentriert in der Mitte der Parent-View.

■ 2.3 Status

Eine entscheidende Rolle bei der Umsetzung von SwiftUI-Views spielt der sogenannte *Status*. Er ist entscheidend für das Aussehen und die Funktionsweise einer View verantwortlich.

Um das Prinzip des Status in SwiftUI grundlegend zu verstehen, muss man sich zunächst einmal vor Augen führen, welche Aufgabe er übernimmt. Dazu möchte ich einen Vergleich zur Funktionsweise von Views aus dem AppKit-, UIKit- und WatchKit-Framework ziehen.

Mit AppKit, UIKit und WatchKit erstellte Views erzeugt man *imperativ*. Das bedeutet, dass eine View durch Aufruf von Befehlen erzeugt und angepasst wird. Möchte man beispielsweise einer View ein Label hinzufügen, nutzt man dafür unter UIKit eine Methode namens `addSubview(_:)`. Die Ausführung dieses Befehls sorgt für die Aktualisierung der View.

Beim Einsatz der imperativen Syntax steuern also Befehle das Aussehen einer Ansicht. Das ist auch bei Aktualisierungen von Views von entscheidender Bedeutung. Angenommen, Sie binden in Ihre App eine Fortschrittsanzeige für einen Download ein. Diese Anzeige muss regelmäßig aktualisiert werden, um den aktuellen Stand des Downloads zu signalisieren. Dazu nutzen Sie entweder eine passende Methode oder Sie setzen den Wert einer Property. Gleichzeitig müssen Sie nach erfolgreichem Download sicherstellen, dass der Fortschrittsbalken verschwindet und beispielsweise durch eine Erfolgsmeldung ersetzt wird. Auch hierfür rufen Sie dann an passender Stelle entsprechende Methoden auf, um Ihre Ansicht wie gewünscht zu aktualisieren.

In SwiftUI gibt es keinen derartigen imperativen Ansatz. Views werden nicht mittels Aufruf von Befehlen erzeugt, sondern mittels *deklarativer Syntax* zusammengestellt. Der Aufbau einer View ist so klar definiert.

Dennoch braucht es natürlich auch in SwiftUI eine gewisse Dynamik. Views müssen sich aktualisieren und dynamische Informationen anzeigen können. Und genau hier kommt der Status ins Spiel.

Der Status bestimmt, wie eine SwiftUI-View aussieht. Außerdem kann er für eine Aktualisierung der View sorgen, sollte sich der Status ändern.

An dieser Stelle möchte ich noch einmal das Beispiel des Fortschrittsbalkens eines Downloads anbringen. Um das in SwiftUI umzusetzen, bräuchte die View des Fortschrittsbalkens einen Status, der bestimmt, wie weit der Download fortgeschritten ist. Diese Information nutzt die View, um den Balken entsprechend zu füllen. Wann immer sich der Status ändert, aktualisiert sich automatisch die View und entsprechend wächst der Inhalt des Balkens. Ist der Download abgeschlossen, kann die View diese Information aus dem Status auslesen und so statt des Fortschrittsbalkens eine Erfolgsmeldung anzeigen.

Es gibt verschiedene Möglichkeiten, einen Status in einer SwiftUI-View umzusetzen. An dieser Stelle möchte ich Ihnen einen ersten Überblick über drei von ihnen geben: Property, State und Binding.

2.3.1 Property

Die einfachste Form, einen Status in einer SwiftUI-View einzubinden, stellt die Umsetzung als Property dar. Bei der Initialisierung einer View können Sie die gewünschte Information für diesen Status übergeben. Die View kann ihn dazu nutzen, ihr Aussehen und/oder ihren Aufbau entsprechend anzupassen.

Ein simples Beispiel zur Nutzung einer Property als View-Status finden Sie in Listing 2.12. Die darin deklarierte `TitleView` verfügt über eine Property namens `title` vom Typ `String`. Sie wird als Titel für die `Text`-Instanz verwendet. Da die Property keinen Standardwert besitzt, muss für sie ein passender Wert bei der Initialisierung von `ContentView` gesetzt werden.

Genau dieses Prozedere sorgt aber zugleich für Dynamik. Es lassen sich beliebige Instanzen von `TitleView` erzeugen, die alle einen anderen Titel darstellen können. In diesem Fall ist die `title`-Property der Status, die maßgeblich bestimmt, wie Instanzen auf Basis von `TitleView` aussehen (beziehungsweise welchen Inhalt sie anzeigen).

Listing 2.12 Einsatz einer Property als Status.

```
struct TitleView: View {
    var title: String

    var body: some View {
        Text(title)
            .font(.largeTitle)
    }
}

// Erstellen einer TitleView-Instanz
let myTitleView = TitleView(title: "Hello SwiftUI!")
```

Properties sind ideal, um Daten und Informationen an eine SwiftUI-View zu übergeben. Allerdings ist nur ein *lesender* Zugriff auf diese Properties möglich. Das macht es also unmöglich, den Wert einer Property innerhalb der zugehörigen SwiftUI-View zu verändern.

Im Falle der `TitleView` ist das kein Problem, da sie schlicht den ihr übergebenen Titel anzeigen soll. Auch ändert sich dieser Titel nicht zu einem späteren Zeitpunkt.

Soll ein Status jedoch veränderbar sein und zu einer entsprechenden Aktualisierung der zugehörigen View führen, müssen Sie auf andere Techniken zurückgreifen. Einen ersten Überblick dazu erhalten Sie in den folgenden Abschnitten, alle weiteren Details finden Sie dann in Kapitel 5 dieses Buches.

2.3.2 State

Bei State handelt es sich um einen Property Wrapper, der Teil des SwiftUI-Frameworks ist. Deklariert man damit eine Property einer View, ist es möglich, den Wert dieser Property aus der jeweiligen View heraus zu ändern (im Gegensatz zu einer „einfachen" Property, siehe dazu auch den Abschnitt 2.3.1).

Dieses Konzept ist insofern spannend, als dass eine Änderung einer State-Property zu einer automatischen Aktualisierung der zugehörigen View führt. Das bedeutet, dass jene View dann auf Basis ihrer body-Property neu erzeugt wird.

Zum besseren Verständnis finden Sie in Listing 2.13 ein Beispiel dazu. Die darin deklarierte ContentView besteht aus einem VStack, der untereinander einen Text, eine Trennlinie (Divider) sowie eine Schaltfläche (Button) anzeigt. Mehr zu Button und Divider erfahren Sie in Kapitel 3 dieses Buches. Für dieses Beispiel müssen Sie nur über den grundlegenden Aufbau eines SwiftUI-Buttons Bescheid wissen. Dieser besteht aus zwei Closures. Das erste (action-Parameter) bestimmt, was bei Betätigen des Buttons geschieht. Das zweite Closure definiert das Aussehen des Buttons selbst. Er stellt in diesem Beispiel schlicht den Text „Update text presentation" dar.

Das Besondere an ContentView ist die zu Beginn des Stacks erzeugte Text-Instanz. Diese soll nämlich entweder als großer Titel oder als herkömmlicher Text formatiert werden. Welche Formatierung zum Einsatz kommt, regelt die State-Property formatAsLargeTitle mit dem Standardwert false.

formatAsLargeTitle stellt somit einen Status der ContentView dar. Da die Property mit dem State-Property Wrapper deklariert wurde, ist es möglich, ihren Wert innerhalb von ContentView zu verändern. Und genau das geschieht im action-Parameter des Buttons. Bei Betätigen der Schaltfläche wird der aktuelle Wert von formatAsLargeTitle invertiert und wechselt so zwischen true und false hin und her.

Listing 2.13 Einsatz einer State-Property

```
struct ContentView: View {
    @State private var formatAsLargeTitle = false

    var body: some View {
        VStack {
            Text("Hello SwiftUI!")
                .font(formatAsLargeTitle ? .largeTitle : .body)
            Divider()
            Button(action: {
                self.formatAsLargeTitle.toggle()
            }) {
                Text("Update text presentation")
            }
        }
    }
}
```

An dieser Stelle kommen zwei Besonderheiten zum Tragen:

- Wäre die `formatAsLargeTitle`-Property nicht mittels `State` deklariert, ließe sich ihr Wert innerhalb von `ContentView` nicht aktualisieren. Der Befehl `self.formatAsLargeTitle.toggle()` innerhalb des action-Parameters des Buttons würde stattdessen einen Fehler zurückliefern.
- Die `State`-Deklaration von `formatAsLargeTitle` führt dazu, dass bei jeder Änderung des Werts dieser Property der body von `ContentView` neu erzeugt wird. Entsprechend erfolgt so auch eine erneute Erstellung der `Text`-Instanz mit der aktuell gültigen Formatierung.

Hier zeigt sich bereits sehr schön der deklarative Ansatz von SwiftUI. Allein das Ändern des Status (in diesem Fall der `formatAsLargeTitle`-Property) führt zu einem automatischen Update der View. Es braucht keinen ergänzenden Befehl, der das Aktualisieren des Textes explizit durchführt. Er ändert sich schlicht jedes Mal, wenn `formatAsLarge`-Title einen neuen Wert erhält. Auch dafür sorgt der `State`-Property Wrapper.

Mithilfe von `State` erzeugt man also einen veränderbaren Status. Zu beachten ist, dass State typischerweise nur für Properties eingesetzt werden sollte, die ausschließlich von der zugrunde liegenden View selbst gesteuert werden. Aus diesem Grund deklariert man `State`-Properties in der Regel auch als `private` und legt für sie einen Standardwert fest, so wie in Listing 2.13 zu sehen. Die View allein bestimmt also, welchen Wert der Status besitzt und wie er sich verändert.

Es gibt noch weitere Möglichkeiten, einen Status in einer SwiftUI-View umzusetzen. Alle weiteren Informationen zu `State` sowie zu alternativen Status-Deklarationen finden Sie in Kapitel 5 dieses Buches.

2.3.3 Binding

Properties fungieren als unveränderlicher Status, während `State`-Properties zwar änderbar sind, gleichzeitig aber fester Teil einer spezifischen View sind.

Manche View benötigt aber einen Status, der zwar ebenfalls änderbar sein soll, den eine View aber nicht *besitzt*. Die entsprechende Information ist an einer anderen Stelle gespeichert und sie soll lediglich – vergleichbar einer Referenz – an die View weitergegeben werden, damit sie mit diesen Daten arbeiten kann.

Ein Beispiel für eine solche View sehen Sie in Bild 2.15. Es zeigt eine View zum Erstellen von Bewertungen auf Basis von ein bis fünf Sternen. Jeder Stern stellt einen Button dar, der einer Bewertung entspricht. Wählt man so den zweiten Stern-Button, setzt man eine entsprechende Bewertung von zwei, im Falle des fünften Stern-Buttons eine Bewertung von fünf.

Die Bewertung ist der Status dieser View. Sie bestimmt, wie viele der fünf Sterne ausgefüllt sind und wie viele nicht. Das ließe sich auch mithilfe einer einfachen Property als Status umsetzen.

Bild 2.15
Die View dient zum Absetzen von Bewertungen.

Doch durch Betätigen eines Sternen-Buttons soll diese Bewertung auch *geändert* werden können. Eine einfache Property kommt so zum Abbilden des Status nicht länger infrage. Eine State-Property ist aber ebenso wenig eine passende Lösung. In diesem Fall würde die View nämlich die Bewertung selbst verwalten und nicht von außen ansprechbar machen. Genau das ist aber der Sinn bei der gezeigten View. Sie soll generisch für die unterschiedlichsten Inhalte nutzbar sein, um so für diese Inhalte Bewertungen abgeben zu können. Dabei spielt es keine Rolle, ob die View zum Bewerten von Filmen, Büchern oder Apps zum Einsatz kommt.

Die Bewertung wird *außerhalb* der View gespeichert. Die View soll lediglich einen *Verweis* darauf erhalten und diesen ändern können, ohne sich darum zu kümmern, aus welcher Quelle diese Information stammt. Und für genau solche Szenarien kommt der Binding-Property Wrapper zum Einsatz.

Binding ist mit State vergleichbar, nur mit dem Unterschied, dass einer Binding-Property ein Wert von außen übergeben werden muss. Man spricht in diesem Fall auch von einer sogenannten *Managed Reference*. Der Wert, auf den sich eine Binding-Property bezieht, ist an einer anderen Stelle gespeichert. Die Binding-Property verweist lediglich auf diesen Wert.

Besonders entscheidend hierbei: Führt man eine Änderung an einer Binding-Property durch, ändert sich so auch der Quellwert, der der Binding-Property übergeben wurde (dazu gleich mehr).

Entsprechend deklariert man eine Binding-Property – im Gegensatz zu State – niemals als private. Auch besitzen Binding-Properties nie einen Standardwert, da sie ihre Information immer von außen erhalten (in der Regel bei Initialisierung der View).

Die in Bild 2.15 gezeigte Bewertungs-View können Sie so wie in Listing 2.14 zu sehen umsetzen. Um die fünf Sternen-Buttons zu generieren, kommt eine View namens ForEach zum Einsatz. Diese erzeugt im Rahmen einer vorgegebenen Range eine bestimmte View. In diesem Fall läuft die Range von der Zahl 1 bis zur Zahl 5; für jeden Wert wird ein passender Sternen-Button erzeugt (mehr zu `ForEach` erfahren Sie in Kapitel 3 dieses Buches).

Ob der jeweilige Button gefüllt ist oder nicht, bestimmt ein Abgleich des jeweiligen Werts mit der aktuellen Bewertung. Diese ist als Status mit dem Namen `rating` definiert und basiert auf dem `Binding`-Property Wrapper. Entsprechend besitzt `rating` keinen Standardwert und muss zwingend bei der Initialisierung von `RatingView` gesetzt werden.

Listing 2.14 Einsatz einer Binding-Property

```
struct RatingView: View {
    @Binding var rating: Int

    var body: some View {
        HStack {
            ForEach(1 ..< 6) { value in
                Button(action: {
                    self.rating = value
                }) {
                    Image(systemName: value <= self.rating ? "star.fill" : "star")
                        .font(.largeTitle)
                }
            }
        }
    }
}
```

Dank Einsatz des `Binding`-Property Wrappers lässt sich die `RatingView` vollkommen flexibel einsetzen. Sie lässt sich zum Bewerten der verschiedensten Inhalte verwenden. Die einzige Voraussetzung, die zum Einsatz der `RatingView` erfüllt sein muss, ist die Übergabe eines Integers, der die aktuelle Bewertung widerspiegelt und eine Änderung der Bewertung erlaubt. Letzteres geschieht bei Betätigen eines Sternen-Buttons (siehe hierzu auch die Implementierung des `action`-Parameters von `Button` in Listing 2.14). Der Wert der `rating`-Property wird hierbei auf den Wert des zugehörigen Buttons gesetzt. Der erste Button entspricht einer Bewertung von 1, der fünfte und letzte Button einer Bewertung von 5 (mehr zum Thema `Button` erfahren Sie in Kapitel 3 dieses Buches).

Um einen Wert für eine `Binding`-Property zu übergeben, muss man auch eine Instanz vom Typ `Binding` nutzen. Am einfachsten erhält man solch eine Instanz über eine `State`-Property. Ruft man diese mit einem vorangestellten $-Zeichen auf, erhält man statt des Werts der `State`-Property ein `Binding`, das auf jenen Wert verweist.

Weitere Binding-Möglichkeiten

Natürlich gibt es noch andere Wege, `Binding`-Instanzen auch ohne `State`-Properties zu erzeugen. Mehr dazu erfahren Sie in Kapitel 5 dieses Buches.

Ein einfaches Anwendungsbeispiel zur Nutzung der `RatingView` finden Sie in Listing 2.15. Die darin deklarierte `ContentView` verfügt über eine `State`-Property namens `rating`. Das ist also jene Stelle, an der die eigentliche Bewertung gespeichert werden soll.

ContentView selbst setzt sich aus zwei elementaren Bestandteilen zusammen. Zunächst ist da die RatingView, die als Binding einen Verweis auf die rating-Property von ContentView erhält. Um dieses Binding auszulesen, wird die rating-Property mit einem vorangestellten $-Zeichen beim Aufruf übergeben.

Darunter findet sich zusätzlich die Ausgabe eines Textes, der schlicht noch einmal den aktuellen Wert der rating-Property von ContentView darstellt. Bild 2.16 zeigt, wie ContentView innerhalb eines iOS-Simulators aussieht.

Listing 2.15 Nutzen einer Binding-Property

```
struct ContentView: View {
    @State private var rating = 0

    var body: some View {
        VStack {
            RatingView(rating: $rating)
                .padding()
            Divider()
            Text("Rating: \(rating)")
                .padding()
        }
    }
}
```

Bild 2.16
Die Startkonfiguration der ContentView besitzt noch keine abgegebene Bewertung.

Da RatingView die rating-Property von ContentView als Binding übergeben wurde, führt eine Änderung jenes Bindings innerhalb von RatingView automatisch auch zu einer Aktualisierung des ursprünglichen Werts, sprich der State-Property rating von ContentView. Betätigt man also eine der Sternen-Schaltflächen, aktualisiert sich nicht nur die RatingView entsprechend und füllt die Sterne passend aus. Durch das Binding erfolgt auch eine passende Aktualisierung der `rating`-Property in `ContentView`, sodass die Textausgabe ebenfalls die aktuelle Bewertung widerspiegelt (siehe Bild 2.17).

Viele Views innerhalb des SwiftUI-Frameworks nutzen Binding auf die dargestellte Art und Weise. `TextField` beispielsweise nimmt einen String als Binding entgegen. Diesen stellt die View dar und ändert ihn, sobald der Nutzer eine Aktualisierung des Textes vornimmt. Dank Binding lässt sich so ein String aus jeder beliebigen Quelle mit `TextField` nutzen.

Bild 2.17 Mittels Binding basieren sowohl die RatingView als auch die Textausgabe auf derselben Information.

Gleiches gilt für `Toggle`. Mit dieser View erstellt man einfache Schalter, die nur zwei Zustände kennen: an oder aus. Abgebildet wird dieser Zustand mithilfe eines Boolean, den `Toggle` ebenfalls in Form eines Bindings erhält (mehr zu diesen und weiteren View-Elementen erfahren Sie in Kapitel 3 dieses Buches).

> **Weitere Informationen zum Status**
>
> Der erste Überblick, den Sie bezüglich des Status von SwiftUI-Views in diesem Kapitel erhalten haben, dient als Grundlage, damit Sie die kommenden Inhalte nachvollziehen können. Das Thema „Status" ist in SwiftUI aber noch deutlich umfangreicher und komplexer. Darum widmet sich das fünfte Kapitel dieses Buches – „Status" – noch einmal ausführlich diesem Thema. Sie finden dort nicht nur eine tiefergehende Betrachtung der bereits vorgestellten Elemente Property, `State` und `Binding`, sondern auch Informationen zu weiteren Möglichkeiten, wie Sie einen Status in SwiftUI-Views umsetzen und worauf dabei zu achten ist.

3 Views, Controls und Container

In diesem Kapitel erhalten Sie einen Überblick über die verschiedenen Views und Controls, die Ihnen in SwiftUI zur Verfügung stehen. Zu jedem Element erläutere ich die grundlegende Funktionsweise und gehe – falls sinnvoll – auf etwaige Besonderheiten ein.

■ 3.1 Text und Grafiken

Mithilfe der folgenden Views können Sie Texte und Grafiken darstellen sowie Texteingaben durch den Nutzer vornehmen lassen.

3.1.1 Text

Zur Darstellung von Text in SwiftUI nutzt man die Text-View. Sie erwartet bei der Initialisierung den anzuzeigenden String. Ein simples Beispiel dazu finden Sie in Listing 3.1 (siehe auch Bild 3.1).

Listing 3.1 Erstellen einer simplen Text-Instanz

```
struct ContentView: View {
    var body: some View {
        Text("Hello SwiftUI!")
    }
}
```

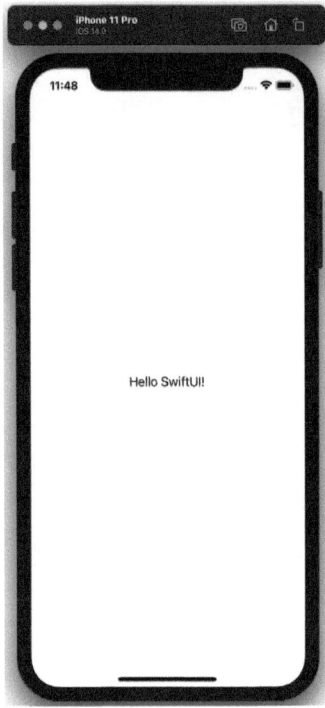

Bild 3.1
Umsetzung einer einfachen Text-Instanz

`Text`-Views lassen sich aber noch in umfangreichem Maße anpassen. Zu diesem Zweck kommen verschiedene Modifier zum Einsatz. So formatiert man einen Text mittels `bold()` fett, setzt ihn mithilfe von `italic()` kursiv oder fügt durch Aufruf von `underline()` eine Unterstreichung hinzu.

Das grundlegende Erscheinungsbild lässt sich mithilfe des `font(_:)`-Modifiers definieren. Dieser erwartet einen Parameter vom Typ `Font`, der verschiedene Konfigurationsmöglichkeiten zur Verfügung stellt. Standard-Konfigurationen lassen sich hierbei mittels passender Type Properties direkt auslesen und verwenden. Dazu gehören unter anderem:

- `largeTitle`: Stellt den Text als sehr großen Titel dar.
- `title`: Stellt den Text als Titel dar.
- `headline`: Dient zur Formatierung des Textes als Überschrift.
- `subheadline`: Dient zur Formatierung des Textes als Unterüberschrift.
- `body`: Standarddarstellung des Textes.
- `caption`: Ideal für Untertitel oder Bildunterschriften.
- `footnote`: Ideal für Fußnoten.

Daneben gibt es aber auch flexiblere Konfigurationsmöglichkeiten für die Schrift eines Textes. Dazu können Sie beispielsweise die `Font`-Typmethode `system(size:weight:design:)` nutzen. Dieser übergeben Sie die gewünschte Schriftgröße in Punkten, die Dicke (auf Basis des Typs `Font.Weight`) sowie die Darstellung (auf Basis des Typs `Font.Design`).

Ein Beispiel für die Anpassung eines Textes mithilfe der genannten Modifier finden Sie in Listing 3.2, das zugehörige Ergebnis zeigt Bild 3.2.

Listing 3.2 Konfiguration von Text-Instanzen

```
struct ContentView: View {
    var body: some View {
        VStack {
            Text("Large title")
                .font(.largeTitle)
            Text("Custom text")
                .font(.system(size: 30, weight: .bold, design: .serif))
            Text("Bold and italic")
                .bold()
                .italic()
        }
    }
}
```

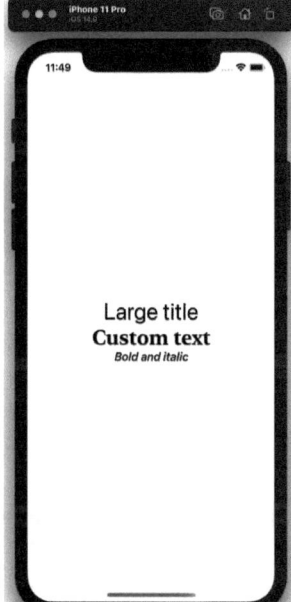

Bild 3.2
Mithilfe verschiedener Modifier lässt sich die Textdarstellung anpassen.

 Übersetzung von Texten

Standardmäßig werden die einer Text-Instanz übergebenen Strings automatisch übersetzt, sodass es nicht des Einsatzes von NSLocalizedString bedarf. Der String einer Text-Instanz fungiert so standardmäßig als Key. Findet sich dazu eine passende Übersetzung innerhalb des Projekts, wird diese automatisch für die Textdarstellung genutzt.

Falls man das nicht möchte, lassen sich Text-Instanzen alternativ mithilfe des Initializers init(verbatim:) erzeugen (siehe Listing 3.3). Die Strings werden hierbei exakt so ausgegeben wie im verbatim-Parameter definiert.

Listing 3.3 Erzeugen einer Text-Instanz mittels `init(verbatim:)`

```
struct ContentView: View {
    var body: some View {
        Text(verbatim: "Hello SwiftUI!")
    }
}
```

Nichtsdestotrotz ließe sich der Inhalt einer Text-Instanz auch beim Einsatz von `init(verbatim:)` übersetzen. Dann aber müsste als Parameter explizit ein `NSLocalizedString` übergeben werden.

3.1.2 TextField

Mithilfe einer `TextField`-Instanz stellen Sie dem Nutzer eine View zur einfachen Texteingabe zur Verfügung. Ein `TextField` erstreckt sich über eine Zeile und eignet sich daher ideal für knappe und kurze Eingaben wie Name oder E-Mail-Adresse.

Bei Initialisierung eines `TextField` muss man zwingend mindestens zwei Informationen angeben. Die erste ist ein Platzhaltertext in Form eines Strings. Solange das Textfeld über keinen Inhalt verfügt oder der Nutzer seine Eingabe vollständig entfernt, wird dieser Platzhalter in einer dezenten Farbe angezeigt. Er soll den Sinn und Zweck des Textfelds erläutern und angeben, welche Art von Inhalt darin eingegeben werden soll.

Die zweite Information ist ein Binding auf Basis eines Strings. Hierbei handelt es sich um den konkreten Text, der innerhalb des Textfelds angezeigt werden soll und der durch den Nutzer änderbar ist. Genau aus diesem Grund – der Änderbarkeit – benötigt `TextField` ein Binding für diesen String. Das ermöglicht es uns, einen String aus einer beliebigen Quelle zur Bearbeitung an ein Textfeld weiterzureichen.

Ein einfaches Beispiel zum Einsatz eines `TextField` finden Sie in Listing 3.4. Die darin deklarierte `ContentView` besitzt eine solche `TextField`-Instanz mit dem Platzhaltertext „Enter text ...". Als Binding für die Texteingabe dient die State-Property `enteredText`, deren Standardwert einem leeren String entspricht.

Um die korrekte Funktionsweise des Textfelds inklusive Binding zu testen, folgt im Anschluss an das Textfeld noch eine `Text`-View. Diese gibt schlicht den aktuellen Wert der State-Property `enteredText` aus. Und da `enteredText` den Status von `ContentView` darstellt, erfolgt eine automatische Aktualisierung von `ContentView`, sobald sich der Wert der `enteredText`-Property ändert (also immer dann, wenn eine Eingabe innerhalb des Textfelds erfolgt). Das Ergebnis dieses Codes sehen Sie in Bild 3.3.

Listing 3.4 Einsatz einer TextField-Instanz

```
struct ContentView: View {
    @State private var enteredText = ""
    
    var body: some View {
        VStack {
            TextField("Enter text ...", text: $enteredText)
```

```
            Divider()
            Text("\(enteredText)")
        }
        .padding()
    }
}
```

Bild 3.3
Bei Eingaben in das Textfeld erfolgt direkt eine Aktualisierung der darunterliegenden Textausgabe.

Bei der Initialisierung eines `TextField` können Sie noch auf weitere Parameter zurückgreifen. Zwei davon sind `onEditingChanged` und `onCommit`. Bei beiden handelt es sich um Closures, über die Sie weitere Funktionen beim Einsatz eines Textfelds definieren können.

Das Closure des `onEditingChanged`-Parameters wird immer aufgerufen, wenn das Textfeld den Fokus für die Texteingabe erhält oder verliert. Zu diesem Zweck verfügt es über einen Parameter vom Typ `Bool`, der die Art dieser Änderung widerspiegelt. Erhält ein Textfeld den Fokus, entspricht dieser Parameter `true`, andernfalls `false`.

Der Aufruf des `onCommit`-Closures erfolgt, sobald ein Nutzer aktiv die Bearbeitung innerhalb eines Textfelds durch Betätigen der Return-Taste beendet. Bei einem Wechsel zwischen verschiedenen Textfeldern innerhalb einer einzigen View kommt es so *nicht* zu einem Aufruf dieses Closures.

In Listing 3.5 finden Sie ein ergänzendes Beispiel auf Basis von Listing 3.4, das den simplen Einsatz der beiden genannten Closure-Parameter demonstriert. Da es sich bei `onCommit` um den letzten Parameter innerhalb der `TextField`-Initialisierung handelt, ist er als Trailing Closure umgesetzt. Aus diesem Grund findet sich der entsprechende Parametername nicht im Code. Darüber hinaus beginnt – für die bessere Übersicht – jeder Parameter in einer neuen Zeile.

Listing 3.5 Einsatz der `onEditingChanged`- und `onCommit`-Parameter

```swift
struct ContentView: View {
    @State private var enteredText = ""

    var body: some View {
        VStack {
            TextField(
                "Enter text ...",
                text: $enteredText,
                onEditingChanged: { (editingChanged) in
                    if editingChanged {
                        print("Editing begins ...")
                    } else {
                        print("Editing ended ...")
                    }
                }
            ) {
                print("Commit ...")
            }
            Divider()
            Text("\(enteredText)")
        }
        .padding()
    }
}
```

TextField-Styles

Mithilfe des Modifiers `textFieldStyle(_:)` ist es möglich, das grundlegende Erscheinungsbild eines Textfeldes zu verändern. Der Modifier erwartet als Parameter eine Instanz des Protokolls `TextFieldStyle`, zu dem die folgenden Structures konform sind:

- `PlainTextFieldStyle`: Eine simple Darstellung des Textfeldes ohne jegliche Ränder (so, wie sie auch in den bisherigen Screenshots dieses Abschnitts zu sehen war).
- `RoundedBorderTextFieldStyle`: Das Textfeld wird mit einem runden Rahmen versehen. Dieser Style lässt sich nur unter iOS und macOS nutzen.
- `SquareBorderTextFieldStyle`: Das Textfeld wird mit einem eckigen Rahmen versehen. Dieser Style lässt sich nur unter macOS nutzen.

Daneben steht noch eine weitere Structure namens `DefaultTextFieldStyle` zur Verfügung. Deren Darstellung entspricht einer der drei zuvor genannten und liefert den Standard der jeweiligen Plattform zurück. Unter iOS, watchOS und tvOS entspricht `DefaultTextFieldStyle` der Structure `PlainTextFieldStyle`, während sie unter macOS auf `SquareBorderTextFieldStyle` verweist.

Der Code in Listing 3.6 stellt den Einsatz aller drei genannten `TextField`-Styles beispielhaft vor. Um sie zu nutzen, ruft man auf einem `TextField` den `textFieldStyle(_:)`-Modifier auf und übergibt ihm eine Instanz des gewünschten Styles.

Wichtig: Der Code lässt sich in dieser Form so nur unter macOS nutzen. Der Grund hierfür ist, dass nur unter macOS alle Styles unterstützt werden. So führt beispielsweise der Versuch, `SquareBorderTextFieldStyle` unter iOS einzusetzen, zu einem Compiler-Fehler; unter iOS gibt es diesen Typ nämlich nicht. Unter watchOS und tvOS steht nur `PlainTextFieldStyle` zur Verfügung. Das Ergebnis des Codes sehen Sie in Bild 3.4.

Listing 3.6 Ändern des TextField-Styles.

```
struct ContentView: View {
    @State private var enteredText = ""

    var body: some View {
        VStack {
            TextField("Plain text field style", text: $enteredText)
                .textFieldStyle(PlainTextFieldStyle())
            Divider()
            TextField("Rounded border text field style", text: $enteredText)
                .textFieldStyle(RoundedBorderTextFieldStyle())
            Divider()
            TextField("Square border text field style", text: $enteredText)
                .textFieldStyle(SquareBorderTextFieldStyle())
        }
        .padding()
    }
}
```

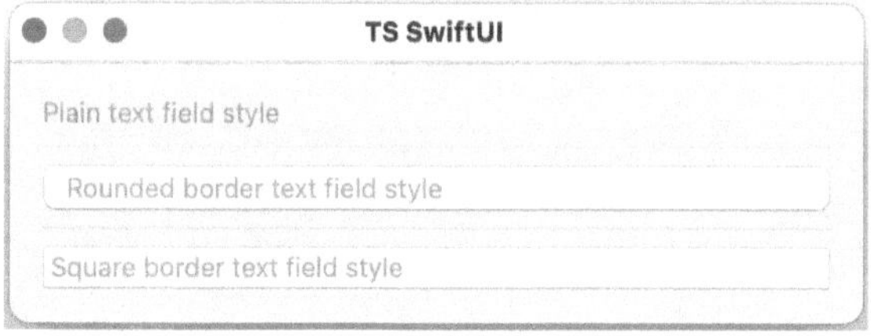

Bild 3.4 Mithilfe des TextFieldStyle-Protokolls lässt sich das grundlegende Aussehen eines Textfelds anpassen.

3.1.3 SecureField

SecureField ist im Grunde nichts anderes als eine leicht abgewandelte Variante von Text-Field (siehe den vorherigen Abschnitt 3.1.2). Es verfügt über die gleichen Style-Möglichkeiten und wird auf die gleiche Art initialisiert (lediglich der onEditingChanged-Parameter steht einem SecureField nicht zur Verfügung).

Der Unterschied zu TextField besteht in der Darstellung des eingegebenen Textes. Bei einem SecureField wird nämlich jedes Zeichen durch einen schwarzen Punkt ersetzt. Somit eignet sich SecureField ideal für Eingaben wie Passwörter oder PINs.

Listing 3.7 zeigt das Beispiel aus Listing 3.4 auf Basis eines SecureField. Das Ergebnis sehen Sie in Bild 3.5. Der eingegebenen Text ist innerhalb von SecureField nicht zu erkennen. Erst bei Ausgabe des zugehörigen Strings zeigt sich der entsprechende Inhalt.

Listing 3.7 Einsatz eines SecureField

```
struct ContentView: View {
    @State private var enteredText = ""

    var body: some View {
        VStack {
```

```
                SecureField("Enter text ...", text: $enteredText)
                Divider()
                Text("\(enteredText)")
        }
        .padding()
    }
}
```

Bild 3.5
Alle Textzeichen innerhalb eines SecureField werden durch schwarze Punkte ersetzt.

3.1.4 TextEditor

Mithilfe von `TextEditor` erlauben Sie die Eingabe von mehrzeiligem Text. Eine Instanz dieses Typs setzen Sie auf die gleiche Art und Weise um wie die eines `TextField` oder `SecureField`, indem Sie einen String als Binding übergeben.

In Listing 3.8 finden Sie ein Beispiel zum Einsatz von `TextEditor`. Darin erfolgt die Deklaration einer State-Property innerhalb von `ContentView`, die als Binding für eine `TextEditor`-Instanz dient. Das Ergebnis zum Code zeigt Bild 3.6.

Listing 3.8 Einsatz eines TextEditor

```
struct ContentView: View {
    @State private var text = ""

    var body: some View {
        VStack {
            Text("SwiftUI-Texteditor")
                .font(.largeTitle)
```

```
            TextEditor(text: $text)
                .border(Color.gray, width: 1)
        }
        .padding()
    }
}
```

Bild 3.6
Mithilfe von TextEditor lassen sich mehrzeilige Texte in SwiftUI erstellen.

3.1.5 Image

Bilder und Grafiken stellt man in SwiftUI mithilfe des Typs `Image` dar. Um eine entsprechende Instanz zu erzeugen, stehen drei Möglichkeiten zur Verfügung. Für welchen Weg man sich entscheidet, ist davon abhängig, in welcher Form die anzuzeigende Grafik zur Verfügung steht. So lassen sich die folgenden drei Quellen für die `Image`-Initialisierung nutzen:

- Grafiken als Teil eines Bundles/Asset Catalogs
- Grafiken aus SF Symbols-Katalog
- Grafiken auf Basis von `NSImage` oder `UIImage`

Um eine Grafik via Image darzustellen, die Teil eines Bundles beziehungsweise Asset Catalogs ist, übergibt man schlicht den Namen der entsprechenden Grafik an den Initializer `init(_:bundle:)`. Der `bundle`-Parameter ist optional und muss nur dann gesetzt werden, wenn sich die Grafik außerhalb des Main-Bundle befindet.

Ein Beispiel für die Einbindung einer Grafik auf Basis eines Bundles/Asset Catalogs zeigt Listing 3.9. Die darin anzuzeigende Image-Datei trägt den Namen „Vacation".

Listing 3.9 Erstellen einer Image-Instanz auf Basis einer eigenen Grafik

```
struct ContentView: View {
    var body: some View {
        Image("Vacation")
    }
}
```

Möchten Sie eine von über 1000 Grafiken aus Apples SF Symbols-Bibliothek verwenden, nutzen Sie dazu den Initializer `init(systemName:)`. Dieser erwartet als Parameter den Namen der gewünschten Grafik. Ein Beispiel dazu finden Sie in Listing 3.10.

Listing 3.10 Erstellen einer Image-Instanz auf Basis einer SF Symbols-Grafik

```
struct ContentView: View {
    var body: some View {
        Image(systemName: "book.fill")
    }
}
```

SF Symbols

Mit SF Symbols bietet Apple eine umfangreiche Bibliothek mit zahlreichen Grafiken, die sich alle in Apps einbinden lassen. Um einen Überblick über die verfügbaren Grafiken zu erhalten, steht eine offizielle SF Symbols-App für den Mac zum Download bereit (siehe Bild 3.7). Darin finden Sie neben einer Vorschau jeder Grafik auch den zugehörigen Namen. Wollen Sie eine Grafik in einer App verwenden, übergeben Sie den zugehörigen Namen dem `init(systemName:)`-Initializer von Image.

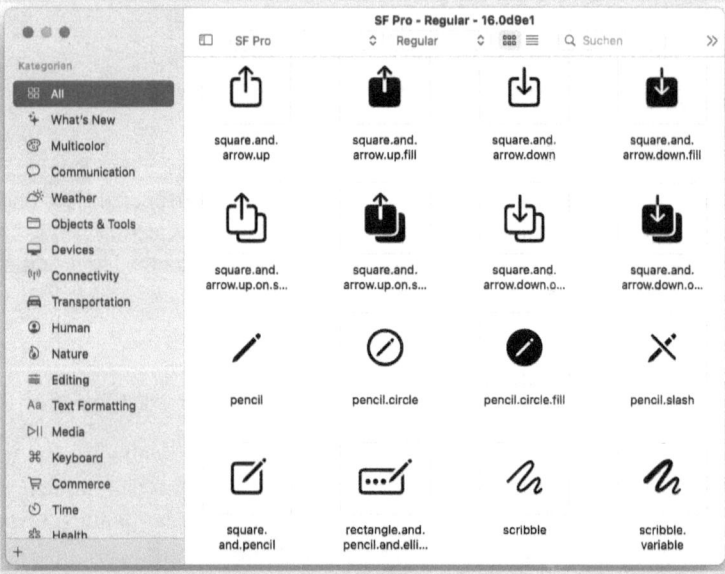

Bild 3.7 Die SF Symbols-App gibt einen vollständigen Überblick über alle verfügbaren Grafiken.

> Die offizielle SF Symbols-App sowie weitere allgemeine Informationen zu SF Symbols finden Sie unter *https://developer.apple.com/design/human-interface-guidelines/sf-symbols/overview/*.

Alternativ zu den beiden genannten Verfahren besteht auch die Möglichkeit, eine bereits vorhandene Grafik auf Basis der Klassen `NSImage` und `UIImage` in eine `Image`-Instanz umzuwandeln. Zu diesem Zweck stehen die Initializer `init(nsImage:)` und `init(uiImage:)` zur Verfügung, die jeweils eine entsprechende Instanz der genannten Klassen als Parameter erwarten. Ein Beispiel zum Einsatz von `init(uiImage:)` zeigt Listing 3.11.

Listing 3.11 Erstellen einer Image-Instanz auf Basis eines UIImage

```
struct ContentView: View {
    let vacationImage = UIImage(named: "Vacation")!

    var body: some View {
        Image(uiImage: vacationImage)
    }
}
```

Größe eines Bildes ändern

Standardmäßig nimmt eine `Image`-Instanz den gesamten Raum ein, der für die Darstellung der zugehörigen Grafik benötigt wird. In vielen Fällen entspricht das aber nicht dem gewünschten Ergebnis. Demonstrieren möchte ich diese Problematik anhand eines Beispiels auf Basis von Listing 3.12. Darin werden ein als Titel formatierter Text sowie eine Grafik untereinander angezeigt. Das Ergebnis dieses Codes sehen Sie in Bild 3.8.

Listing 3.12 Einbinden einer Image-Instanz ohne Größenanpassung

```
struct ContentView: View {
    var body: some View {
        VStack {
            Text("Vacation")
                .font(.largeTitle)
            Image("Vacation")
        }
    }
}
```

Da das zugrunde liegende Bild deutlich größer ist als der zur Verfügung stehende Raum, verdrängt es die anderen Inhalte (in diesem Fall den Titel).

Bild 3.8
Das Bild ist viel zu groß und verdrängt alle anderen Inhalte.

Um die Größe und Skalierung eines Bildes innerhalb einer View anzupassen, stehen in SwiftUI insgesamt vier Modifier zur Verfügung:

- `resizable()`: Dieser Modifier ist essenziell, wenn die Größe einer `Image`-Instanz in irgendeiner Art und Weise verändert werden soll. Ohne Einsatz dieses Modifiers behält ein `Image` immer seine ursprüngliche Größe und auch die folgenden genannten Modifier zeigen keine Wirkung.
- `scaledToFill()`: Durch Einsatz dieses Modifiers wird das Bild in Originalgröße innerhalb des zur Verfügung stehenden Raums angezeigt. Das kann dazu führen, dass es an den Rändern abgeschnitten wird, falls nicht genügend Platz für die vollständige Darstellung bereitsteht.
- `scaledToFit()`: Durch Einsatz dieses Modifiers wird das Bild vollständig dargestellt, es wird also an keiner Stelle abgeschnitten. SwiftUI reduziert das Bild dazu auf die maximale Größe, die möglich ist, um diese Anforderungen zu erfüllen.
- `frame()`: Über diesen Modifier legen Sie die Größe der `Image`-Instanz fest.

Sobald Sie `resizable()` auf eine `Image`-Instanz aufrufen, passt sich die Größe der Grafik automatisch dem gegebenen Platz der Root-View an (siehe Listing 3.13 und Bild 3.9). So sind alle Inhalte von `ContentView` bereits sichtbar. Allerdings wird das Bild verzerrt, um in den gegebenen Raum zu passen.

Listing 3.13 Aufruf von `resizable()` auf einer Image-Instanz

```
struct ContentView: View {
    var body: some View {
        VStack {
            Text("Vacation")
                .font(.largeTitle)
            Image("Vacation")
                .resizable()
        }
    }
}
```

Bild 3.9
Alle Inhalte sind nun sichtbar, doch das Bild wird gestaucht, um in den gegebenen Raum zu passen.

Um diese Verzerrung aufzuheben, nutzen Sie die Modifier `scaledToFill()` und `scaledToFit()`. Welcher davon konkret zum Einsatz kommt, ist davon abhängig, wie Sie das Bild darstellen möchten. Der Modifier `scaledToFill()` lässt die Größe des Bildes unangetastet, was dazu führen kann, dass Teile des Bildes an den Rändern abgeschnitten werden. `scaledToFit()` auf der anderen Seite zeigt das gesamte Bild an und ändert dafür nötigenfalls die Größe des Bereichs, der der Image-Instanz zur Verfügung steht.

Zum besseren Verständnis stellt Bild 3.10 den Einsatz beider Modifier einmal gegenüber.

Bild 3.10 Mittels scaledToFill() – linke Ansicht – und scaledToFit() – rechte Ansicht – passt man die Darstellung von Image-Instanzen an.

Zu guter Letzt können Sie mithilfe des `frame()`-Modifiers noch eine fixe Größe für die anzuzeigende Grafik festlegen. Dazu nutzen Sie beispielsweise den `width`- und/oder den `height`-Parameter und setzen den gewünschten Wert. Falls Sie nur die Breite oder Höhe festlegen, wird der jeweils andere Wert automatisch und passend vom System gesetzt. Ein Beispiel dazu finden Sie in Listing 3.14, das Ergebnis zeigt Bild 3.11.

Listing 3.14 Anpassen der Größe einer Image-Instanz

```
struct ContentView: View {
    var body: some View {
        VStack {
            Text("Vacation")
                .font(.largeTitle)
            Image("Vacation")
                .resizable()
                .scaledToFit()
                .frame(width: 200)
        }
    }
}
```

Bild 3.11
Das angezeigte Bild wurde mithilfe der passenden Modifier in der Größe und Darstellung angepasst.

■ 3.2 Buttons

Die in den folgenden Abschnitten vorgestellten Views stellen Schaltflächen dar, über die Sie bestimmte Funktionen auslösen können.

3.2.1 Button

Mithilfe des Typs Button setzt man einfache Schaltflächen in SwiftUI um. Die Betätigung eines solchen Buttons unterscheidet sich abhängig von der Plattform, auf der er zum Einsatz kommt. Unter iOS und watchOS beispielsweise erfolgt das Auslösen eines Buttons durch einen Tap, unter macOS mittels Klick. Und unter tvOS setzt man zunächst mittels Siri Remote den Fokus auf einen Button, um dessen Aktion anschließend per Knopfdruck auszulösen.

Über diese Details müssen wir uns erfreulicherweise beim Einsatz von Button aber keine Gedanken machen. Die Implementierung innerhalb einer App gestaltet sich immer auf dieselbe Art und Weise, ganz gleich ob er unter macOS, iOS, watchOS oder tvOS zum Einsatz kommt. Die jeweiligen Systeme kümmern sich dann selbst darum, die Aktivierung der Schaltfläche korrekt auszulösen.

Eine Button-Instanz setzt sich aus zwei Bestandteilen zusammen: dem Erscheinungsbild und der Aktion, die bei Betätigung ausgelöst werden soll.

Die einfachste Variante, einen neuen Button mittels SwiftUI zu erzeugen, führt über den Initializer `init(_:action:)`. Der erste Parameter ist vom Typ String und entspricht dem Titel, der als Text der Schaltfläche angezeigt wird. Beim action-Parameter handelt es sich um ein Closure, über das alle Befehle implementiert werden, die bei Betätigung des Buttons auszuführen sind.

Ein Beispiel für die Umsetzung eines Buttons mittels des genannten Initializers finden Sie in Listing 3.15. Die dort implementierte Schaltfläche trägt den Titel „My Button" und gibt bei Betätigung den Text „Some button action ..." in der Konsole aus. Bild 3.12 zeigt die Darstellung des Buttons unter macOS, iOS und watchOS.

Listing 3.15 Umsetzung eines einfachen Buttons

```
struct ContentView: View {
    var body: some View {
        Button("My Button") {
            print("Some button action ...")
        }
    }
}
```

Bild 3.12 Ein und derselbe Button wird auf den verschiedenen Apple-Plattformen jeweils passend dargestellt.

Alternativ lassen sich Buttons mithilfe des Initializers `init(action:label:)` deutlich dynamischer in ihrer Präsentation anpassen. Der action-Parameter hat denselben Zweck wie zuvor und erhält in Form eines Closures die auszuführenden Befehle bei Betätigung des Buttons. Mithilfe des label-Parameters ist es aber möglich, ein individuelles Design für einen Button festzulegen. Er erwartet ebenfalls ein Closure, das muss allerdings eine View als Ergebnis zurückliefern. Diese View entspricht sodann dem Aussehen der Schaltfläche.

Ein Beispiel zum Einsatz des Initializers init(action:label:) finden Sie in Listing 3.16. Die Implementierung des action-Parameters ist identisch zu der aus Listing 3.15. Das Aussehen wird nun aber über den zweiten label-Parameter festgelegt. Innerhalb des entsprechenden Closures erfolgt die Umsetzung einer View auf Basis eines HStack, die ein Bild und einen Text nebeneinander anzeigt. Mithilfe passender Modifier wird anschließend noch das Erscheinungsbild des HStack ein wenig angepasst, unter anderem durch Setzen einer blauen Hintergrundfarbe und abgerundeter Ecken. Das Ergebnis dieses Codes zeigt Bild 3.13.

Listing 3.16 Umsetzung eines Buttons auf Basis einer eigenen View

```
struct ContentView: View {
    var body: some View {
        Button(action: {
            print("Some button action ...")
        }) {
            HStack {
                Image(systemName: "book.fill")
                Text("Custom button")
            }
            .padding()
            .foregroundColor(.white)
            .background(Color.blue)
            .cornerRadius(10)
        }
    }
}
```

Bild 3.13 Auf Basis einer passenden View ändert man das Aussehen eines Buttons.

Button Styles

Ergänzend zu den umfangreichen Gestaltungsmöglichkeiten in Form eigener Views stehen zusätzlich noch diverse Button-Styles zur Verfügung. Mit deren Hilfe lässt sich einerseits das grundlegende Erscheinungsbild unkompliziert anpassen, ohne dafür extra eine eigene View zu erstellen. Zusätzlich ist das andererseits zum Teil aber auch nötig, um das gewünschte Aussehen für einen Button zu erreichen. Ein gutes Beispiel diesbezüglich zeigte bereits Bild 3.13. Die Button-Variante für die Apple Watch besitzt nämlich den grauen Standardhintergrund, der aber für die zugrunde liegende blaue View nicht wirklich passt. Das hängt mit dem Standard-Style zusammen, mit dem der Button versehen ist.

Insgesamt stellt SwiftUI die folgenden Typen für das Styling von Schaltflächen zur Verfügung. Beachten Sie, dass nicht jeder Style mit jeder Plattform nutzbar ist:

- `DefaultButtonStyle`: Hierbei handelt es sich um einen Verweis auf die anderen verfügbaren Styles. Er stellt den Standard für das jeweilige Button-Styling für die verschiedenen Apple-Plattformen dar (und besitzt somit selbst keinen speziellen eigenen Style).
- `PlainButtonStyle`: Dient zur Erstellung eines Buttons ohne jeglichen Style. Das ist ideal für Buttons, die vollständig auf Basis einer eigenen View gestaltet werden (wie beispielsweise der Button aus Listing 3.16).
- `LinkButtonStyle` (nur macOS): Ein Style für Buttons, die einen Link repräsentieren.
- `BorderedButtonStyle` (nur macOS und tvOS): Ein Style für Buttons mit einem Rahmen.
- `BorderlessButtonStyle` (nur macOS und iOS): Ein Style für Buttons ohne Rand.
- `CardButtonStyle` (nur tvOS): Ein Style für Buttons, die zusätzliche Motion-Effekte erhalten, wenn sie auf einem Apple TV den Fokus besitzen.

Um einen dieser Styles auf einen Button anzuwenden, nutzt man den `buttonStyle(_:)`-Modifier und übergibt eine Instanz des gewünschten Style-Typs. In Listing 3.17 finden Sie ein macOS-Beispiel dazu (da nur macOS alle der genannten Styles unterstützt). Das Ergebnis dieses Codes zeigt Bild 3.14.

Listing 3.17 Einsatz verschiedener Button-Styles

```
struct ContentView: View {
    var body: some View {
        VStack {
            Button("Default Button") { print("...") }
                .buttonStyle(DefaultButtonStyle())
            Button("Plain Button") { print("...") }
                .buttonStyle(PlainButtonStyle())
            Button("Link Button") { print("...") }
                .buttonStyle(LinkButtonStyle())
            Button("Bordered Button") { print("...") }
                .buttonStyle(BorderedButtonStyle())
            Button("Borderless Button") { print("...") }
                .buttonStyle(BorderlessButtonStyle())
        }
        .padding()
    }
}
```

Bild 3.14
Mithilfe von Styles legt man das grundlegende Erscheinungsbild eines Buttons fest.

Wendet man so den `PlainButtonStyle` auf die `Button`-Instanz aus Listing 3.16 an, aktualisiert sich die Darstellung der Schaltfläche unter watchOS entsprechend (siehe Bild 3.15).

Bild 3.15
Mithilfe des PlainButtonStyle lässt sich das Aussehen eines Buttons auch unter watchOS ganz individuell gestalten.

3.2.2 EditButton

Mithilfe des `EditButton` lässt sich der Edit-Mode einer View ändern. Verschiedene SwiftUI-Views unterstützen diesen Edit-Mode, um abhängig davon unterschiedliche User Interfaces anzuzeigen. Man kann den Status des Edit-Mode auch selbst in eigenen Views auswerten und abhängig davon das Erscheinungsbild und die zur Verfügung stehenden Funktionen anpassen. Der `EditButton` lässt sich nur unter iOS einsetzen.

Um einen `EditButton` zu nutzen, erstellt man schlicht eine Instanz dieses Typs. Bei Betätigung wechselt der Button dann automatisch zwischen aktivem und inaktivem Edit-Mode hin und her. In den folgenden Abschnitten und Kapiteln werden Sie diverse Views kennenlernen, die Gebrauch von diesem Edit-Mode machen. Weitere Einzelheiten zum Edit-Mode sowie zu weiteren View-Eigenschaften erfahren Sie im vierten Kapitel dieses Buches.

3.2.3 PasteButton

Ein weiterer macOS-exklusiver Button ist `PasteButton`. Dieser erlaubt das Auslesen der Daten, die sich im Pasteboard befinden.

Um eine `PasteButton`-Instanz zu erzeugen, braucht es zwei Informationen. Zunächst sind da die unterstützten Typen, mit denen man aus dem Pasteboard umgehen kann (zum Beispiel Text oder Bilder). Diese werden in Form eines Arrays übergeben. Die unterstützten

Typen definiert man mithilfe der zugehörigen *Uniform Type Identifiers* (kurz *UTIs*), beispielsweise „public.plain-text" für einfachen Text.

Auf der anderen Seite implementiert man ein Closure, das bei Betätigen eines `PasteButton` ausgeführt wird. Dieses Closures liefert die Inhalte des Pasteboards in Form eines Arrays, das sich aus `NSItemProvider`-Instanzen zusammensetzt. Aus diesem liest man die gewünschten Informationen und wandelt sie in passende Ergebnisse um.

Ein simples Beispiel zum Einsatz des `PasteButton` unter macOS zeigt Listing 3.18. Darin erfolgt die Implementierung eines `PasteButton`, der ausschließlich Textinformationen aus dem Pasteboard ausliest. Das erste Objekt, das als Ergebnis bei Betätigung des Buttons gefunden wird, wird über eine `Text`-View ausgegeben.

Listing 3.18 Auslesen des Pasteboards mittels PasteButton

```
struct ContentView: View {
    @State var text = ""

    var body: some View {
        VStack {
            Text(text)
            PasteButton(supportedTypes: ["public.plain-text"], payloadAction: { itemProviders in
                itemProviders.first!.loadDataRepresentation(forTypeIdentifier: "public.plain-text", completionHandler: { (data, error) in
                    guard let data = data else {
                        return
                    }
                    let loadedText = String(decoding: data, as: UTF8.self)
                    self.text = loadedText
                })
            })
        }
        .padding()
    }
}
```

3.2.4 Menu

Exklusiv in macOS ab Version 11 steht eine weitere View namens `Menu` zur Verfügung. Darüber lässt sich eine verschachtelte Menü-Struktur mithilfe von `Button`-Views umsetzen, um so unterschiedliche Aktionen zusammenzufassen.

Eine Menu-Instanz besteht immer aus zwei Bestandteilen: einem Titel beziehungsweise einer View, die das Menü beschreibt und als Startpunkt fungiert, sowie dem Inhalt des Menüs. Spannend hierbei: Menüs lassen sich verschachteln. Ein Menü kann also weitere Untermenüs in Form von `Menu`-Instanzen beinhalten.

Ein Beispiel für den Einsatz von `Menu` finden Sie in Listing 3.19. `ContentView` basiert darin auf einem `Menu` mit dem Titel „Actions", das sich aus drei Elementen zusammensetzt: einem Add-Button, einem Delete-Button sowie einem Untermenü mit dem Titel „Print", das selbst über zwei weitere Buttons („Hello World" und „Hello SwiftUI") verfügt (siehe Bild 3.16). Bei Auswahl eines Buttons aus einem Menü heraus wird die zugehörige Aktion ausgelöst.

Listing 3.19 Einsatz von Menu

```
struct ContentView: View {
    var body: some View {
        Menu("Actions") {
            Button("Add") {
                // Add something ...
            }
            Button("Delete") {
                // Delete something ...
            }
            Menu("Print") {
                Button("Hello World") {
                    print("Hello World")
                }
                Button("Hello SwiftUI") {
                    print("Hello SwiftUI")
                }
            }
        }
        .padding()
    }
}
```

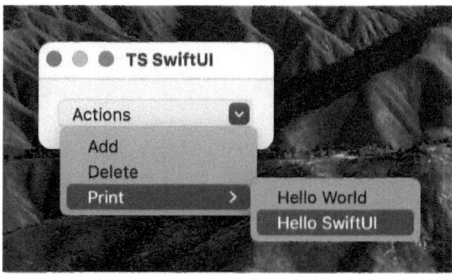

Bild 3.16
Mithilfe von Menu lässt sich unter macOS eine verschachtelte Menüstruktur umsetzen.

Menu Styles

Das grundlegende Aussehen eines Menüs lässt sich mithilfe eines passenden Menu-Styles anpassen. Dazu ruft man den menuStyle(_:)-Modifier auf dem gewünschten Menü auf und übergibt eine Instanz von einem der folgenden Typen:

- DefaultMenuStyle: Der Standard-Style eines Menüs, der automatisch vom System festgelegt wird. Er entspricht einem der folgenden Style-Typen.
- BorderedButtonMenuStyle: Der Ausgangspunkt des Menüs wird mit einem sichtbaren Rahmen versehen, so wie es auch in Bild 3.16 zu sehen ist.
- BorderlessButtonMenuStyle: Der Ausgangspunkt des Menüs wird als einfache View ohne Rahmen dargestellt.

Ein Beispiel zum Setzen eines Menu-Styles finden Sie in Listing 3.20. Es basiert auf dem Code aus Listing 3.19 und ergänzt den Aufruf des menuStyle(_:)-Modifiers, bei dem eine Instanz vom Typ BorderlessButtonMenuStyle übergeben wird. Das zugehörige Ergebnis zeigt Bild 3.17.

Listing 3.20 Einsatz eines Menu-Styles

```
struct ContentView: View {
    var body: some View {
        Menu("Actions") {
            Button("Add") {
                // Add something ...
            }
            Button("Delete") {
                // Delete something ...
            }
            Menu("Print") {
                Button("Hello World") {
                    print("Hello World")
                }
                Button("Hello SwiftUI") {
                    print("Hello SwiftUI")
                }
            }
        }
        .menuStyle(BorderlessButtonStyle())
        .padding()
    }
}
```

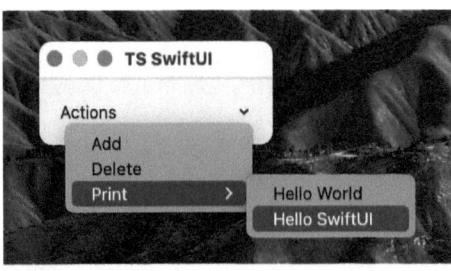

Bild 3.17
Mithilfe eines Menu-Styles lässt sich das Aussehen eines Menüs minimal anpassen.

3.2.5 Weitere Buttons

Es steht mit dem `NavigationLink` noch ein weiterer Button in SwiftUI zur Verfügung. Dieser ist aber nur sinnvoll im Zusammenspiel mit einer sogenannten `NavigationView` einzusetzen, daher finden Sie alle weiteren Informationen zu `NavigationLink` sowie zur `NavigationView` in Kapitel 4, „Navigation und Präsentation".

Darüber hinaus steht auch noch eine View namens `SignInWithAppleButton` zur Verfügung. Sie ist für die Nutzung von Apples hauseigenem Authentifizierungs-Service *Sign In with Apple* gedacht.

3.3 Value Selectors

Als sogenannte *Value Selectors* bezeichnet man Views, über die sich spezifische Eigenschaften und Werte verändern lassen. Im Folgenden erhalten Sie eine Übersicht über die in SwiftUI verfügbaren Value Selectors und wie Sie diese nutzen.

3.3.1 Toggle

Mithilfe des Typs *Toggle* setzen Sie Schalter in SwiftUI um. Ein Schalter basiert auf einem Boolean und kennt nur zwei Zustande: an oder aus (beziehungsweise `true` oder `false`).

Jede `Toggle`-View besitzt standardmäßig – parallel zur Darstellung des eigentlichen Schalters – eine ergänzende View. Bei ihr kann es sich beispielsweise um einen beschreibenden Text handeln, der darüber Aufschluss gibt, wofür der Schalter gut ist. Daneben benötigt jede `Toggle`-Instanz ein Binding vom Typ `Bool`. Dieses Binding bestimmt einerseits den Ursprungszustand des Schalters, sobald er erstellt wird (an oder aus). Gleichzeitig ändert eine `Toggle`-View den Wert jenes Bindings, sobald es zu einer Aktivierung des Schalters kommt.

Um eine simple `Toggle`-Instanz zu erstellen, nutzt man den Initializer `init(_:isOn:)`. Der erste Parameter ist vom Typ `String` und stellt den ergänzenden Text für den Schalter dar. Der `isOn`-Parameter erwartet das Binding vom Typ `Bool`, das den Status des Schalters steuert.

Listing 3.21 zeigt die Erstellung eines Schalters mithilfe des genannten Initializers. Das Ergebnis des Codes für verschiedene Plattformen sehen Sie in Bild 3.18.

Listing 3.21 Erstellen einer einfachen Toggle-Instanz

```
struct ContentView: View {
    @State private var toggleIsActive = true

    var body: some View {
        Toggle("My toggle", isOn: $toggleIsActive)
            .padding()
    }
}
```

Neben einem einfachen Titel können Sie ergänzend zum eigentlichen Schalter auch eine komplett eigene View anzeigen. Dazu nutzen Sie den `Toggle`-Initializer `init(isOn:label:)`. Der `label`-Parameter erwartet ein Closure, über das Sie die gewünschte View erzeugen und als Ergebnis zurückliefern können. Der `isOn`-Parameter erwartet erneut das Binding vom Typ `Bool`.

Bild 3.18 Der Schalter wird auf den verschiedenen Plattformen passend dargestellt.

In Listing 3.22 sehen Sie diesen Initializer im praktischen Einsatz, das entsprechende Ergebnis zeigt Bild 3.19.

Listing 3.22 Erstellen einer komplexeren Toggle-View

```
struct ContentView: View {
    @State private var toggleIsActive = true

    var body: some View {
        Toggle(isOn: $toggleIsActive) {
            HStack {
                Image(systemName: "book.fill")
                VStack {
                    Text("Custom")
                        .font(.headline)
                    Text("Toggle")
                        .font(.subheadline)
                }
            }
        }
        .padding()
    }
}
```

Bild 3.19 Die ergänzende View eines Schalters lässt sich mithilfe des passenden Initializers individualisieren.

 Auf ergänzende View verzichten

Wie Sie gesehen haben, muss man bei der Initialisierung eines Toggle immer wenigstens einen ergänzenden Text mit angeben, der parallel zum Schalter angezeigt wird. In manchen Fällen ist das aber unerwünscht und es soll stattdessen nur der Schalter ohne jegliche ergänzende View zu sehen sein.

Zu diesem Zweck können Sie den Modifier labelsHidden() nutzen und auf einer Toggle-Instanz anwenden. Er blendet jegliche ergänzende View (die man in SwiftUI auch als *Label* bezeichnet) aus. Ein Beispiel für den Einsatz des Modifiers sehen Sie in Listing 3.23, das zugehörige Ergebnis zeigt Bild 3.20.

Listing 3.23 Ausblenden des Labels einer Toggle-Instanz

```
struct ContentView: View {
    @State private var toggleIsActive = true

    var body: some View {
        Toggle("Label", isOn: $toggleIsActive)
            .labelsHidden()
            .padding()
    }
}
```

Bild 3.20
Durch Einsatz des labels-
Hidden()-Modifiers ver-
schwindet die ergänzende
View eines Schalters.

Der `labelsHidden()`-Modifier lässt sich übrigens auch im Zusammenspiel mit anderen Views einsetzen, die über ein ergänzendes Label verfügen. Das lässt sich so entsprechend ausblenden.

Toggle-Styles

Generell gibt es keine großen Anpassungsmöglichkeiten, was einen Schalter als solchen betrifft. Die größten Konfigurationsmöglichkeiten erhält man durch den Einsatz einer ergänzenden View, die man beliebig gestalten kann.

Dennoch kann man – zumindest unter macOS – zwischen zwei verschiedenen Toggle-Styles wählen. Dazu kommen die folgenden Typen zum Einsatz:

- `SwitchToggleStyle` (nur macOS, iOS und watchOS) ist der Standard-Style eines Toggle unter iOS und watchOS. Er präsentiert sich in Form eines Schalters, den man aktivieren und deaktivieren kann. Dieser Style lässt sich mithilfe des SwitchToggleStyle-Typs auch unter macOS nutzen.
- `CheckboxToggleStyle` (nur macOS) ist der Standard-Style eines Toggle unter macOS. Hierbei wird der Schalter als Checkbox dargestellt, die entweder aktiviert ist oder nicht.

Zusätzlich steht noch der Style-Typ `DefaultToggleStyle` zur Verfügung, der der Standardpräsentation eines `Toggle` auf den verschiedenen Apple-Plattformen entspricht.

In Listing 3.24 finden Sie die Implementierung einer View unter macOS, die zwei Toggles implementiert, von denen jeder mit einem der beiden Styles konfiguriert ist. Um einer `Toggle`-Instanz einen Style zuzuweisen, nutzt man den Modifier `toggleStyle(_:)` und übergibt ihm eine Instanz des gewünschten Style-Typs. Die Präsentation der View unter macOS sehen Sie in Bild 3.21.

Listing 3.24 Konfiguration eines Toggle mit unterschiedlichen Styles

```
struct ContentView: View {
    @State private var toggleIsActive = true

    var body: some View {
        VStack {
            Toggle("Switch toggle", isOn: $toggleIsActive)
                .toggleStyle(SwitchToggleStyle())
            Toggle("Checkbox toggle", isOn: $toggleIsActive)
                .toggleStyle(CheckboxToggleStyle())
        }
        .padding()
    }
}
```

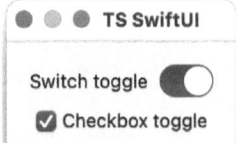

Bild 3.21
Der Präsentationsstil eines Toggle lässt sich mithilfe eines entsprechenden Modifiers anpassen.

 Sonderfall tvOS

Wie Ihnen möglicherweise aufgefallen ist, steht unter tvOS weder der Style-Typ `SwitchToggleStyle` noch `CheckboxToggleStyle` zur Verfügung. Stattdessen lässt sich unter tvOS nur `DefaultToggleStyle` nutzen. Das hängt mit der Darstellung eines Toggle auf dem Apple TV zusammen. Dessen Präsentation unterscheidet sich deutlich von den anderen Apple-Plattformen (siehe Bild 3.22). Denn letztlich ist ein Toggle unter tvOS nichts anderes als ein Button, bei dessen Betätigung ein boolescher Wert invertiert wird. Aus diesem Grund stehen auch keine weiteren Styles für Toggle-Instanzen unter tvOS zur Verfügung.

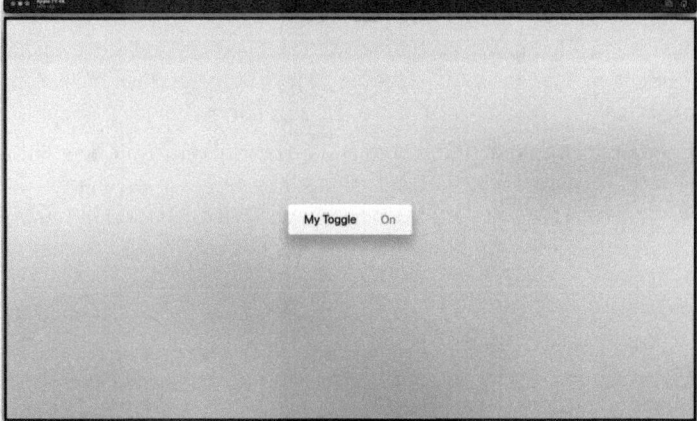

Bild 3.22 Die Präsentation eines Toggle unterscheidet sich unter tvOS deutlich von den anderen Apple-Plattformen.

3.3.2 Picker

Mithilfe eines Pickers listet man diverse Einträge auf, zwischen denen der Nutzer wählen kann. Er stellt die einfachste Form einer Optionsauswahl dar und erlaubt unterschiedliche Arten der Darstellung.

Eine Instanz des Typs `Picker` besteht aus drei Bestandteilen:

- **Label:** Ein ergänzender Text, der zusammen mit dem Picker dargestellt wird und beschreibt, welche Funktion der Picker erfüllt.
- **Selection-Binding:** Ein Binding, das konform zum `Hashable`-Protokll sein muss. Über dieses Binding steuert man, welche Option standardmäßig ausgewählt ist. Gleichzeitig ändert der Picker den Wert des Bindings, sobald ein anderer Eintrag ausgewählt wird.
- **Content:** Die Inhalte und somit die Auswahlmöglichkeiten, die über den Picker bereitstehen. Es handelt sich um Views, die ähnlich wie in einem Stack nacheinander implementiert werden.

Um eine Verbindung zwischen dem Selection-Binding und dem Content herzustellen, nutzt man den `tag(_:)`-Modifier. Dieser erwartet einen Parameter einer beliebigen Instanz, solange er konform zum `Hashable`-Protokoll ist. Der Wert dieses Parameters ist es auch, der dem Selection-Binding zugewiesen wird, wenn man die zugehörige View über den Picker auswählt. Entsprechend ruft man `tag(_:)` auf allen Views auf, die der Picker als Content anzeigt.

Das Selection-Binding und das Tag der im Picker gewählten View sind immer synchron. Wählt man einen Eintrag aus dem Picker, wird das Selection-Binding entsprechend aktualisiert. Weißt man umgekehrt dem Selection-Binding einen Wert zu, aktualisiert das auch die Auswahl innerhalb des Pickers.

Die Datenbasis eines Pickers ist somit die frei wählbare `Hashable`-Instanz. So können unter anderem Integer oder Strings für die Auswahl einer Picker-Option herhalten. Aber auch jeder sonstige Typ lässt sich einsetzen – auch eigens erstellte –, solange sie konform zum `Hashable`-Protokoll sind.

In Listing 3.25 finden Sie ein erstes Beispiel zum Umsetzen eines Pickers. Als Basis für die Optionswahl kommen Strings zum Einsatz. Der Picker listet verschiedene Geräte auf, zwischen denen man wählen kann. Jedes Gerät wird mithilfe einer `Text`-View abgebildet und besitzt einen passenden Tag, der mittels `tag(_:)`-Modifier gesetzt ist. In diesem simplen Beispiel sind der Inhalt der `Text`-View als auch der zugehörige Tag jeweils identisch.

Welches Gerät gerade ausgewählt ist, bestimmt der Status `device` mit dem Standardwert „None". Sobald man ein Element des Pickers auswählt, wird der zugehörige Tag für die `device`-Property gesetzt. Um diese Funktionsweise zu überprüfen, erfolgt unterhalb des Pickers eine Textausgabe, die den aktuellen Wert der `device`-Property wiedergibt (siehe Bild 3.23).

Listing 3.25 Erstellen eines Pickers

```
struct ContentView: View {
    @State private var device = "None"

    var body: some View {
        VStack {
```

```
            Picker(selection: $device, label: Text("Devices")) {
                Text("None").tag("None")
                Text("Mac").tag("Mac")
                Text("iPhone").tag("iPhone")
            }
            Divider()
            Text("Selected device: \(device)")
        }
        .padding()
    }
}
```

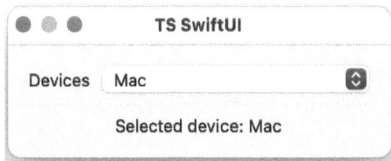

Bild 3.23
Der über den Picker ausgewählte Eintrag spiegelt sich auch in der darunterliegenden Textausgabe wider.

Um erfolgreich mit der `Picker`-View in SwiftUI zu arbeiten, sind demnach zwei Dinge essenziell:

- Die Elemente, die sich über den Picker auswählen lassen, sind Views. Der ihnen zugewiesene Tag bestimmt, welche View aktiv ist und wie sich das zugehörige Selection-Binding ändert, wenn eine View ausgewählt wird.
- Das Selection-Binding und die den Views zugewiesenen Tags können Instanzen jedes Typs sein, solange dieser Typ konform zum `Hashable`-Protokoll ist.

Ein weiteres Beispiel finden Sie in Listing 3.26. Innerhalb der `ContentView`-Structure ist eine Enumeration namens `CustomColor` definiert, die drei Cases besitzt. Diese Cases sind als `Text`-Views innerhalb eines Pickers abgebildet und erlauben so die Wahl einer der verfügbaren Farben. Das Selection-Binding ist hierbei vom eigens kreierten Typ `CustomColor`. Entsprechend besitzt jede View innerhalb des Pickers einen passenden Tag, der auf die zugehörige `CustomColor`-Instanz verweist. Auch die State-Property `selectedColor` entspricht dem `CustomColor`-Typ.

Das Ergebnis des Codes sehen Sie beispielhaft für watchOS in Bild 3.24.

Listing 3.26 Picker auf Basis einer Enumeration
```
struct ContentView: View {
    enum CustomColor: String, Hashable {
        case red = "Red"
        case green = "Green"
        case blue = "Blue"
    }

    @State private var selectedColor = CustomColor.red

    var body: some View {
        VStack {
            Picker(selection: $selectedColor, label: Text("Colors")) {
                Text(CustomColor.red.rawValue).tag(CustomColor.red)
                Text(CustomColor.green.rawValue).tag(CustomColor.green)
                Text(CustomColor.blue.rawValue).tag(CustomColor.blue)
```

```
            }
            Divider()
            Text("Selected color: \(selectedColor.rawValue)")
        }
        .padding()
    }
}
```

Bild 3.24
Die zur Verfügung stehende Auswahl des Pickers basiert auf einer Enumeration.

Picker-Inhalte komplett dynamisch erzeugen

Es gibt in SwiftUI die Möglichkeit, eine Liste von Views dynamisch zu generieren. Das hätte man sich im eben gezeigten Beispiel zunutze machen können, um nicht analog für jeden Enumeration-Case händisch eine zugehörige View innerhalb des Picker-Contents zu erzeugen.

Wie Sie solch eine View-Liste erzeugen und einsetzen, erfahren Sie in Abschnitt 3.7.2, „ForEach".

Label ausblenden

Wenn Sie das Label, das ergänzend mit jedem Picker angezeigt wird, ausblenden möchten, rufen Sie den `labelsHidden()`-Modifier auf dem Picker auf.

Picker-Styles

Es stehen in SwiftUI verschiedene Styles zur Verfügung, über die man das grundlegende Aussehen und die Funktionsweise eines Pickers verändern kann. Dazu erstellt man eine Instanz des gewünschten Styles und weist sie dem Picker mithilfe des `pickerStyle(_:)`-Modifiers zu. Hierbei stehen die folgenden Style-Typen zur Verfügung:

- `DefaultPickerStyle`: Der Standard-Style eines Pickers. Dieser Typ entspricht einem der nachfolgenden. Um welchen es sich handelt, variiert von Plattform zu Plattform.
- `PopUpButtonPickerStyle` (nur macOS): Der Standard unter macOS. Der Picker verbirgt sich hinter einer Schaltfläche, die die aktuelle Auswahl anzeigt und bei Betätigung alle Optionen auflistet (so wie in Bild 3.23 zu sehen).
- `RadioGroupPickerStyle` (nur macOS): Die Elemente des Pickers werden als Radio-Buttons dargestellt.

- `SegmentedPickerStyle` (nur macOS, iOS und tvOS): Der Picker wird als Segmented-Control dargestellt.
- `WheelPickerStyle` (nur iOS und watchOS): Der Picker listet alle Optionen in einer Radansicht auf (so wie in Bild 3.24 zu sehen).

Ein Beispiel für den Einsatz des `pickerStyle(_:)`-Modifiers finden Sie in Listing 3.27. Das Ergebnis sehen Sie in Bild 3.25.

Listing 3.27 Ändern des Picker-Styles

```
struct ContentView: View {
    enum CustomColor: String, Hashable {
        case red = "Red"
        case green = "Green"
        case blue = "Blue"
    }

    @State private var selectedColor = CustomColor.red

    var body: some View {
        Picker(selection: $selectedColor, label: Text("Colors")) {
            Text(CustomColor.red.rawValue).tag(CustomColor.red)
            Text(CustomColor.green.rawValue).tag(CustomColor.green)
            Text(CustomColor.blue.rawValue).tag(CustomColor.blue)
        }
        .pickerStyle(SegmentedPickerStyle())
        .padding()
    }
}
```

Bild 3.25
Der Picker lässt sich mittels eines passenden Styles auch als Segmented-Control darstellen.

3.3.3 DatePicker

Die Structure `DatePicker` stellt eine Sonderform des Pickers dar. Während sich ein Picker mit beliebigen Inhalten füllen lässt, erlaubt ein Date-Picker lediglich die Auswahl aus Datums- und Zeitangaben. Eine weitere Besonderheit besteht darin, dass `DatePicker` nur unter iOS und macOS zur Verfügung steht und sich so nicht unter watchOS und tvOS nutzen lässt.

Um eine `DatePicker`-Instanz zu erzeugen, benötigt es primär ein Binding vom Typ `Date`. Dieses Binding bestimmt einerseits, welches Datum und welche Uhrzeit der Picker anzeigt. Darüber hinaus ändert der `DatePicker` das `Date`-Binding, sobald man ein anderes Datum oder eine andere Uhrzeit auswählt.

Auf der anderen Seite erhält ein `DatePicker` ein Label. Dabei handelt es sich um eine ergänzende View, die neben dem Date-Picker dargestellt wird. Das lässt sich für zusätzliche beschreibende Informationen nutzen, um zu erläutern, wofür die Datumsauswahl gut ist (beispielsweise zum Setzen einer Deadline für einen Task).

Ein einfaches Beispiel zur Erstellung eines simplen Date-Pickers finden Sie in Listing 3.28. Das Binding des Date-Pickers basiert auf einer State-Property namens `selectedDate`, als Label kommt eine Text-View mit dem Titel „Date" zum Einsatz. Das Ergebnis unter macOS ist in Bild 3.26 zu sehen.

Listing 3.28 Erstellen eines Date-Pickers

```
struct ContentView: View {
    @State private var selectedDate = Date()

    var body: some View {
        DatePicker(selection: $selectedDate) {
            Text("Date")
        }
        .padding()
    }
}
```

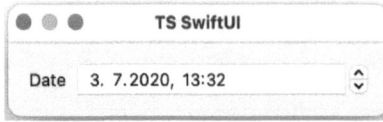

Bild 3.26
Ein simpler Date-Picker unter macOS

Komponenten anpassen

Standardmäßig erlaubt ein Date-Picker die Auswahl von Datum und Uhrzeit. Steuern lässt sich das über die sogenannten *Date-Picker-Components*. Diese basieren auf einer Structure namens `DatePickerComponents`, bei der es sich um ein Option-Set mit den beiden Werten `date` und `hourAndMinute` handelt. Bei der Initialisierung eines `DatePicker` lassen sich die anzuzeigenden Komponenten über einen Parameters namens `displayedComponents` steuern. Dazu übergibt man die gewünschten Werte aus dem `DatePickerComponents`-Option-Set.

Ein Beispiel dazu finden Sie in Listing 3.29. Es baut auf dem vorangegangenen Beispiel aus Listing 3.28 auf und ergänzt es um den genannten displayedComponents-Parameter. Für diesen wird lediglich der Wert hourAndMinute gesetzt, was dazu führt, dass der entsprechende Date-Picker nur die Uhrzeit darstellt (siehe Bild 3.27).

Listing 3.29 Anpassen der Komponenten eines Date-Pickers

```
struct ContentView: View {
    @State private var selectedDate = Date()

    var body: some View {
        DatePicker(selection: $selectedDate, displayedComponents: [.hourAndMinute]) {
            Text("Time")
        }
        .padding()
    }
}
```

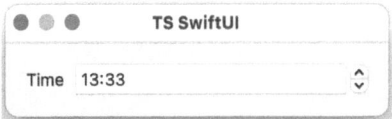

Bild 3.27
Durch Anpassung der Komponenten lässt sich steuern, ob ein Date-Picker die Auswahl von Datum und/oder Uhrzeit zulässt.

Datumsauswahl einschränken

Standardmäßig lassen sich über einen Date-Picker ein beliebiges Datum und eine beliebige Uhrzeit setzen. Falls Sie hier Einschränkungen vornehmen möchten, können Sie bei der Initialisierung eines Date-Pickers eine passende Range über den in-Parameter übergeben. Es lassen sich dann nur die Datums- und Zeitangaben innerhalb dieser Range auswählen.

Ein Beispiel dazu finden Sie in Listing 3.30. Darin wird über die private dateRange-Property ein Zeitbereich festgelegt, der mit dem aktuellen Datum beginnt und zwei Minuten später endet.

Listing 3.30 Einschränken der Datumsauswahl eines Date-Pickers mittels Range

```
struct ContentView: View {
    @State private var selectedDate = Date()

    private let dateRange = Date() ... Date(timeInterval: 120, since: Date())

    var body: some View {
        VStack {
            DatePicker(selection: $selectedDate, in: dateRange) {
                Text("Date")
            }
            .labelsHidden()
        }
        .padding()
    }
}
```

Je nach Darstellung des Pickers sind womöglich trotz der Range Einträge zu sehen, die außerhalb davon liegen. Diese lassen sich dann aber nicht auswählen (siehe Bild 3.28).

Bild 3.28
Die auswählbaren Optionen eines Date-Pickers lassen sich mithilfe einer Range einschränken.

 Displayed-Components ergänzen

Falls Sie neben einer Range zusätzlich auch die zuvor vorgestellten Displayed-Components über den displayedComponents-Parameter setzen möchten, fügen Sie diesen Parameter im Anschluss an den in-Parameter ein:

```
DatePicker(selection: $selectedDate, in: dateRange, displayedComponents:
[.hourAndMinute]) {
    Text("Time")
}
```

Auf diese Art und Weise können Sie einen Date-Picker mit beiden Konfigurationen anpassen.

DatePicker-Styles

Das Aussehen einer `DatePicker`-Instanz lässt sich mithilfe verschiedener Styles anpassen. Einen solchen Style setzt man mithilfe des `datePickerStyle(_:)`-Modifiers, dem man eine Instanz des gewünschten Style-Typs als Parameter übergibt. Insgesamt stehen die folgenden Style-Typen zur Auswahl:

- `DefaultPickerStyle`: Der Standard-Style, der für einen Date-Picker zustande kommt. Er entspricht einem der nachfolgenden Typen (abhängig von der Plattform, unter der der Date-Picker ausgeführt wird).

- `WheelDatePickerStyle` (nur iOS): Das Datum wird mittels einer Radansicht dargestellt und lässt sich darüber ändern.
- `FieldDatePickerStyle` (nur macOS): Das Datum erscheint in einem Textfeld. Die einzelnen Komponenten wie Datum und Zeit lassen sich direkt auswählen und im Anschluss entsprechend ändern.
- `GraphicalDatePickerStyle`: Der Date-Picker wird mit diesem Style in Form eines kleinen Kalenders und einer Uhr dargestellt, über die sich die gewünschten Werte setzen lassen.
- `StepperFieldDatePickerStyle` (nur macOS): Der Standard-Style unter macOS. Er ist im Grunde identisch zu `FieldDatePickerStyle`, besitzt zusätzlich am äußeren rechten Rand aber noch Pfeil-Schaltflächen, mit denen sich Datum und Uhrzeit schrittweise anpassen lassen (siehe auch Bild 3.26).

Ein Beispiel zum Setzen eines solchen Styles zeigt Listing 3.31. Darin kommt für die `DatePicker`-Instanz der Style auf Basis von `GraphicalDatePickerStyle` zum Einsatz. Das Ergebnis ist in Bild 3.29 zu sehen.

Listing 3.31 Setzen eines DatePicker-Styles

```
struct ContentView: View {
    @State private var selectedDate = Date()

    var body: some View {
        DatePicker(selection: $selectedDate) {
            Text("Date")
        }
        .datePickerStyle(GraphicalDatePickerStyle())
        .padding()
    }
}
```

Bild 3.29
Unter macOS lässt sich ein Date-Picker auch in diesem recht aufwendigen Style darstellen.

3.3.4 Slider

Ein Slider stellt einen Schieberegler dar, der auf einem Zahlenwert basiert. Durch Ziehen des Reglers nach links verkleinert man diesen Wert, durch Ziehen nach rechts wird er vergrößert. Standardmäßig entspricht der kleinste Zahlenwert eines Sliders 0, der größte Zahlenwert 1. Unter tvOS steht der Slider nicht zur Verfügung.

Um einen Slider in SwiftUI zu erzeugen, braucht es wenigstens ein Binding auf Basis einer Fließkommazahl. Genauer gesagt muss der zugrunde liegende Typ des entsprechenden Zahlenwerts konform zum BinaryFloatingPoint-Protokoll sein. Zu den konformen Typen dieses Protokolls gehören Float, Float80, Double und CGFloat.

Ein einfaches Beispiel zum Erstellen eines Sliders zeigt Listing 3.32. Das Binding ist als State-Property namens selectedValue definiert und besitzt einen Standardwert von 0,5. Es wird dem Slider bei der Initialisierung mittels value-Parameter übergeben.

Unterhalb des Sliders erfolgt mittels Text-View die Ausgabe des aktuellen Werts von selectedValue. Verschiebt man so den Regler des Sliders, ändert sich entsprechend automatisch der Wert dieser Property (siehe Bild 3.30).

Listing 3.32 Erstellen eines Sliders

```
struct ContentView: View {
    @State private var selectedValue = 0.5

    var body: some View {
        VStack {
            Slider(value: $selectedValue)
            Text("Current value: \(selectedValue)")
        }
        .padding()
    }
}
```

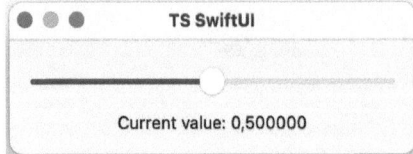

Bild 3.30
Durch Verschieben des Slider-Reglers ändert sich der mittels Binding übergebene Wert.

Wertebereich eines Sliders ändern

Der Wertebereich, auf dem ein Slider basiert, lässt sich mittels einer Range anpassen. Diese definiert den Start- und den Endpunkt der potenziellen Werte und erlaubt so das Überschreiben der Standard-Range, die sich von 0 bis 1 bewegt.

Um eine eigene Range für einen Slider zu definieren, nutzt man den in-Parameter, den man im Anschluss an das übergebene Binding setzt. In Listing 3.33 finden Sie dazu ein Beispiel, das auf dem Code von Listing 3.32 basiert und eine Range im Bereich von 0 bis 100 festlegt. Die State-Property selectedValue erhält zusätzlich einen neuen Standardwert von 20. Das Ergebnis sehen Sie in Bild 3.31.

Listing 3.33 Ändern des Wertebereichs eines Sliders

```
struct ContentView: View {
    @State private var selectedValue: Double = 20

    var body: some View {
        VStack {
            Slider(value: $selectedValue, in: 0 ... 100)
            Text("Current value: \(selectedValue)")
        }
        .padding()
    }
}
```

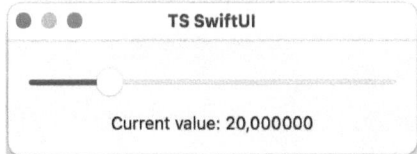

Bild 3.31
Start- und Endwert eines Sliders lassen sich anpassen.

Schritte bei der Wertauswahl festlegen

Normalerweise ändert sich der Wert eines Sliders ganz variabel, während man den Regler hin und her schiebt. Es lässt sich alternativ aber auch explizit eine Schrittzahl festlegen. Der Wert des Sliders ändert sich dann nur noch um den Faktor der Schrittzahl.

Um die Schrittzahl festzulegen, nutzt man den `step`-Parameter bei der Initialisierung eines Sliders. In Listing 3.34 finden Sie dazu ein Beispiel, das auf dem vorangegangenen Code aus Listing 3.33 basiert. Die Schrittzahl wird darin auf einen Wert von 5 festgesetzt, der Wert des Sliders kann sich also nur noch in 5er-Schritten ändern.

Unter macOS und watchOS werden die Positionen dieser Schritte im Slider grafisch hervorgehoben. Bild 3.32 stellt einmal alle Varianten des in Listing 3.34 erzeugten Sliders für macOS, iOS und watchOS gegenüber.

Listing 3.34 Festlegen der Schrittzahl eines Sliders

```
struct ContentView: View {
    @State private var selectedValue: Double = 20

    var body: some View {
        VStack {
            Slider(value: $selectedValue, in: 0 ... 100, step: 5)
            Text("Current value: \(selectedValue)")
        }
        .padding()
    }
}
```

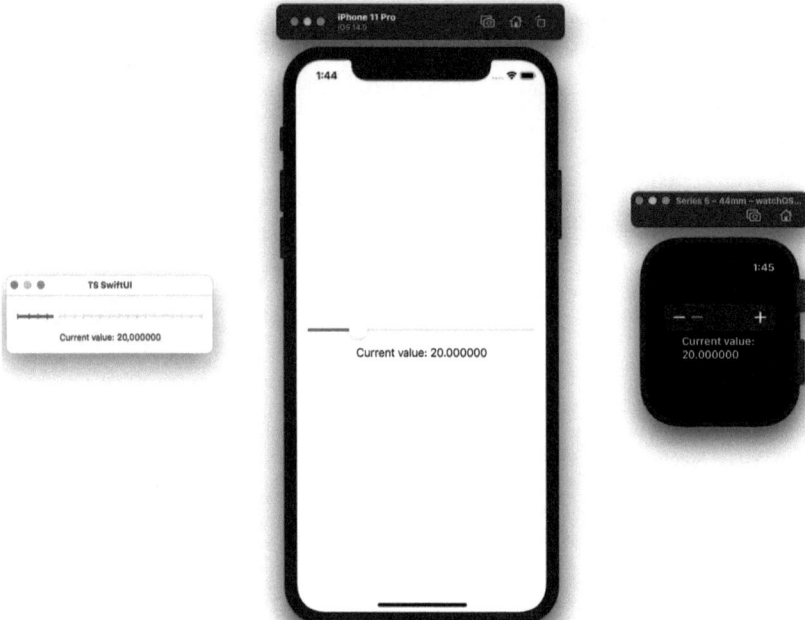

Bild 3.32 Der Slider wird auf allen unterstützten Plattformen passend dargestellt.

Auf Nutzung des Sliders reagieren

Mithilfe des `onEditingChanged`-Parameters können Sie zusätzliche Befehle ausführen, sobald die Nutzung des Sliders beginnt und wenn sie endet. Es handelt sich bei dem Parameter um ein Closure, über das Sie Zugriff auf ein Boolean haben. Das gibt Aufschluss darüber, ob der Nutzer gerade den Picker ausgewählt hat und mit der Änderung des Werts beginnt (`true`) oder die Änderung abgeschlossen hat und der Slider nicht länger aktiv ist (`false`).

Den praktischen Einsatz des `onEditingChanged`-Parameters demonstriert Listing 3.35. Hierbei kommt es jedes Mal zu einer Konsolenausgabe, sobald der Nutzer einen neuen Wert über den Slider ausgewählt hat (und der boolesche Parameter des Closures so `false` entspricht).

Listing 3.35 Reaktion auf Nutzung des Sliders

```
struct ContentView: View {
    @State private var selectedValue = 0.5

    var body: some View {
        Slider(value: $selectedValue, onEditingChanged: { (editing) in
            if !editing {
                print("Changed value to: \(self.selectedValue)")
            }

        })
        .padding()
    }
}
```

Einsatz weiterer Parameter

Sie können problemlos ergänzend zu onEditingChanged auch die zuvor genannten Parameter in und step eines Sliders setzen. Dazu fügen Sie einen oder beide dieser Parameter *vor* onEditingChanged an:

```
Slider(value: $selectedValue, in: 0 ... 100, step: 5, onEditingChanged:
{ (editing) in
    if !editing {
        print("Changed value to: \(self.selectedValue)")
    }
})
```

Label sowie View für Minimum und Maximum ergänzen

Die Präsentation eines Labels lässt sich noch um zusätzliche Informationen ergänzen. Dazu gehört zum einen ein Label, das zusätzlich zum Slider angezeigt wird und bei dem es sich um eine beliebige View handelt. Darüber hinaus ist es möglich, je eine View für den Minimal- und den Maximalwert eines Sliders zu definieren. Diese View erscheint dann am linken beziehungsweise rechten Ende des Sliders.

Insgesamt benötigt man drei Parameter für eine entsprechende Konfiguration, die alle am Ende einer Slider-Initialisierung aufgeführt werden:

- minimumValueLabel: Eine View, die den Minimalwert eines Sliders repräsentiert und an dessen linkem Rand angezeigt wird.
- maximumValueLabel: Eine View, die den Maximalwert eines Sliders repräsentiert und an dessen rechtem Rand angezeigt wird.
- label: Ein Closure, über das man eine ergänzende View für das Label erzeugt. Allerdings wird dieses Label nicht auf allen Plattformen dargestellt (beispielsweise unter iOS).

Beim Einsatz dieser Parameter ist ein wenig Vorsicht geboten. Der label-Parameter kann unabhängig von minimumValueLabel und maximumValueLabel genutzt werden und so für sich alleine stehen. Umgekehrt ist das aber nicht möglich. Nutzt man also bei der Initialisierung eines Sliders die minimumValueLabel- und maximumValueLabel-Parameter, muss man zwingend auch einen Wert für label übergeben. Ebenso muss man minimumValueLabel und maximumValueLabel immer in Kombination verwenden; nur einen der beiden Parameter zu nutzen, ist nicht möglich.

Ein Beispiel zum praktischen Einsatz der drei genannten Parameter finden Sie in Listing 3.36. Den Parametern minimumValueLabel und maximumValueLabel wird jeweils eine einfache Text-View übergeben. Der abschließende label-Parameter (der als Trailing Closure umgesetzt ist) setzt sich ebenfalls aus einem simplen Text zusammen. Das Ergebnis sehen Sie in Bild 3.33.

Listing 3.36 Setzen eines Labels sowie einer View für Minimum und Maximum

```
struct ContentView: View {
    @State private var selectedValue = 0.5

    var body: some View {
        Slider(
            value: $selectedValue,
            minimumValueLabel: Text("-"),
            maximumValueLabel: Text("+")
        ) {
            Text("Slider")
        }
        .padding()
    }
}
```

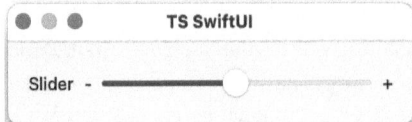

Bild 3.33
Der Slider verfügt nun über ein ergänzendes Label sowie über je eine View zur Darstellung des Minimal- und Maximalwerts.

3.3.5 Stepper

Mithilfe eines Steppers können Sie einen Zahlenwert schrittweise verringern oder erhöhen. Über eine Range legen Sie in diesem Zusammenhang den Minimal- sowie den Maximalwert fest. Der Stepper steht lediglich unter macOS und iOS zur Verfügung.

Zum Erstellen und Einsatz eines Steppers werden wenigstens drei Informationen benötigt:

- **Label:** Ein ergänzendes Label, das zusammen mit dem Stepper angezeigt wird. Es kann sich sowohl um einen simplen String als auch um eine eigens definierte View handeln.
- **Binding:** Das Binding bestimmt den Ausgangswert, den der Stepper besitzt. Gleichzeitig handelt es sich dabei auch um jenen Wert, der bei Einsatz des Steppers verringert beziehungsweise vergrößert wird.
- **Wertebereich:** Der Minimal- und Maximalwert, den das dem Stepper zugewiesene Binding annehmen kann.

Die einfachste Form zur Erstellung eines Steppers ist in Listing 3.37 anhand eines kleinen Beispiels demonstriert. Bei der Initialisierung kommen alle drei eben genannten Informationen zum Einsatz.

Zunächst ist da das Label in Form eines Strings. Neben dem statischen Text „Value" gibt es zusätzlich noch den Wert der State-Property `selectedValue` aus. Diese Property wird sogleich als Binding in Form des `value`-Parameters für den Stepper eingesetzt.

Der Grund für die Ausgabe dieses Werts über das Stepper-Label liegt daran, dass der Stepper selbst den aktuellen Wert an keiner Stelle grafisch anzeigt. Zwar könnte man den Wert auch an einer anderen Stelle ausgeben, da man aber sowieso ein Label für einen Stepper setzen muss, dürfte das in vielen Fällen auch als passende Ausgabe des aktuellen Werts geeignet sein.

Zu guter Letzt folgt noch das Festlegen des Wertebereichs über den in-Parameter in Form einer Range. Das Ergebnis des Codes sehen Sie in Bild 3.34.

Listing 3.37 Erstellen einer Stepper-Instanz

```
struct ContentView: View {
    @State private var selectedValue = 8

    var body: some View {
        Stepper("Value: \(selectedValue)", value: $selectedValue, in: 0 ... 10)
            .padding()
    }
}
```

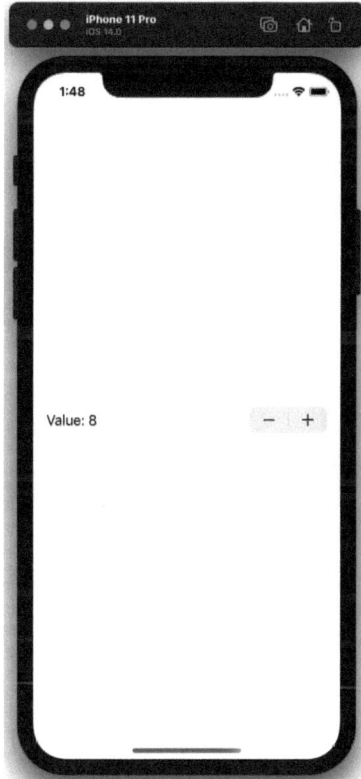

Bild 3.34
Über die Plus- und Minus-Schaltflächen des Steppers ändert man den mittels Binding übergebenen Wert.

Eigene View als Label nutzen

Statt eines Strings können Sie alternativ auch eine View parallel zum Stepper präsentieren. Dazu können Sie den label-Parameter nutzen. Er entspricht einem Closure und wird immer als letzter Parameter bei der Initialisierung eines Steppers gesetzt. Über das Closure liefern Sie die gewünschte View zurück.

Der alternative Einsatz des label-Parameters ist in Listing 3.38 zu sehen. Ergänzend zu einem Text wird eine Grafik angezeigt, beide Elemente erhalten zudem eine Formatierung als großer Titel. Das Ergebnis des Codes unter iOS zeigt Bild 3.35.

Listing 3.38 Einsatz einer eigenen View als Stepper-Label

```
struct ContentView: View {
    @State private var selectedValue = 8

    var body: some View {
        Stepper(value: $selectedValue, in: 0 ... 10) {
            HStack {
                Image(systemName: "paperplane.fill")
                Text("Value: \(selectedValue)")
            }
            .font(.largeTitle)
        }
        .padding()
    }
}
```

Bild 3.35 Es lässt sich auch eine eigene View als Label für einen Stepper einsetzen.

 Auf Einsatz des Wertebereichs verzichten

Alternativ haben Sie die Möglichkeit, auf die Angabe eines Minimal- und Maximalwerts des Steppers über den in-Parameter zu verzichten. Dazu entfernen Sie diesen Parameter und dessen Wert aus der Initialisierung eines Steppers. In diesem Fall lässt sich der zugrunde liegende Zahlenwert über den Stepper beliebig verkleinern und vergrößern.

Anzahl der Stepper-Schritte festlegen

Standardmäßig ändert sich der Zahlenwert eines Steppers bei einer Verringerung oder Erhöhung um 1. Mithilfe des step-Parameters lässt sich auf Wunsch aber auch ein alternativer Änderungswert festlegen.

Ein Beispiel dazu zeigt Listing 3.39 auf Basis des Codes aus Listing 3.37. Der nach in ergänzte step-Parameter besitzt darin einen Wert von 2. Das führt dazu, das der zugrunde liegende Zahlenwert bei Einsatz des Steppers immer um 2 verringert beziehungsweise vergrößert wird.

Listing 3.39 Festlegen der Stepper-Schritte

```
struct ContentView: View {
    @State private var selectedValue = 8

    var body: some View {
        Stepper("Value: \(selectedValue)", value: $selectedValue, in: 0 ... 10, step: 2)
            .padding()
    }
}
```

Auf Nutzung des Steppers reagieren

Der `onEditingChanged`-Parameter erlaubt das Abfangen der Stepper-Verwendung durch den Nutzer. Wann immer der Nutzer den zugrunde liegenden Zahlenwert mittels Stepper anpasst, löst dieser Parameter ein Closure aus, über das sich beliebige weitere Befehle ausführen lassen. So lässt sich die Verwendung des Closures mit weiteren Aktionen koppeln.

Das Auslösen des Closures erfolgt zu zwei Zeitpunkten. Der erste tritt ein, wenn der Nutzer mit der Interaktion des Steppers beginnt (und sich so der zugrunde liegende Zahlenwert noch nicht geändert hat). Das zweite Mal wird das Closure ausgelöst, sobald der Nutzer den Einsatz des Steppers beendet.

Um zu überprüfen, in welchen der beiden Zustände man sich gerade befindet, verfügt das Closure über einen booleschen Parameter. Der entspricht `true`, wenn die Bearbeitung beginnt, und `false`, sobald sie beendet ist. Das kann man sich zunutze machen, um abhängig von diesem Boolean unterschiedliche Aktionen auszuführen.

Ein Beispiel für die Implementierung des `onEditingChanged`-Parameters finden Sie in Listing 3.40. Nach Beendigung eines Stepper-Einsatzes (sprich sobald das Boolean `false` entspricht) wird darüber der aktuelle Zahlenwert auf der Konsole ausgegeben.

Listing 3.40 Reaktion auf Einsatz des Steppers

```
struct ContentView: View {
    @State private var selectedValue = 8

    var body: some View {
        Stepper("Value: \(selectedValue)", value: $selectedValue, in: 0 ... 10, step: 2, onEditingChanged: { (editing) in
            if !editing {
                print("Changed value to: \(self.selectedValue)")
            }
        })
            .padding()
    }
}
```

Stepper-Aktionen selbst definieren

Möchte man die volle Kontrolle über die Funktionsweise eines Steppers, steht in SwiftUI noch eine alternative Implementierungsmöglichkeit zur Verfügung. Diese setzt erneut auf ein ergänzendes Label (entweder in Form eines Strings oder einer eigenen View) und zusätzlich auf die Parameter `onIncrement` und `onDecrement`. Bei letzteren handelt es sich jeweils um ein optionales Closure ohne Parameter und ohne Rückgabewert.

Bei einer solchen Konfiguration ruft die Stepper-Instanz das `onIncrement`-Closure bei Erhöhung und das `onDecrement`-Closure bei einer Verringerung des zugrunde liegenden Zahlenwerts auf. Der Zahlenwert selbst wird dann aber nicht mehr automatisch verändert; darum muss man sich selbst innerhalb der entsprechenden Closures kümmern.

Der Einsatz eines so konfigurierten Steppers ist ideal, wenn die Änderung eines Werts von zusätzlichen Faktoren abhängt, die bei einer Vergrößerung oder Verringerung zunächst überprüft werden müssen. Zudem ermöglicht eine solche Konfiguration, weitere Befehle bei der Änderung des zugrunde liegenden Zahlenwerts auszuführen.

Den beispielhaften Einsatz dieser alternativen Stepper-Konfiguration zeigt Listing 3.41. Es bildet das Verhalten eines Steppers mit einem Minimalwert von 0 und einem Maximalwert von 10 nach, setzt dazu aber die `onIncrement`- und `onDecrement`-Closures ein.

Listing 3.41 Festlegung der Stepper-Aktionen

```
struct ContentView: View {
    @State private var selectedValue = 8

    private let minimumValue = 0

    private let maximumValue = 10

    var body: some View {
        Stepper("Value: \(selectedValue)", onIncrement: {
            if self.selectedValue < 10 {
                self.selectedValue += 1
            }
        }, onDecrement: {
            if self.selectedValue > 0 {
                self.selectedValue -= 1
            }
        })
        .padding()
    }
}
```

Übrigens können Sie bei Einsatz einer solchen Stepper-Konfiguration auch noch den `onEditingChanged`-Parameter verwenden. Dessen Implementierung folgt immer im Anschluss an den `onDecrement`-Parameter.

3.4 Value Indicators

Mithilfe der sogenannten Value Indicators informieren Sie Nutzer über verschiedene Prozessfortschritte, geben Informationen auf dem Display aus und verweisen auf weitere Ressourcen. In den folgenden Abschnitten stelle ich Ihnen eine Auswahl zugehöriger Views aus dem SwiftUI-Framework vor.

3.4.1 ProgressView

Mithilfe einer `ProgressView` informieren Sie den Nutzer über das Vorankommen einer spezifischen Aktion. Sie können so beispielsweise den Fortschritt eines Downloads darstellen oder eine `ProgressView` allgemein als optische Ergänzung zu einem Ladevorgang nutzen.

Progress-Views in SwiftUI stehen in zwei Varianten zur Verfügung: *bestimmt* und *unbestimmt*. Eine *bestimmte* Progress-View spiegelt einen konkreten Fortschritt wider und wird passenderweise in Form eines Fortschrittbalkens dargestellt. Eine unbestimmte Progress-View hingegen stellt schlicht eine simple Lade-View dar, die über keine ergänzenden Daten verfügt. Bild 3.36 stellt beide Varianten einmal gegenüber.

Bild 3.36
Progress-Views gibt es in zwei Varianten: bestimmt und unbestimmt.

Welcher dieser Styles für eine Progress-View zum Einsatz kommt, hängt zunächst von der Initialisierung ab. Wenn Sie lediglich einen Titel oder gar keinen Parameter übergeben, kommt die *unbestimmte* Variante zum Einsatz. Ein simples Beispiel dazu finden Sie in Listing 3.42.

Listing 3.42 Umsetzung einer unbestimmten Progress-View

```
struct IndeterminateProgressView: View {
    var body: some View {
        ProgressView()
    }
}
```

Optional können Sie auch einen Titel übergeben, der ergänzend zur Progress-View angezeigt wird, so wie in Listing 3.43 zu sehen. Dieser Titel erscheint als Ergänzung zur eigentlichen Progress-View (siehe Bild 3.37).

Listing 3.43 Umsetzung einer unbestimmten Progress-View mit Titel

```
struct IndeterminateProgressView: View {
    var body: some View {
        ProgressView("Loading ...")
    }
}
```

Bild 3.37
Eine Progress-View lässt sich um einen optionalen Titel ergänzen.

Für *bestimmte* Progress-Views geben Sie einen konkreten Fortschrittswert in Form einer Fließkommazahl an. Standardmäßig erfolgt die Darstellung des Fortschritts mithilfe eines Wertebereichs von 0 bis 1. Ein simples Beispiel zur Umsetzung einer *bestimmten* Progress-View zeigt Listing 3.44.

Listing 3.44 Umsetzung einer bestimmten Progress-View

```
struct DeterminateProgressView: View {
    var body: some View {
        ProgressView(0.5)
    }
}
```

Optional können Sie auch bei bestimmten Progress-Views einen Titel ergänzen. Ebenso ist es möglich, einen eigenen Maximalwert für den Wertebereich der Progress-View zu definieren (siehe Listing 3.45 und Bild 3.38).

Listing 3.45 Umsetzung einer bestimmten Progress-View mit Titel und Maximalwert

```
struct DeterminateProgressView: View {
    var body: some View {
        ProgressView("Downloading ...", value: 30, total: 100)
    }
}
```

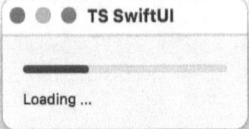

Bild 3.38
Das Erscheinungsbild einer Progress-View lässt sich auch separat festlegen.

ProgressView-Style

Mithilfe des `progressViewStyle(_:)`-Modifiers können Sie das Aussehen einer Progress-View explizit festlegen. Hierfür stehen Ihnen die folgenden Typen zur Verfügung:

- `DefaultProgressViewStyle`: Der Standard-Style, der vom System automatisch ermittelt wird.
- `LinearProgressViewStyle`: Entspricht der Darstellung einer *bestimmten* Progress-View.
- `CircularProgressViewStyle`: Entspricht der Darstellung einer *unbestimmten* Progress-View.

In Listing 3.46 finden Sie ein Beispiel zum Einsatz des `progressViewStyle(_:)`-Modifiers. Darin wird eine standardmäßig *bestimmte* Progress-View durch Einsatz einer `CircularProgressViewStyle`-Instanz in eine *unbestimmte* Progress-View umgewandelt.

Listing 3.46 Setzen eines ProgressView-Styles

```
struct ContentView: View {
    var body: some View {
        ProgressView("Downloading ...", value: 30, total: 100)
            .progressViewStyle(CircularProgressViewStyle())
    }
}
```

3.4.2 Label

Die `Label`-View stellt einen Text und eine Grafik nebeneinander dar. Das ist enorm praktisch, nicht zuletzt, da solch ein Zusammenspiel von Text und Grafik eine häufig benötigte View-Kombination darstellt.

Zur Erstellung eines solchen Labels stehen diverse Initializer zur Verfügung, die immer einen Text mitsamt der zugehörigen Grafik erwarten. Sie können sowohl eigene Bilder auf Basis eines Asset-Catalogs auch als Grafiken aus SF Symbols zu diesem Zweck verwenden.

Ein Beispiel zum Einsatz von Labels finden Sie in Listing 3.47, das zugehörige Ergebnis zeigt Bild 3.39.

Listing 3.47 Umsetzung eines Labels

```
struct ContentView: View {
    var body: some View {
        VStack {
            Label("Rain", systemImage: "cloud.rain")
            Label("Snow", systemImage: "snow")
            Label("Sun", systemImage: "sun.max")
            Label("Cloud", systemImage: "cloud")
        }
    }
}
```

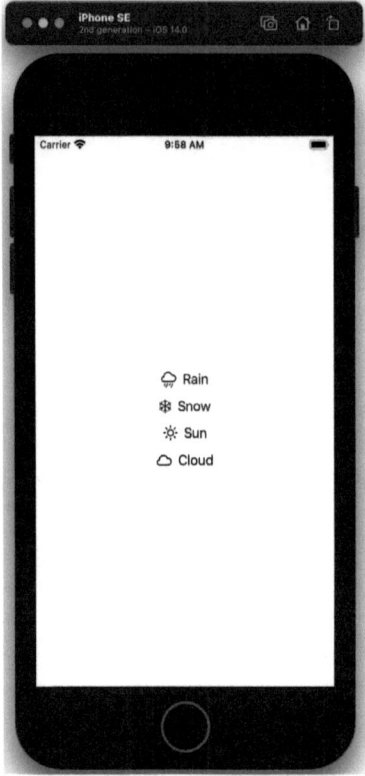

Bild 3.39
Mithilfe von Labels stellt man Text und Grafiken nebeneinander dar.

3.4.3 Link

Mithilfe einer `Link`-View ermöglicht man es Nutzern, eine URL aufzurufen. `Link`-Instanzen bestehen zu diesem Zweck aus einem Titel und der zugrunde liegenden URL.

Ein simples Beispiel zur Umsetzung eines solchen Links sehen Sie in Listing 3.48. Bei Betätigung wird die zugewiesene URL aufgerufen. Die `Link`-Instanz selbst wird als simples Label dargestellt (siehe Bild 3.40).

Listing 3.48 Umsetzung eines Links

```
struct ContentView: View {
    var body: some View {
        Link("Let's Code-Blog", destination: URL(string: "https://letscode.thomassillmann.de")!)
    }
}
```

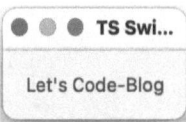

Bild 3.40
Mithilfe von Links lassen sich URLs aufrufen.

3.5 Stacks

Die Grundlagen zu Stacks in SwiftUI haben Sie bereits im zweiten Kapitel dieses Buches kennengelernt. An dieser Stelle möchte ich Ihnen Stacks noch einmal ausführlich vorstellen und die zur Verfügung stehenden Konfigurationsmöglichkeiten beleuchten.

Stacks selbst besitzen zunächst einmal kein festgelegtes Aussehen. Stattdessen kümmert sich ein Stack um die Anordnung und Positionierung mehrerer Views. Möchte man also beispielsweise mehrere verschiedene Ansichten unter- oder nebeneinander darstellen, bildet ein Stack die Grundlage für eine solche Form der Präsentation.

Stacks stehen in SwiftUI in drei Ausführungen zur Verfügung:

- HStack: Ordnet Views horizontal nebeneinander an.
- VStack: Ordnet Views vertikal untereinander an.
- ZStack: Legt Views übereinander.

Die grundlegende Funktionsweise ist bei allen drei Arten von Stacks identisch. In Form eines Closures (bei dem es sich um den abschließenden Parameter bei der Initialisierung eines Stacks handelt) übergibt man alle Views, die als Teil des Stacks zum Einsatz kommen. Ein Beispiel dazu zeigt Listing 3.49. Darin erfolgt die Implementierung eines VStack, der für die vertikale Anordnung zweier Texte und einer Grafik zum Einsatz kommt (siehe Bild 3.41).

Listing 3.49 Einsatz eines Stacks

```
struct ContentView: View {
    var body: some View {
        VStack {
            Text("Large title")
                .font(.largeTitle)
            Text("Subheadline")
                .font(.subheadline)
            Image(systemName: "book.fill")
                .font(.largeTitle)
        }
        .padding()
    }
}
```

Auf Basis dieser grundlegenden Funktionsweise stelle ich Ihnen in den folgenden Abschnitten einmal die verschiedenen Arten von Stacks sowie deren Konfiguration im Detail vor.

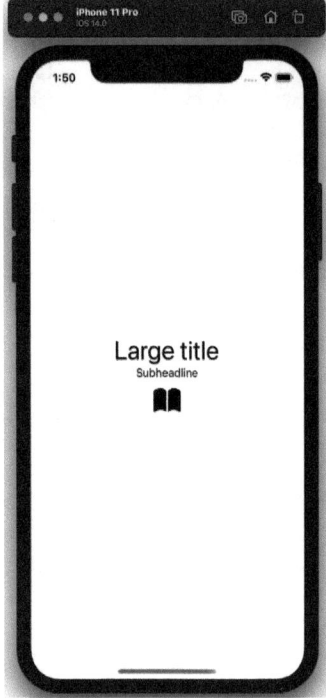

Bild 3.41
Stacks erlauben die Anordnung und Positionierung von Views.

 Stacks mischen

Es ist problemlos möglich (und bei komplexeren Views schier unerlässlich) Stacks ineinander zu verschachteln und so zu mischen. Ein VStack kann so ohne Probleme einen HStack oder ZStack (oder beide) enthalten.

3.5.1 HStack

Mithilfe eines HStack ordnen Sie mehrere Views horizontal nebeneinander an. Ein einfaches Beispiel zum Einsatz eines HStack finden Sie in Listing 3.50. Darin verfügt ein HStack über eine Text- und eine Image-Instanz. Der HStack stellt sicher, dass diese beiden enthaltenen Views nebeneinander dargestellt werden (siehe Bild 3.42).

Listing 3.50 Einfacher Einsatz eines HStack

```
struct ContentView: View {
    var body: some View {
        HStack {
            Text("Vacation:")
                .font(.largeTitle)
            Image("Vacation")
                .resizable()
                .scaledToFit()
```

```
            }
            .padding()
    }
}
```

Bild 3.42 Der HStack ordnet den Text und das Bild nebeneinander an.

Ausrichtung der Views anpassen

Standardmäßig richtet ein `HStack` die ihm zugrunde liegenden Views zentriert aus (so wie in Bild 3.42 zu sehen). Mithilfe des `alignment`-Parameters lässt sich diese Ausrichtung jedoch explizit steuern.

Der `alignment`-Parameter eines `HStack` erwartet eine Instanz vom Typ `VerticalAlignment`. Er bringt die folgenden Optionen für die View-Ausrichtung mit:

- `top`: Die Ausrichtung aller Views erfolgt am oberen Rand.
- `bottom`: Die Ausrichtung aller Views erfolgt am unteren Rand.
- `center`: Die Ausrichtung aller Views erfolgt zentriert (Standard).
- `firstTextBaseline`: Die Ausrichtung aller Text-Views orientiert sich auf Höhe der ersten Textzeile. Views, die diesen Modus nicht unterstützen, greifen automatisch auf `bottom` zurück.
- `lastTextBaseline`: Die Ausrichtung aller Text-Views orientiert sich auf Höhe der letzten Textzeile. Views, die diesen Modus nicht unterstützen, greifen automatisch auf `bottom` zurück.

Listing 3.51 ergänzt beispielhaft die View aus Listing 3.50 um den genannten `alignment`-Parameter und weist ihm den Wert `top` zu. Alle Views orientieren sich so am oberen Rand, was in diesem Beispiel beim Text deutlich zu erkennen ist (siehe Bild 3.43).

Listing 3.51 Ändern der View-Ausrichtung eines HStack

```
struct ContentView: View {
    var body: some View {
        HStack(alignment: .top) {
            Text("Vacation:")
                .font(.largeTitle)
            Image("Vacation")
                .resizable()
                .scaledToFit()
        }
        .padding()
    }
}
```

Bild 3.43 Mithilfe des alignment-Parameters eines HStack lässt sich die gemeinsame Ausrichtung der Views verändern.

Zusätzlich möchte ich Ihnen in einem weiteren Beispiel die beiden Optionen firstTextBaseline und lastTextBaseline vorstellen. Mit ihrer Hilfe richtet man Views auf Basis eines Textes aus. firstTextBaseline legt die erste Zeile eines Textes zugrunde, lastBaseTextline die letzte.

Wie sich diese beiden Modi im Vergleich zum Standard auswirken, zeigt beispielhaft Bild 3.44. firstTextBaseline richtet alle Views so aus, dass sie sich auf Höhe der ersten Textzeile befinden, während baseTextline die letzte Textzeile zur Ausrichtung verwendet. Text wird so – trotz unterschiedlicher Schriftgrößen – in einer einheitlichen Reihe dargestellt.

| Standard | .firstTextBaseline | .lastTextBaseline |

Bild 3.44 Views lassen sich innerhalb eines HStack auch anhand von Text ausrichten.

Abstände zwischen Views anpassen

Mithilfe des `spacing`-Parameters können Sie den Abstand zwischen den Views eines `HStack` in Punkten festlegen. Ein Beispiel dazu finden Sie in Listing 3.52, das einen Abstand von 100 Punkten definiert (siehe Bild 3.45).

Listing 3.52 Festlegen des Abstands zwischen den Views eines HStack

```
struct ContentView: View {
    var body: some View {
        HStack(spacing: 100) {
            Text("Vacation:")
                .font(.largeTitle)
            Image("Vacation")
                .resizable()
                .scaledToFit()
        }
        .padding()
    }
}
```

Bild 3.45 Mithilfe des spacing-Parameters lässt sich der Abstand zwischen den Views eines HStack festlegen.

3.5.2 VStack

Mithilfe eines `VStack` ordnet man mehrere Views vertikal untereinander an. Ein einfaches Beispiel dazu finden Sie in Listing 3.53. Darin erfolgt die Initialisierung eines Titeltextes, eines Bildes sowie einer Bildunterschrift, die alle untereinander mittels `VStack` dargestellt werden (siehe Bild 3.46).

Listing 3.53 Einfacher Einsatz eines VStack

```
struct ContentView: View {
    var body: some View {
        VStack {
            Text("Vacation")
                .font(.largeTitle)
            Image("Vacation")
                .resizable()
                .scaledToFit()
            Text("Some beautiful island ...")
                .font(.caption)
        }
        .padding()
    }
}
```

Bild 3.46
Mithilfe eines VStack lassen sich mehrere Views untereinander anordnen.

Ausrichtung der Views anpassen

Ein `VStack` richtet die ihm zugewiesenen Views standardmäßig zentriert aus (so wie das auch im Beispiel aus Bild 3.46 zu sehen ist). Diese Ausrichtung lässt sich aber mithilfe des `alignment`-Parameters anpassen. Dieser basiert auf dem Typ `HorizontalAlignment` und bietet die folgenden Optionen:

- `leading`: Die Views werden am linken Rand ausgerichtet.
- `center`: Die Views werden zentriert (Standard).
- `trailing`: Die Views werden am rechten Rand ausgerichtet.

Ein Beispiel dazu finden Sie in Listing 3.54. Es basiert auf dem Code aus Listing 3.53 und ergänzt den genannten `alignment`-Parameter mit dem Wert `leading`. Das zugehörige Ergebnis ist in Bild 3.47 zu sehen.

Listing 3.54 Ändern der View-Ausrichtung eines VStack

```
struct ContentView: View {
    var body: some View {
        VStack(alignment: .leading) {
            Text("Vacation")
                .font(.largeTitle)
            Image("Vacation")
                .resizable()
                .scaledToFit()
            Text("Some beautiful island ...")
                .font(.caption)
        }
        .padding()
    }
}
```

Bild 3.47
Über den alignment-Parameter eines VStack lässt sich die Ausrichtung der zugehörigen Views steuern.

 Warum kein „left" und „right"?

Apple nutzt die Begriffe „leading" und „trailing", um Views an den äußeren Rändern horizontal auszurichten. Dabei würde es im ersten Moment verständlicher anmuten, wenn von „left" beziehungsweise „right" die Rede wäre. Es gibt jedoch einen Grund, warum Apple auf solch explizite Richtungsangaben verzichtet: die Unterstützung für verschiedene Sprachen.

Genau genommen bedeutet „leading" nämlich nicht pauschal eine Ausrichtung am *linken* Rand. Vielmehr sagt diese Option aus, dass sich Views an jenem Rand orientieren sollen, in denen die Leserichtung beginnt. Im europäischen Raum ist das durchaus links. Aber im Arabischen beispielsweise liest man von rechts nach links. Und genau dem wird die Option `leading` gerecht. Ordnet man Views mittels dieser Option an und unterstützt die arabische Sprache, erfolgt auf entsprechenden Geräten eine Ausrichtung der Views am *rechten* Rand, nicht am linken. Analog dazu verhält es sich mit `trailing`.

Würde Apple statt „leading" und „trailing" also Begriffe wie „left" und „right" verwenden, wäre das für uns von der Sache her durchaus korrekt. Es greift aber zu kurz, betrachtet man den globalen Markt, den sowohl Apple als auch viele App-Entwickler ansprechen wollen.

Abstände zwischen Views anpassen

Mithilfe des `spacing`-Parameters lässt sich bei der Initialisierung eines `VStack` der Abstand zwischen den im Stack enthaltenen Views festlegen. Dieser Abstand wird in Punkten definiert. Ein Beispiel für den Einsatz des `spacing`-Parameters sehen Sie in Listing 3.55, in dem ein Abstand in Höhe von 80 Punkten gesetzt wird. Das Ergebnis zeigt Bild 3.48.

Listing 3.55 Festlegen des Abstands zwischen den Views eines VStack

```
struct ContentView: View {
    var body: some View {
        VStack(spacing: 80) {
            Text("Vacation")
                .font(.largeTitle)
            Image("Vacation")
                .resizable()
                .scaledToFit()
            Text("Some beautiful island ...")
                .font(.caption)
        }
        .padding()
    }
}
```

Bild 3.48
Mithilfe des spacing-Parameters lässt sich ein Abstand zwischen allen Views innerhalb eines VStack festlegen.

3.5.3 ZStack

Mithilfe eines `ZStack` legt man Views *übereinander*. Zwar kommt in der Regel der `ZStack` nicht so häufig zum Einsatz wie `HStack` und `VStack`, dafür lassen sich mit einem `ZStack` spezielle View-Zusammenstellungen umsetzen. Beispielsweise kann man einen Titel über ein Bild legen oder einen Button in einen runden Rahmen fassen.

Generell ist der Einsatz eines `ZStack` identisch zu dem von `HStack` und `VStack`. Ein konkretes Beispiel finden Sie in Listing 3.56. Darin erfolgt die Umsetzung eines `ZStack`, der ein Bild und einen Text anzeigt. Die erste View innerhalb eines `ZStack` ist diejenige, die sich ganz hinten befindet. Alle nachfolgenden Views werden über die jeweils vorherige gelegt. Das Ergebnis des Beispiels unter macOS zeigt Bild 3.49.

Listing 3.56 Einfacher Einsatz eines ZStack

```
struct ContentView: View {
    var body: some View {
        ZStack {
            Image("Vacation")
                .resizable()
                .scaledToFit()
            Text("Vacation")
                .padding()
                .font(.largeTitle)
                .background(Color.blue)
                .foregroundColor(.white)
        }
        .padding()
    }
}
```

Bild 3.49
Mithilfe eines ZStack lassen sich mehrere Views übereinanderlegen.

Ausrichtung der Views anpassen

Standardmäßig werden die Views eines `ZStack` sowohl horizontal als auch vertikal zentriert. Diese Ausrichtung lässt sich aber bei Initialisierung eines `ZStack` über den `alignment`-

Parameter anpassen. Dieser Parameter entspricht dem Typ `Alignment` und verfügt über die folgenden Optionen:

- `top`: Die Ausrichtung der Views erfolgt zentriert am oberen Rand.
- `topLeading`: Die Ausrichtung der Views erfolgt am linken oberen Rand.
- `topTrailing`: Die Ausrichtung der Views erfolgt am rechten oberen Rand.
- `center`: Die Ausrichtung der Views erfolgt zentriert in der Mitte (Standard).
- `leading`: Die Ausrichtung der Views erfolgt am linken Rand in der Mitte.
- `trailing`: Die Ausrichtung der Views erfolgt am rechten Rand in der Mitte.
- `bottom`: Die Ausrichtung der Views erfolgt zentriert am unteren Rand.
- `bottomLeading`: Die Ausrichtung der Views erfolgt am linken unteren Rand.
- `bottomTrailing`: Die Ausrichtung der Views erfolgt am rechten unter Rand.

In Listing 3.57 finden Sie ein Beispiel dazu. Darin wird dem `ZStack` aus Listing 3.56 der Wert `topLeading` für den `alignment`-Parameter übergeben. Das Ergebnis zeigt Bild 3.50.

Listing 3.57 Ändern der View-Ausrichtung eines ZStack

```
struct ContentView: View {
    var body: some View {
        ZStack(alignment: .topLeading) {
            Image("Vacation")
                .resizable()
                .scaledToFit()
            Text("Vacation")
                .padding()
                .font(.largeTitle)
                .background(Color.blue)
                .foregroundColor(.white)
        }
        .padding()
    }
}
```

Bild 3.50
Mithilfe des alignment-Parameters lässt sich die Ausrichtung von Views innerhalb eines ZStack festlegen.

3.5.4 LazyHStack und LazyVStack

Ergänzend zu HStack und VStack stehen in SwiftUI auch die beiden Views LazyHStack und LazyVStack zur Verfügung. Im Kern erfüllen sie die gleiche Aufgabe wie HStack und VStack und stellen so Views horizontal nebeneinander beziehungsweise vertikal untereinander dar. Auch die gesamte Konfiguration von LazyHStack und LazyVStack erfolgt auf die gleiche Art und Weise wie die von HStack und VStack.

Der Unterschied zwischen den „normalen" Stacks und den Lazy-Varianten findet sich in der zugrunde liegenden technischen Umsetzung. Herkömmliche Stacks laden umgehend alle in ihnen enthaltenen Views. Bei Stacks, die beispielsweise mehrere tausend Elemente enthalten, werden bei Erstellung des Stacks auch sofort all diese tausend Elemente initialisiert.

Das kann sowohl Zeit als auch Speicher kosten, ohne dass dies zwingend nötig ist. Schließlich ist in der Regel nur ein Bruchteil der Elemente auf dem Bildschirm zu sehen.

Genau da kommen die Lazy-Varianten der Stacks ins Spiel. Sie laden die ihnen zugewiesenen Views erst dann, wenn sie tatsächlich benötigt werden (sprich, wenn sie beispielsweise durch Scrollen eingeblendet werden). Das verbessert die Performance und spart Speicher.

Möglicherweise fragen Sie sich jetzt, ob Sie dann nicht idealerweise **immer** auf einen Lazy-Stack setzen; das scheint schließlich nur Vorteile zu haben!

Auch wenn es verlockend sein mag, nur Lazy-Stacks einzusetzen, sind sie ausschließlich für das beschriebene Szenario gedacht. Wenn ein Stack viele Views enthält, die nicht einmal alle gleichzeitig auf dem Bildschirm dargestellt werden, sind Lazy-Stacks durchaus sinnvoll. Doch für herkömmliche Stacks, über die man schlicht Views zu einer Einheit zusammenfasst, die zugleich sowieso immer als Ganzes auf dem Display zu sehen sind, machen sie keinen Sinn und sollten entsprechend auch nicht verwendet werden.

In Listing 3.58 finden Sie ein ergänzendes und erläuterndes Beispiel dazu. Es zeigt den Einsatz eines LazyVStack, der hunderte von Urlaubsbildern untereinander aufführt. Der Einsatz eines Lazy-Stacks ist in diesem Szenario sinnvoll, da so nicht alle 500 Bilder auf einmal geladen werden.

Listing 3.58 Umsetzung eines Lazy-Stacks

```
struct ContentView: View {
    var body: some View {
        ScrollView {
            LazyVStack {
                ForEach(0 ..< 500) { value in
                    Image("Vacation \(value)")
                        .resizable()
                        .scaledToFit()
                        .frame(width: 300)
                }
            }
        }
    }
}
```

3.6 Grids

Mithilfe der Grids in SwiftUI ordnet man Views in mehreren Spalten und Reihen an. Sie sind vergleichbar mit der `UICollectionView`-Klasse aus dem UIKit-Framework.

Grids gibt es in zwei Varianten in Form der Views `LazyHGrid` und `LazyVGrid`. Erstere ist horizontal scrollbar, letztere vertikal. Die grundlegende Funktionsweise von Grids ist bei beiden Views identisch.

Grundlage für ein Grid in SwiftUI ist neben den Views, die innerhalb eines Grids angezeigt werden sollen, ein Array von `GridItem`-Instanzen. Mithilfe dieses Arrays legt man fest, über wie viele Reihen (im Falle eines `LazyHGrid`) beziehungsweise Spalten (im Falle eines `LazyVGrid`) das Grid verfügt.

Ein Beispiel über die simpelste Form, um ein solches Grid umzusetzen, finden Sie in Listing 3.59. Darin erfolgt die Umsetzung eines `LazyVGrid`, das Teil einer `ScrollView` ist (andernfalls könnten nicht alle Inhalte des Grids aufgerufen werden). Als Basis für das Grid dient ein Array mit insgesamt drei simplen `GridItem`-Instanzen. Das Grid selbst zeigt insgesamt 100-mal ein bestimmtes Bild mit einer Höhe von 300 Punkten an.

Listing 3.59 Einsatz eines LazyVGrid mit drei Spalten

```
struct ContentView: View {
    private let columns = [
        GridItem(),
        GridItem(),
        GridItem()
    ]

    var body: some View {
        ScrollView {
            LazyVGrid(columns: columns) {
                ForEach (0 ..< 100) { value in
                    Image("Vacation")
                        .resizable()
                        .scaledToFit()
                        .frame(height: 300)
                }
            }
        }
    }
}
```

Abhängig von dem Endgerät und der Größe des Fensters, die der View zur Verfügung steht, werden die Inhalte des Grid optimal dargestellt. Der Aufbau des Grids orientiert sich hierbei immer an den gegebenen Grid-Items und den anzuzeigenden Views. Bild 3.51 stellt die View aus Listing 3.59 beispielhaft in einem iPhone 11 Pro Max und einem iPad Pro 12,9" (4. Generation) gegenüber.

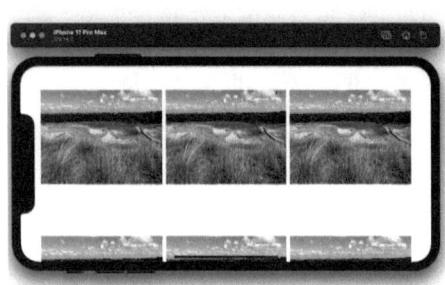
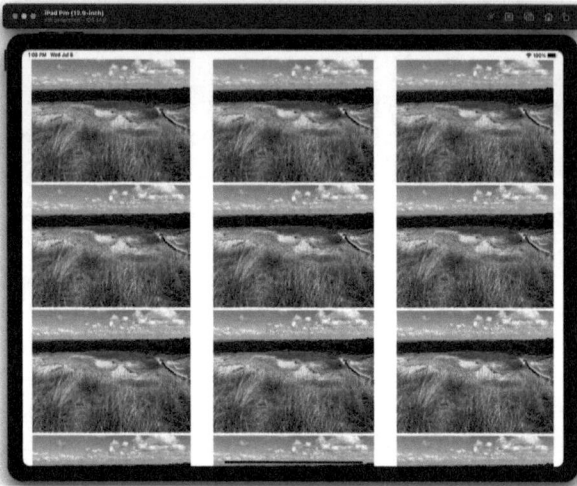

Bild 3.51 Das Grid passt die Größe der Elemente ideal an den verfügbaren Platz an.

Listing 3.60 zeigt ergänzend, wie das Beispiel aus Listing 3.59 unter Verwendung eines LazyHGrid aussehen würde. Zwei Änderungen sind hierbei wichtig:

- Die den Grid umschließende Scroll-View muss horizontal scrollbar sein.
- Statt eines columns-Parameters verfügt ein LazyHGrid über einen rows-Parameter. Dieser erwartet aber genauso ein passendes Array von GridItem-Instanzen.

Listing 3.60 Einsatz eines LazyHGrid mit drei Reihen

```
struct ContentView: View {
    private let rows = [
        GridItem(),
        GridItem(),
        GridItem()
    ]

    var body: some View {
        ScrollView(.horizontal) {
            LazyHGrid(rows: rows) {
                ForEach (0 ..< 100) { value in
                    Image("Vacation")
                        .resizable()
                        .scaledToFit()
                        .frame(height: 300)
                }
            }
        }
    }
}
```

Abstände zwischen Reihen/Spalten festlegen

Mithilfe des `spacing`-Parameters können Sie bei Initialisierung eines `LazyHGrid` beziehungsweise `LazyVStack` den Abstand zwischen den verschiedenen Reihen beziehungsweise Spalten in Punkten festlegen. Listing 3.61 zeigt eine entsprechende Ergänzung hierzu auf Basis des Codes aus Listing 3.59.

Listing 3.61 Festlegen von Abständen zwischen Reihen/Spalten eines Grids

```
struct ContentView: View {
    private let columns = [
        GridItem(),
        GridItem(),
        GridItem()
    ]

    var body: some View {
        ScrollView {
            LazyVGrid(columns: columns, spacing: 50) {
                ForEach (0 ..< 100) { value in
                    Image("Vacation")
                        .resizable()
                        .scaledToFit()
                        .frame(height: 300)
                }
            }
        }
    }
}
```

Grid-Items konfigurieren

Sie können einzelne `GridItem`-Instanzen anpassen, um so das Verhalten des zugrunde liegenden Grids weiterzusteuern. Hierbei können Sie insgesamt auf die folgenden drei Einstellungen zurückgreifen:

- `size`: Die Größe der Reihe beziehungsweise Spalte.
- `spacing`: Der Abstand zum nächsten Grid-Item.
- `alignment`: Die Ausrichtung des Grid-Items.

Mittels `spacing` geben Sie eine Größe in Punkten an, die den Abstand zum nächsten Grid-Item bestimmt. Via `alignment` steuern Sie die Ausrichtung der Views innerhalb der zugehörigen Reihe/Spalte.

Etwas dynamischer gestaltet sich die Eigenschaft `size`. Die zugehörigen Instanzen basieren auf dem Typ `GridItem.Size`, einer Enumeration, die die folgenden Optionen bereitstellt:

- `adaptive(minimum:maximum:)`: Diese Größe ist ideal, wenn Sie keine feste Anzahl von Reihen/Spalten benötigen, sondern stattdessen einfach Views in einem vorgegebenen Raster darstellen möchten (im Prinzip so wie in dem zuvor gezeigten Beispiel der Bildergalerie). In diesem Fall übergeben Sie dem Grid nur ein einziges Grid-Item mit dieser Größe. Optional können Sie noch eine Minimal- und Maximalgröße angeben, die berücksichtigt werden sollen. Die Grid-View generiert dann selbsttätig so viele Reihen beziehungsweise Spalten wie möglich sind, um alle Inhalte bestmöglich darzustellen (ein konkretes Beispiel dazu folgt gleich).

- fixed(_:): Hierüber legen Sie eine fixe Größe in Punkten für ein Grid-Item fest.
- flexible(minimum:maximum:): Hierüber legen Sie eine flexible Größe für ein Grid-Item auf Basis eines Minimal- und Maximalwerts fest.

In Listing 3.62 finden Sie ein Beispiel zum Einsatz der adaptive(minimum:maximum:)-Option. Das zugrunde liegende Grid verfügt darin nur über ein einziges Grid-Item, das eine Mindestgröße von 300 Punkten besitzt. Entsprechend wird das Grid die anzuzeigenden Views so anordnen, um den gegebenen Platz bestmöglich auf Basis der Mindestgröße von 300 Punkten auszunutzen.

Listing 3.62 Einsatz eines dynamischen Grid-Items

```
struct ContentView: View {
    private let columns = [
        GridItem(.adaptive(minimum: 300))
    ]

    var body: some View {
        ScrollView {
            LazyVGrid(columns: columns) {
                ForEach (0 ..< 100) { value in
                    Image("Vacation")
                        .resizable()
                        .scaledToFit()
                }
            }
        }
    }
}
```

Bild 3.52 stellt das Ergebnis des Codes aus Listing 3.62 auf einem iPhone 11 Pro Max und einem iPad Pro 12,9" gegenüber. So finden auf dem iPhone 11 Pro Max im Querformat nur zwei Spalten Platz, während es auf dem großen Display des iPad Pro insgesamt vier Spalten sind.

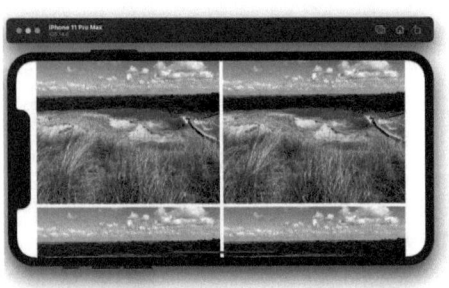
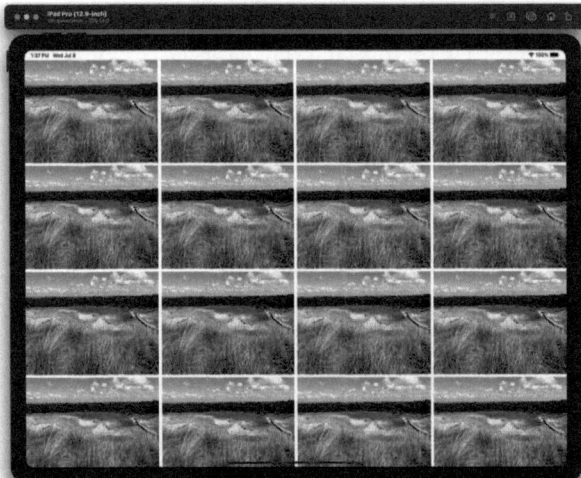

Bild 3.52 Mithilfe dynamischer Grid-Items wird die Anzahl der verfügbaren Reihen/Spalten abhängig vom verfügbaren Fensterplatz festgelegt.

Besonders interessant ist dieses dynamische Grid-Layout unter macOS. Beim Ändern von Fenstergrößen reagieren die Grid-Views korrekt und passen die Anzahl der verfügbaren Reihen/Spalten gegebenenfalls an.

3.7 Listen und Scroll-Views

Listen gehören wohl zu den mit am häufigsten genutzten UI-Elementen in der App-Entwicklung. SwiftUI bietet mit `List` und `ForEach` passende Views, die uns bei der Umsetzung solcher Listen unterstützen. Um unabhängig von einer Liste Ansichten umzusetzen, durch die sich scrollen lässt, steht darüber hinaus `ScrollView` zur Verfügung. All diese drei Elemente stelle ich Ihnen im Folgenden im Detail vor.

3.7.1 List

Mithilfe von `List` generiert man eine Ansicht, die – ähnlich wie ein Stack (siehe hierzu auch den Abschnitt 3.4.2) – sich aus beliebigen weiteren Views zusammensetzt. `List` wandelt diese Views in Zellenansichten um, die untereinander aufgeführt werden. Der Nutzer erhält so eine Liste mit Views, durch die er sogar automatisch vertikal scrollen kann, sollten nicht alle Inhalte auf den Bildschirm passen.

In der einfachsten Form setzt man eine `List` exakt so um wie einen Stack. Die anzuzeigenden Views innerhalb der Liste definiert man bei der Initialisierung als finalen Parameter in Form eines Closures.

Ein erstes Beispiel dazu finden Sie in Listing 3.63. Die darin deklarierte `List`-View besitzt drei `Text`-Ansichten. Jede von ihnen wird in Form einer eigenen Zelle innerhalb der generierten Liste dargestellt (siehe Bild 3.53).

Listing 3.63 Erstellen einer einfachen List-View

```
struct ContentView: View {
    var body: some View {
        List {
            Text("Erster Eintrag")
            Text("Zweiter Eintrag")
            Text("Dritter Eintrag")
        }
    }
}
```

Bild 3.53
Die List-View führt alle enthaltenen Views als Zellen auf.

Es ist beim Einsatz von `List` darüber hinaus problemlos möglich, unterschiedliche Inhalte für jede Zelle darzustellen. Auch verschiedene Zellengrößen lassen sich ohne Schwierigkeiten umsetzen. SwiftUI ermittelt anhand der Views, die man einer `List` übergibt, automatisch die für die Darstellung benötigte Größe.

Verdeutlicht wird das anhand des Beispiels in Listing 3.64. Die darin erzeugte Liste verfügt über insgesamt vier Zellen mit jeweils unterschiedlichster Formatierung. Die erste Zelle stellt einen Text dar, der als großer Titel formatiert ist. Bei der zweiten Zelle handelt es sich um einen `HStack`, der einen Text und eine Grafik nebeneinander anzeigt. Die dritte Zelle entspricht erneut einem Text, dieses Mal aber in Standardgröße und fett formatiert. Zu guter Letzt folgt in einer vierten Zelle noch die Darstellung eines Bildes (siehe Bild 3.54).

Listing 3.64 Implementierung unterschiedlicher Views innerhalb einer Liste

```
struct ContentView: View {
    var body: some View {
        List {
            Text("Erster Eintrag")
                .font(.largeTitle)
            HStack {
                Text("Zweiter Eintrag")
                Image(systemName: "book.fill")
            }
            Text("Dritter Eintrag")
                .bold()
```

```
                Image(systemName: "paperplane.fill")
            }
        }
    }
```

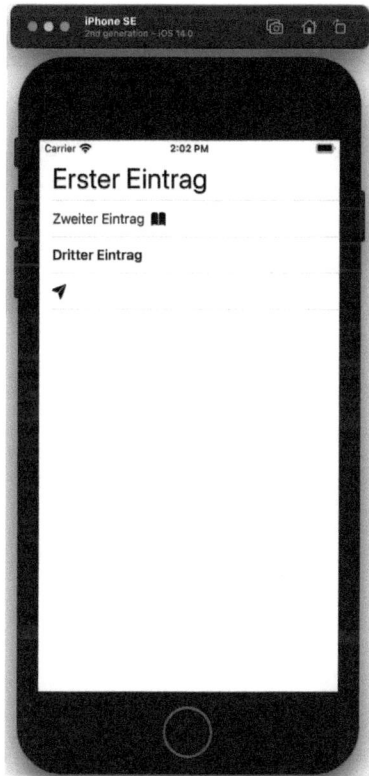

Bild 3.54
Die Views innerhalb einer Liste lassen sich beliebig formatieren.

Dynamische Listeninhalte mittels Range erzeugen

Neben statischen Zellen ist es auch möglich, eine `List` komplett auf Basis dynamisch generierter Zellen aufzubauen. Hierfür kann man unter anderem eine Range (auf Basis von `Int`) als Grundlage nutzen. Für jeden Wert innerhalb dieser Range wird dann eine jeweils passende Zelle erzeugt.

Hierdurch ändert sich der Umgang mit dem Inhalt einer `List` im Vergleich zu der zuvor gezeigten statischen Generierung der Zellen. Man definiert nun nur noch eine View als Content von `List`, die als Vorlage für alle dynamisch generierten Zellen dient. Hierbei erhält man über das Closure, in dem man die Vorlage erzeugt, zusätzlich auch den aktuellen Wert aus der Range.

Um diese Konzepte besser zu verstehen finden Sie in Listing 3.65 ein Beispiel dazu. Als Range kommt 0 ..< 100 zum Einsatz, was dazu führt, dass die Liste über insgesamt 100 Zellen verfügt. Jede Zelle besteht lediglich aus einem einfachen Text, über den auch der aktuelle Wert aus der Range mit ausgegeben wird. Das Ergebnis zeigt Bild 3.55.

Listing 3.65 Erstellen einer dynamischen Liste mittels Range

```
struct ContentView: View {
    var body: some View {
        List(0 ..< 100) { value in
            Text("Zelle \(value)")
        }
    }
}
```

Bild 3.55
Mithilfe einer Range lässt sich eine dynamisch generierte Liste umsetzen.

Dynamische Listeninhalte auf Basis eines Datenmodells erzeugen

Eine List-View eignet sich ideal, um Inhalte aus den verschiedensten Datenmodellen aufzuführen. In einer Kontakte-App könnte man so eine Liste mit den Namen generieren oder in einer Shopping-App alle im Warenkorb befindlichen Produkte aufführen.

Die Umsetzung einer Liste auf Basis eines Datenmodells erfolgt hierbei ganz ähnlich wie die Umsetzung auf Basis einer Range. Statt einer Range nutzt man nun aber eine Collection, die als Grundlage für die List-View dient (typischerweise dient ein Array als solche Collection). Sie enthält alle Elemente des Datenmodells, die innerhalb einer Liste als Zellen umgesetzt werden sollen.

Es gibt hierbei jedoch ein Detail zu beachten: Jedes Element des Datenmodells muss von der List-View eindeutig identifiziert werden können. Der einfachste und komfortabelste Weg, um eine solche Identifizierung zu ermöglichen, führt über das Identifiable-Protokoll der Swift Standard Library. Wenn die Elemente des Datenmodells konform zu diesem Protokoll sind, kann List automatisch eine eindeutige Identifizierung anhand der id-Property vornehmen.

Wie die Deklaration eines solchen Datenmodells auf Basis des Identifiable-Protokolls in seiner einfachsten Form aussehen kann, zeigt Listing 3.66. Darin erfolgt die Umsetzung einer Structure namens Person, die als wichtigste Eigenschaft die Property name (zum Abbilden des Namens einer Person) besitzt. Zusätzlich ist die Structure konform zum Identifiable-Protokoll und implementiert entsprechend eine Property namens id. Deren Umsetzung besteht in diesem Beispiel schlicht darin, für jede Person-Instanz eine eindeutige UUID (mittels der gleichnamigen Structure aus dem Foundation-Framework) zu generieren.

Listing 3.66 Deklaration eines Datenmodells als Identifiable

```
struct Person: Identifiable {
    var id = UUID()
    var name: String
}
```

List benötigt eine solche ID, um die Elemente einer Collection, die ansonsten einem beliebigen Typ entsprechen können, zu identifizieren. Die ID stellt somit eine Gemeinsamkeit dar, auf die sich die List-View immer verlassen kann.

Da alle Person-Instanzen also entsprechend über eine passende und eindeutige ID verfügen, lässt sich eine Collection bestehend aus solchen Instanzen ebenfalls List als Datenbasis übergeben. Ein Beispiel dazu finden Sie in Listing 3.67. Die darin deklarierte ContentView verfügt zunächst über eine Property namens persons, in der verschiedene Person-Instanzen in Form eines Arrays zusammengefasst werden. Dieses Array dient im nächsten Schritt – wie zuvor die Range – als Grundlage für die List-View. So wird für jede Person innerhalb des persons-Arrays eine Zelle erzeugt, die als Text den zugehörigen Namen der jeweiligen Person ausgibt (siehe Bild 3.56).

Listing 3.67 Einbinden eines Datenmodells in eine Liste

```
struct ContentView: View {
    let persons = [
        Person(name: "Thomas"),
        Person(name: "Michaela"),
        Person(name: "Tobias"),
        Person(name: "Mark"),
        Person(name: "Sabine")
    ]

    var body: some View {
        List(persons) { person in
            Text(person.name)
        }
    }
}
```

Bild 3.56
Die Inhalte einer Liste können auf einem beliebigen Datenmodell basieren.

 Einsatz des Identifiable-Protokolls umgehen

Falls Sie Instanzen eines Datenmodells in eine List-View einbinden möchten, die nicht konform zum Identifiable-Protokoll sind (und sie das auch nicht ändern wollen oder können), steht zusätzlich ein alternativer Initializer innerhalb von List bereit. Dieser erwartet – nach Angabe der Collection mit den Modell-Instanzen – einen weiteren Parameter namens id. Dabei handelt es sich um einen KeyPath, mit dem sie auf eine Eigenschaft des Modells verweisen, die die jeweilige Instanz eindeutig identifiziert.

Sie kommen also weiterhin nicht umhin, auf eine eindeutige Eigenschaft innerhalb des Datenmodells zu verzichten. Dafür haben Sie die Freiheit, dieser Eigenschaft einen beliebigen Namen zu geben und auf eine Konformität des Datenmodells zum Identifiable-Protokoll zu verzichten.

In Listing 3.68 sehen Sie das vorangegangene Beispiel, dieses Mal aber ist die Structure Person nicht konform zum Identifiable-Protokoll. Stattdessen bringt die Structure jetzt eine eigene Property namens identifier mit, die bei der eindeutigen Identifizierung einer Person-Instanz zum Einsatz kommen soll. Der Verweis auf diese Property erfolgt dann bei Initialisierung der List-View auf Basis eines KeyPath über den id-Parameter.

Listing 3.68 Festlegen eines alternativen Modell-Identifiers

```
struct Person {
    var identifier: String
    var name: String
}

struct ContentView: View {
    let persons = [
        Person(identifier: "T01", name: "Thomas"),
        Person(identifier: "M01", name: "Michaela"),
        Person(identifier: "T02", name: "Tobias"),
        Person(identifier: "M02", name: "Mark"),
        Person(identifier: "S01", name: "Sabine")
    ]

    var body: some View {
        List(persons, id: \.identifier) { person in
            Text(person.name)
        }
    }
}
```

Zellen auswählen

Bei aktivem Edit-Mode erlaubt eine `List`-View die Auswahl mehrerer Zellen. Die Ergebnisse werden in einem Set gespeichert, mit dessen Hilfe sich dann weitere Aktionen ausführen lassen. Das Set weist man der `List`-View als Binding über den `selection`-Parameter zu.

Der Typ, den die Elemente innerhalb des Sets besitzen, hängt von der Datenbasis der Liste ab. Basiert diese auf einer Integer-Range, verwaltet das Set entsprechend Integer. Kommt ein eigenes Datenmodell zum Einsatz, nimmt ein Set Instanzen des zugehörigen Identifier-Typs entgegen (zum Beispiel UUID oder `String`).

Ein Beispiel dazu finden Sie in Listing 3.69. Es basiert erneut auf der `Person`-Structure, deren Testdaten in Form des `persons`-Arrays nun aber außerhalb von `ContentView` erzeugt werden. Die `ContentView` besitzt nun eine neue State-Property namens `selectedPersonIDs`. Darin werden die Identifier aller Personen gespeichert, die über die Liste ausgewählt werden (zu Beginn besitzt das Set in diesem Beispiel noch keinen Inhalt, entsprechend wird auch nichts selektiert). Dazu erhält die `List`-Instanz über den `selection`-Parameter die State-Property als Binding.

Die Liste ist nun Teil eines `VStack`. Das ermöglicht es, zusätzlich einen `EditButton` zu implementieren, über den man zwischen aktivem und inaktivem Edit-Mode hin und her wechseln kann (wie beschrieben lässt sich die Zellenauswahl nur bei aktivem Edit-Mode nutzen). Das Ergebnis sehen Sie in Bild 3.57.

Listing 3.69 Auswahl von Elementen einer Liste

```
struct Person: Identifiable, Hashable {
    var id = UUID()
    var name: String
}
```

```
let persons = [
    Person(name: "Thomas"),
    Person(name: "Michaela"),
    Person(name: "Tobias"),
    Person(name: "Mark"),
    Person(name: "Sabine")
]

struct ContentView: View {
    @State private var selectedPersonIDs: Set<UUID> = []
    
    var body: some View {
        VStack {
            EditButton()
            List(persons, selection: $selectedPersonIDs) { person in
                Text(person.name)
            }
        }
    }
}
```

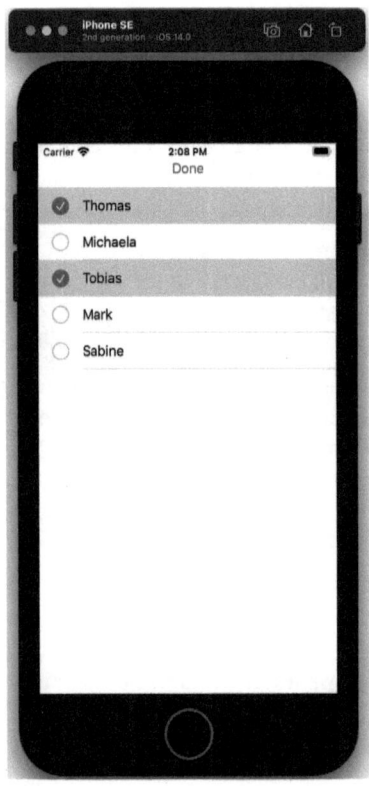

Bild 3.57
Bei aktivem Edit-Mode lassen sich die Elemente innerhalb einer Liste auswählen.

Innerhalb des `selectedPersonIDs`-Set werden nun alle Identifier der `Person`-Instanzen gespeichert, die in der Liste ausgewählt sind.

Wichtig: Die Auswahl von Zellen über den `selection`-Parameter steht **nicht** unter watchOS zur Verfügung! Darüber hinaus muss unter macOS nicht explizit der Edit-Mode aktiviert werden, um Zellen auswählen zu können. Mehr zum Edit-Mode erfahren Sie in Kapitel 4 dieses Buches.

Auf Zellenauswahl reagieren

In vielen Apps lassen sich Zellen einer Liste auswählen, um so zu einer neuen View zu navigieren. Das ist auch unter SwiftUI möglich, erfordert allerdings zusätzlich den Einsatz einer sogenannten `NavigationView`. Alle wichtigen Informationen dazu erhalten Sie in Kapitel 4, „Navigation und Präsentation".

Style anpassen

Sie können das grundlegende Aussehen und den Aufbau einer `List`-View mithilfe des `listStyle(_:)`-Modifiers anpassen. Dieser erwartet einen Parameter eines Typs, der konform zum `ListStyle`-Protokoll ist. Davon stehen in SwiftUI unter anderem die folgenden zur Verfügung:

- `DefaultListStyle`: Hierbei handelt es sich um den Standard-Style für eine `List`-View. Er kann sich abhängig von der zugrunde liegenden Plattform unterscheiden, entspricht aber in jedem Fall einem der im Folgenden aufgeführten Styles.
- `CarouselListStyle` (nur watchOS): Elemente am oberen und unteren Rand der Liste, die nicht vollständig in die Ansicht passen, werden ein wenig verkleinert dargestellt.
- `GroupedListStyle` (nur iOS und tvOS): Die Zellen innerhalb der Liste heben sich deutlicher vom Hintergrund ab.
- `PlainListStyle`: Der Standard-Style für alle Plattformen. Die Elemente der Liste werden hier schlicht untereinander dargestellt.
- `SidebarListStyle` (nur macOS und iOS): Die Darstellung des Hintergrunds erfolgt halbtransparent, was unter macOS und iOS der Standard für Listenansichten am äußersten Rand ist.

Ein Beispiel zum Einsatz des `listStyle(_:)`-Modifiers finden Sie in Listing 3.70. Hier erfolgt die Zuweisung des `GroupedListStyle` für eine Liste innerhalb einer iOS-App. Das Ergebnis zeigt Bild 3.58.

Listing 3.70 Ändern des Styles einer List-View

```
struct ContentView: View {
    var body: some View {
        List(0 ..< 10) { value in
            Text("Zelle \(value)")
        }
        .listStyle(GroupedListStyle())
    }
}
```

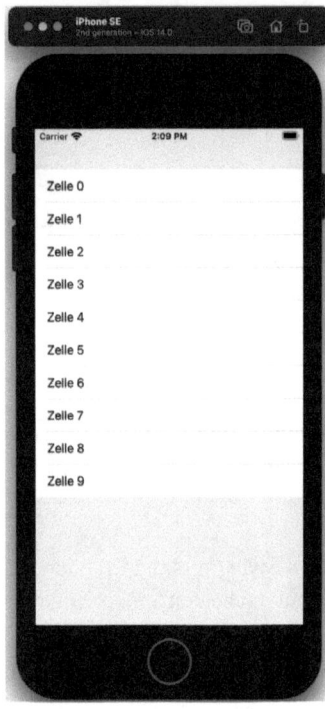

Bild 3.58
Mithilfe des listStyle(_:)-Modifiers lässt sich das grundlegende Erscheinungsbild einer List-View anpassen.

3.7.2 ForEach

Auch wenn es der Name zunächst nicht unbedingt vermuten mag, handelt es sich bei `ForEach` tatsächlich um eine View aus dem SwiftUI-Framework. Ihr Verhalten und ihr Einsatzzweck ähneln einer Mischung aus `List`-View und For-In-Schleife.

Auf Basis einer Range erzeugt man mittels `ForEach` für jedes Element innerhalb dieser Range eine View. Die dafür zum Einsatz kommende Syntax ist quasi identisch zu der von `List`, nur dass mit `ForEach` statt Zellen die Views in exakt der Form umgesetzt werden, wie man sie innerhalb von `ForEach` definiert. Durch Einsatz von `ForEach` kann man demnach mehrere Views dynamisch auf Basis einer Range erzeugen.

Ein erstes Beispiel hierzu finden Sie in Listing 3.71. Basis der darin deklarierten View ist ein `VStack`, der eine `ForEach`-View enthält. Die `ForEach`-View basiert auf einer Range von 0 bis 9, deren Übergabe ganz zu Beginn der Initialisierung als erster Parameter erfolgt. Im Anschluss geht es via Closure um die Erzeugung der View, die für jedes Element innerhalb der zuvor angegebenen Range erzeugt werden soll. Hierbei können wir auf das jeweils aktuelle Element der Range per Parameter zugreifen (in diesem Fall trägt der Parameter den frei gewählten Namen `value`). Das Ergebnis sehen Sie in Bild 3.59.

Listing 3.71 Umsetzung einer einfachen `ForEach`-View

```
struct ContentView: View {
    var body: some View {
        VStack {
```

```
                ForEach(0 ..< 10) { value in
                    Text("Text \(value)")
                }
            }
        }
    }
}
```

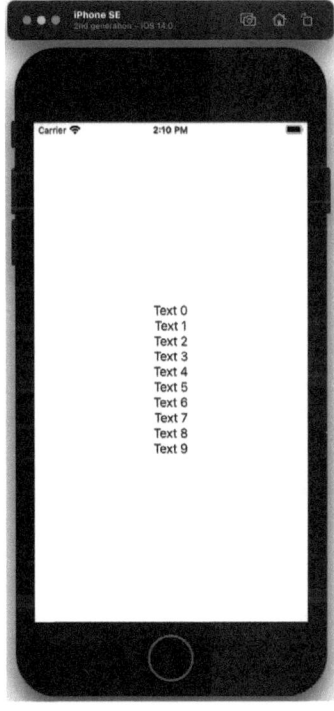

Bild 3.59
Mithilfe von ForEach lassen sich mehrere Views auf einmal auf Basis einer Range erzeugen.

 Verzicht auf VStack

Theoretisch erzielen Sie auch dann das gleiche Ergebnis, wenn Sie in Listing 3.71 auf den umliegenden VStack verzichten. ForEach ordnet die generierten Views dann ebenfalls vertikal untereinander an. Ich persönlich finde es aber eindeutiger und verständlicher, wenn man die Ausrichtung für ForEach explizit festlegt. Beispielsweise können alternativ nämlich auch ein HStack oder ZStack als Grundlage für ForEach dienen, wie Sie gleich sehen werden.

Ein zweites und etwas komplexeres Beispiel finden Sie in Listing 3.72. Die darin erzeugte View soll eine Bewertung in Form von ein bis fünf Sternen erlauben, die in Form von Buttons umgesetzt sind. Für solch ein Szenario – das wiederholte Erstellen ein und derselben View – sind ForEach-Views ideal geeignet. ForEach ist dieses Mal Teil eines HStack, um die einzelnen Sternen-Buttons nicht untereinander, sondern nebeneinander anzuordnen.

Um die aktuelle Bewertung zu speichern, besitzt die View eine State-Property namens rating mit dem Standardwert 0. Sobald der Nutzer einen der mittels ForEach erzeugten

Buttons betätigt, wird dessen Wert als Rating gesetzt. 1 steht somit für eine 1-Sterne-Bewertung, 2 für zwei Sterne und so weiter.

Bei der Gestaltung des Buttons gilt es schließlich noch zu prüfen, ob dieser Teil des Ratings ist. Falls ja, soll der Button eine ausgefüllte Sternen-Grafiken darstellen, ansonsten eine leere Sternen-Grafik. Dazu gleicht man den Wert des jeweiligen Buttons mit dem aktuellen Rating ab. Ist dieser Wert kleiner oder gleich dem Rating, soll die Sternen-Grafik ausgefüllt werden, andernfalls nicht. Das Ergebnis des Codes sehen Sie in Bild 3.60.

Listing 3.72 Erzeugen mehrerer Sternen-Buttons mittels `ForEach`

```
struct ContentView: View {
    @State private var rating = 0
    
    var body: some View {
        VStack {
            Text("Rating")
                .font(.largeTitle)
            HStack {
                ForEach(1 ..< 6) { value in
                    Button(action: {
                        self.rating = value
                    }) {
                        Image(systemName: value <= self.rating ? "star.fill" : "star")
                            .font(.largeTitle)
                    }
                }
            }
        }
    }
}
```

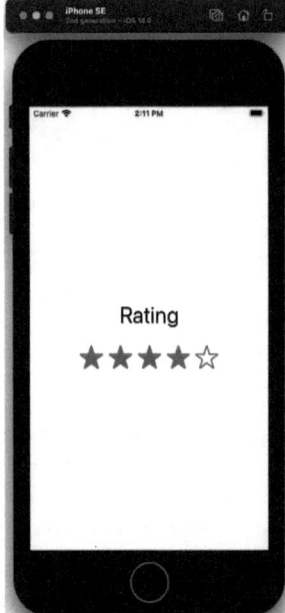

Bild 3.60
Mittels ForEach lässt sich ein und dieselbe View (in diesem Beispiel der Sternen-Button) unkompliziert mehrmals erzeugen.

Um die Vorteile von `ForEach` noch einmal zu demonstrieren, sehen Sie in Listing 3.73, wie viel mehr Code es ohne `ForEach` bereits für lediglich drei der Sternen-Buttons gebraucht hätte.

Listing 3.73 Beispielhafter Verzicht auf `ForEach`

```
struct ContentView: View {
    @State private var rating = 0

    var body: some View {
        VStack {
            Text("Rating")
                .font(.largeTitle)
            HStack {
                Button(action: {
                    self.rating = 1
                }) {
                    Image(systemName: self.rating >= 1 ? "star.fill" : "star")
                }
                Button(action: {
                    self.rating = 2
                }) {
                    Image(systemName: self.rating >= 2 ? "star.fill" : "star")
                }
                Button(action: {
                    self.rating = 3
                }) {
                    Image(systemName: self.rating >= 3 ? "star.fill" : "star")
                }
            }
            .font(.largeTitle)
        }
    }
}
```

ForEach auf Basis eines Datenmodells

Neben einer Range können Sie für eine `ForEach`-View alternativ auch ein eigenes Datenmodell als Basis für die zu erzeugenden Views nutzen. Hierbei müssen die gleichen Anforderungen wie beim Einsatz einer `List`-View erfüllt sein (siehe hierzu auch den Bereich „Dynamische Listeninhalte auf Basis eines Datenmodells erzeugen" in Abschnitt 3.7.1, „List"). Das bedeutet, dass ...

- ... entweder der Typ des Datenmodells konform zum `Identifier`-Protokoll ist, oder ...
- ... ein passender Identifier bei der Initialisierung von `ForEach` als `id`-Parameter angegeben wird.

Für beide Varianten finden Sie jeweils ein passendes Beispiel in Listing 3.74 und Listing 3.75. Ersteres nutzt für eine `ForEach`-View den zum Identifier-Protokoll konformen Typ `Person`, während im zweiten Fall der Identifier bei der Initialisierung von `ForEach` mittels `id`-Parameter definiert wird. In beiden Fällen kommt es zur Erzeugung dreier `Text`-Views, die nacheinander die Namen der im `persons`-Array befindlichen Personen ausgeben. Die Anordnung der `Text`-Views erfolgt mittels `VStack` vertikal untereinander (siehe Bild 3.61).

Listing 3.74 Einsatz eines Datenmodells für `ForEach` auf Basis des `Identifiable`-Protokolls

```swift
struct Person: Identifiable {
    var id = UUID()
    var name: String
}

let persons = [
    Person(name: "Thomas"),
    Person(name: "Michaela"),
    Person(name: "Tobias")
]

struct ContentView: View {
    var body: some View {
        VStack {
            ForEach(persons) { person in
                Text(person.name)
            }
        }
    }
}
```

Listing 3.75 Einsatz eines Datenmodells für `ForEach` mit expliziter Identifier-Angabe

```swift
struct Person {
    var identifier: String
    var name: String
}

let persons = [
    Person(identifier: "T01", name: "Thomas"),
    Person(identifier: "M01", name: "Michaela"),
    Person(identifier: "T02", name: "Tobias")
]

struct ContentView: View {
    var body: some View {
        VStack {
            ForEach(persons, id: \.identifier) { person in
                Text(person.name)
            }
        }
    }
}
```

Bild 3.61
Die drei Text-Views wurden mithilfe von ForEach erzeugt.

ForEach im Zusammenspiel mit List

ForEach besitzt einige weitere Funktionen, die sich jedoch ausschließlich im Zusammenspiel mit einer List-View nutzen lassen. Außerdem ermöglicht es der Einsatz von ForEach, in einer Listenansicht sowohl statische als auch dynamische Zellen miteinander zu mischen. Generell wirken sich alle nachfolgend vorgestellten Funktionen auf die Zellen einer List-View aus.

Aus diesem Grund muss eine List-View auch passend konfiguriert sein, damit diese Funktionen greifen. Am wichtigsten hierbei ist, dass die zugehörigen Zellen nicht direkt über List, sondern innerhalb von List mittels ForEach erzeugt werden. Ein einfaches Beispiel dazu sehen Sie in Listing 3.76. Darin werden für eine Liste insgesamt zehn Zellen erzeugt, und das auf Basis von ForEach. Das Ergebnis sehen Sie in Bild 3.62. Es ist identisch zur Definition einer Range direkt über eine List-View. Wie beschrieben, können Sie aber nur beim Einsatz von ForEach auf zusätzliche Funktionen zugreifen, die Ihnen andernfalls bei der reinen Verwendung von List nicht zur Verfügung stehen.

Listing 3.76 Erzeugen von Zellen in einer List mittels ForEach

```
struct ContentView: View {
    var body: some View {
        List {
            ForEach(0 ..< 10) { value in
                Text("Zelle \(value)")
            }
        }
    }
}
```

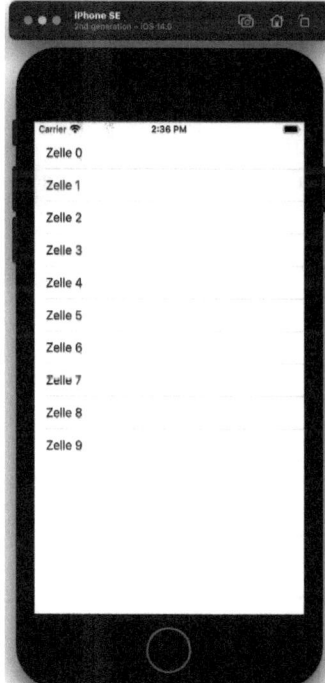

Bild 3.62
Durch den Einsatz von ForEach zur Erzeugung von Zellen in einer Liste stehen Ihnen zusätzliche Funktionen zur Verfügung.

Im Folgenden erhalten Sie einen Überblick über diese Funktionen und wie Sie sie in der Praxis einsetzen.

Zellen aus einer Liste mittels ForEach löschen

Über die Methode `onDelete(perform:)` können Sie Zellen aus einer Liste löschen. Dazu können Sie entweder die typische Wischgeste von rechts nach links über die zu löschende Zelle verwenden oder in den Edit-Mode der View wechseln (beispielsweise via `EditButton`). Im Edit-Mode ist jede Zelle mit einer roten Minus-Schaltfläche versehen, über die Sie dann ebenfalls die Löschung des zugehörigen Elements durchführen können.

Diese Lösch-Funktionen stehen Ihnen automatisch für alle Zellen zur Verfügung, die Sie innerhalb einer `List`-View mittels `ForEach` erzeugen. Sobald Sie die `ForEach`-View um den `onDelete(perform:)`-Modifier ergänzen, ist das Löschen von Zellen umgehend möglich. Sie müssen sich abschließend lediglich noch um eine passende Implementierung der `onDelete(perform:)`-Methode kümmern. Diese wird jedes Mal aufgerufen, wenn Sie die Löschaktion einer Zelle ausführen. Sie müssen sich dann darum kümmern, die Datenbasis für Ihre Zellen passend zu aktualisieren und die notwendigen Löschbefehle durchzuführen.

Zu diesem Zweck liefert Ihnen `onDelete(perform:)` einen Parameter vom Typ `IndexSet`. Sie erhalten darüber die Indexe der Zellen, deren Löschfunktion ausgelöst wurde. Mit dieser Information können Sie Ihre Datenbasis passend aktualisieren.

Ein konkretes Beispiel zum Einsatz der `onDelete(perform:)`-Methode und zum Löschen von Zellen finden Sie in Listing 3.77. Als Datenbasis dienen diverse Instanzen der Structure `Person`, die in Form einer State-Property in der View deklariert sind. Das stellt sicher, dass bei einer Änderung der Personen (beispielsweise durch Entfernen einer Instanz) die Listenansicht entsprechend aktualisiert wird.

Für alle Personen innerhalb der `persons`-State-Property wird mittels `ForEach` eine Zelle erzeugt. Zusätzlich besitzt `ForEach` den `onDelete(perform:)`-Modifier, der es erlaubt, Zellen aus der Liste zu löschen. In diesem Fall kommt die Methode `remove(atOffsets:)` zum Einsatz, über die sich Elemente eines Arrays auf Basis eines `IndexSet` löschen lassen. Das ist ideal, da `onDelete(perform:)` uns eine entsprechende `IndexSet`-Instanz als Parameter zur Verfügung stellt.

Listing 3.77 Löschen von Zellen mittels `onDelete(perform:)`

```
struct Person: Identifiable {
    var id = UUID()
    var name: String
}

struct ContentView: View {
    @State private var persons = [
        Person(name: "Thomas"),
        Person(name: "Michaela"),
        Person(name: "Tobias"),
        Person(name: "Mark"),
        Person(name: "Sabine")
    ]
    
    var body: some View {
        List {
```

```
            ForEach(persons) { person in
                Text(person.name)
            }
            .onDelete { (indexSet) in
                self.persons.remove(atOffsets: indexSet)
            }
        }
    }
}
```

Sobald `ForEach` mit einem `onDelete(perform:)`-Modifier gekoppelt ist, können Sie ohne weitere Anpassungen die Löschfunktionen in den zugehörigen Zellen einer Liste auslösen. Dazu nutzen Sie wie beschrieben entweder die Wischgeste von rechts nach links oder Sie wechseln in den Edit-Mode der View (siehe Bild 3.63).

Bild 3.63
Mittels Wischgeste von rechts nach links über eine Zelle können Sie dank Implementierung von onDelete(perform:) eine Löschung durchführen.

Neue Zellen einer Liste mittels Drag-and-drop hinzufügen

Um eine Liste um neue Zellen zu ergänzen, reicht es standardmäßig aus, die zugrunde liegende Datenbasis zu aktualisieren. Dient beispielsweise ein Array wie im vorangegangenen Listing 3.77 als Grundlage für die Inhalte einer Zelle, wird automatisch eine neue Zelle innerhalb der Liste erzeugt, sobald man diesem Array ein weiteres Element hinzufügt.

Gerade auf dem iPad gibt es aber noch einen weiteren wichtigen Mechanismus, und das ist *Drag-and-drop*. `List` unterstützt im Zusammenspiel mit `ForEach` diese Technik und ermöglicht es so, neue Zellen auf Basis von Drag-and-drop zu generieren. Betrachten wir hierzu als Beispiel eine Linksammlung, in der jeder Link in einer eigenen Zelle in einer Liste dargestellt wird. Mittels Drag-and-drop könnte man nun einen neuen Link direkt innerhalb der Liste an der gewünschten Position einfügen.

Umsetzen lässt sich eine solche Funktion mithilfe des `onInsert(of:perform:)`-Modifiers von `ForEach`. Sobald man diesen als Teil einer `List`-View implementiert, lassen sich neue Zellen mittels Drag-and-drop erzeugen.

Der Modifier setzt sich aus zwei Bestandteilen zusammen. Der erste davon ist ein String-Array, über das man die Art von Elementen definiert, die sich einer Liste mittels Drag-and-drop hinzufügen lassen. Zu diesem Zweck nutzt man die sogenannten *Uniform Type Identifiers* (kurz *UTIs*), für die Apple innerhalb des *MobileCoreServices*-Frameworks bereits passende Typen für die Programmierung mit Swift definiert hat. Eine Übersicht der verfügbaren UTIs liefert die Dokumentation zu `UTType` (siehe Bild 3.64).

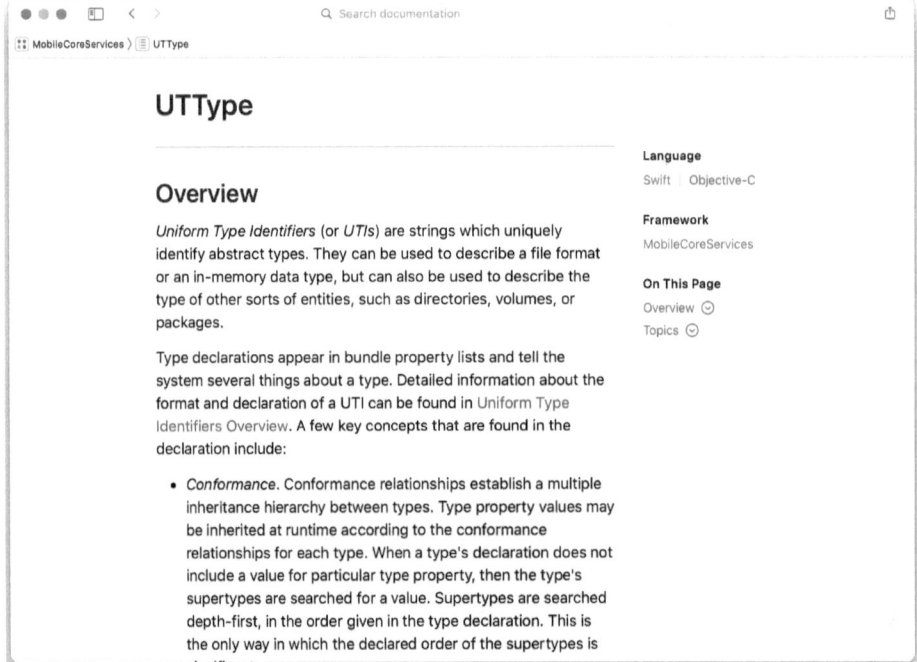

Bild 3.64 Über das MobileCoreServices-Framework hat man direkten Zugriff auf verschiedene UTIs.

Möchte man beispielsweise URLs via Drag-and-drop unterstützen, nutzt man `kUTTypeURL`, für alle Arten von Text kommt `kUTTypeText` zum Einsatz. Da es sich bei diesen Variablen aus dem MobileCoreServices-Framework aber um Instanzen vom Typ `CFString` handelt, muss man diese zur Verwendung mit der `onInsert(of:perform:)`-Methode noch in einen „herkömmlichen" String casten. Im Falle von `kUTTypeURL` kann das wie folgt aussehen:

`String(kUTTypeURL)`

Beim zweiten Parameter der `onInsert(of:perform:)`-Methode handelt es sich um ein Closure, das ausgelöst wird, sobald eine Drag-and-drop-Aktion in einer Liste erkannt und ausgeführt wird. Über das Closure erhält man zwei Informationen zu dieser Aktion: Dazu gehört zum einen der Index, der die Position innerhalb der Liste widerspiegelt, an der die neue Zelle eingefügt werden soll. Zum anderen erhält man ein Array auf Basis von

NSItemProvider-Instanzen, über die sich die Informationen zu jenem Element auslesen lassen, das via Drag-and-drop in einer Liste eingebunden wird.

NSItemProvider

Über die Details zur Funktionsweise der NSItemProvider-Klasse zu schreiben, würde den Rahmen dieses Buches sprengen, nicht zuletzt, da es hier inhaltlich ausschließlich um SwiftUI geht. Wenn Sie daher mehr zu NSItemProvider beziehungsweise der Arbeit mit Drag-and-drop erfahren möchten, empfehle ich Ihnen die entsprechenden Dokumentationen von Apple zu diesen Themen.

Kommen wir auf Basis dieser Informationen nun zurück zu dem eingangs beschriebenen Beispiel einer Liste, die URLs aufführt. In Listing 3.78 sehen Sie, wie sich eine entsprechende Liste mithilfe von ForEach und onInsert(of:perform:)-Modifier umsetzen lässt, der via Drag-and-drop neue URLs als Einträge hinzugefügt werden können. Damit sich der Code kompilieren lässt, ist es wichtig, neben dem SwiftUI- auch das MobileCoreServices-Framework zu importieren, da darin die benötigte globale Variable kUTTypeText definiert ist.

Als Basis dieses Beispiels dient eine State-Property, die die anzuzeigenden URLs als Strings enthält. Da es sich um eine State-Property handelt, erfolgt eine automatische Aktualisierung der View, sobald sich etwas an diesem Array ändert. Die Zellen der Liste werden mittels ForEach erzeugt. Das erlaubt den Einsatz des onInsert(of:perform:)-Modifiers. Dieser nimmt in diesem Beispiel einen beliebigen Text entgegen und fügt den an der passenden Index-Position dem urls-Array hinzu. Das ermöglicht es, Texte via Drag-and-drop an der gewünschten Position innerhalb der Liste einzufügen (siehe Bild 3.65).

Listing 3.78 Hinzufügen neuer Zellen mittels Drag-and-drop

```
struct ContentView: View {
    @State private var urls = [
        "www.apple.com",
        "letscode.thomassillmann.de"
    ]

    var body: some View {
        List {
            ForEach(urls, id: \.self) { url in
                Text(url)
            }
            .onInsert(of: [String(kUTTypeText)]) { (index, itemProvider) in
                for provider in itemProvider {
                    if provider.canLoadObject(ofClass: String.self) {
                        _ = provider.loadObject(ofClass: String.self) { string, error in
                            DispatchQueue.main.async {
                                self.urls.insert(string!, at: index)
                            }
                        }
                    }
                }
            }
        }
    }
}
```

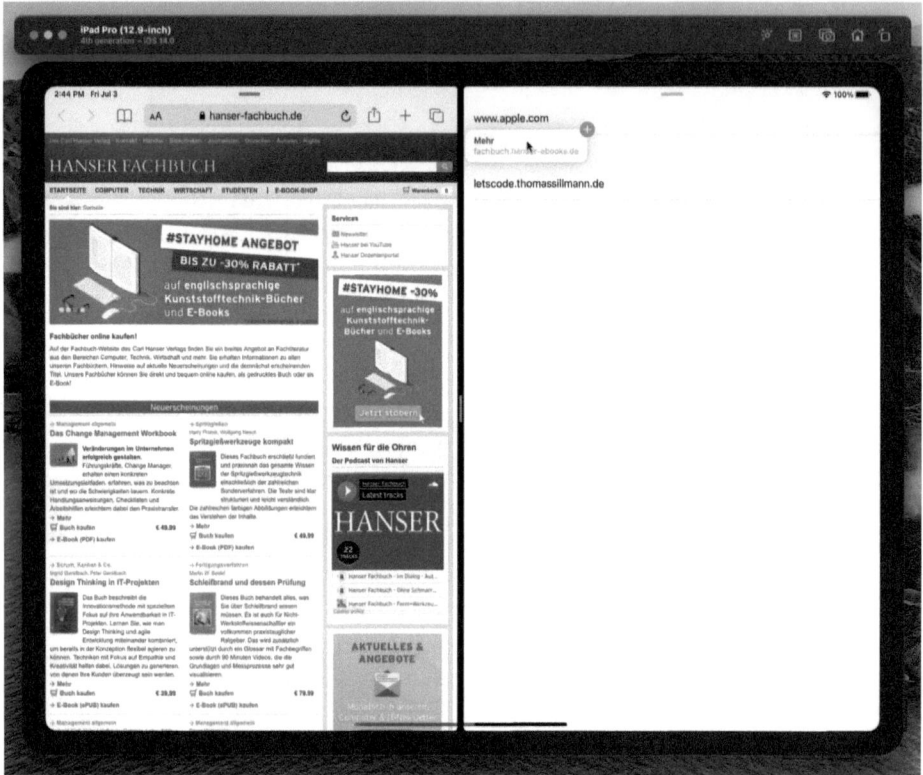

Bild 3.65 Durch Einsatz des onInsert(of:perform:)-Modifiers lässt sich eine Liste um Drag-and-drop-Support ergänzen.

Zellen innerhalb einer Liste mittels ForEach verschieben

Der onMove(perform:)-Modifier ermöglicht es, Zellen innerhalb einer Liste zu verschieben. Auch dieser Modifier lässt sich nur im Zusammenspiel mit ForEach nutzen. Außerdem muss sich die View im Edit-Mode befinden.

onMove(perform:) erwartet ein Closure als Parameter. Darüber haben Sie Zugriff auf zwei Informationen. Die erste ist ein IndexSet, die die ursprüngliche Position der zu verschiebenden Zelle enthält. Das zweite ist ein Integer, der dem Index der Zielposition entspricht. Diese beiden Informationen nutzt man dazu, die zugrunde liegende Datenbasis der Liste passend zu aktualisieren.

Ein Beispiel dazu finden Sie in Listing 3.79. In einer Liste werden mittels ForEach verschiedene Personen aufgeführt, die als Teil der persons-State-Property definiert sind. Durch Implementierung des onMove(perform:)-Modifiers ist eine Verschiebung dieser Zellen möglich. Dazu werden die Informationen aus dem perform-Closure genutzt, um die Elemente innerhalb des persons-Arrays passend zu verschieben.

Da das Verschieben nur im Edit-Mode möglich ist, findet sich ganz zu Beginn der View eine EditButton-Instanz. Sie erlaubt das Aktivieren beziehungsweise Deaktivieren des Edit-Mode. Ist der Edit-Mode aktiv, können die Zellen mithilfe der drei horizontalen Linien, die sich am rechten äußeren Rand jeder Zelle befinden, verschoben werden (siehe Bild 3.66).

Listing 3.79 Verschieben von Zellen mittels `onMove(perform:)`

```swift
struct Person: Identifiable, Hashable {
    var id = UUID()
    var name: String
}

struct ContentView: View {
    @State private var persons = [
        Person(name: "Thomas"),
        Person(name: "Michaela"),
        Person(name: "Tobias")
    ]

    var body: some View {
        VStack {
            EditButton()
            List {
                ForEach(persons) { person in
                    Text(person.name)
                }
                .onMove { (indecies, newOffset) in
                    self.persons.move(fromOffsets: indecies, toOffset: newOffset)
                }
            }
        }
    }
}
```

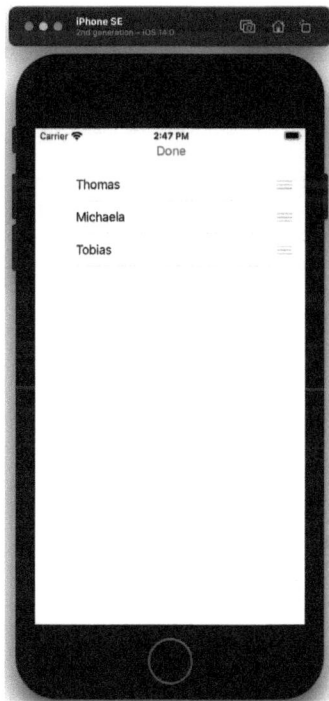

Bild 3.66
Über die drei horizontalen Linien am rechten äußeren Rand jeder Zelle können die Zellen untereinander verschoben werden.

Statische und dynamische Zellen in einer Liste mittels ForEach mischen

Standardmäßig können Sie innerhalb einer `List`-View entweder nur statisch oder nur dynamisch erzeugte Zellen unterbringen. Durch Einsatz von `ForEach` ist aber auch ein Mischbetrieb beider Arten möglich. Dazu setzen Sie die `List`-View zunächst so um, dass Sie für die Darstellung statischer Zellen ausgelegt ist (sprich Sie legen bei der Initialisierung von `List` keine Range und keine Datenbasis zugrunde). So können Sie zunächst einmal nach Belieben statische Zellen umsetzen.

Sobald Sie dynamisch erzeugte Zellen auf Basis einer Range oder eines Datenmodells benötigen, binden Sie diese mittels `ForEach` ein. `List` kümmert sich um den korrekten Aufbau und die Darstellung aller so erzeugten Zellen.

Ein Beispiel dazu finden Sie in Listing 3.80. Die darin deklarierte Listenansicht verfügt zunächst über zwei (unterschiedlich formatierte) statische Zellen auf Basis von `Text`-Views. Anschließend kommt es zur Einbindung von `ForEach` auf Basis einer Range, wodurch insgesamt zehn Zellen dynamisch in die Liste eingebunden werden. Am Ende folgen noch einmal zwei statisch (und erneut mit verschiedenen Formatierungen versehene) erzeugte Zellen (siehe Bild 3.67).

Listing 3.80 Mischung statischer und dynamischer Zellen in einer Liste

```
struct ContentView: View {
    var body: some View {
        List {
            Text("Ganz zu Beginn ...")
                .font(.title)
            Text("... stehen zwei statische Zellen!")
                .bold()
            ForEach(1 ..< 11) { value in
                Text("Dynamische Zelle \(value)")
            }
            Text("Es endet ...")
                .bold()
            Text("... mit einem statischen Abschluss ...")
                .font(.subheadline)
                .italic()
        }
    }
}
```

Bild 3.67
Mithilfe von ForEach lassen sich statische und dynamisch erzeugte Zellen problemlos innerhalb einer List-View mischen.

3.7.3 ScrollView

Mithilfe einer `ScrollView` erzeugen Sie eine Ansicht, deren Inhalt sich vertikal und/oder horizontal scrollen lässt. Das ist vor allem für Ansichten wichtig, die so viel Platz einnehmen, dass sie sich in der Regel nicht in dem zur Verfügung stehenden Raum vollständig darstellen lassen. Es ist aber ebenfalls bei der Entwicklung von Views für verschiedene Plattformen und Display-Größen wichtig. Während sich eine View beispielsweise auf einem ausgewachsenen iPad Pro ohne Probleme darstellen lässt, ist auf dem verhältnismäßig kleinen Display eines iPhone SE womöglich nur ein Bruchteil davon zu sehen.

Verschiedene View-Elemente bringen das Verhalten einer Scroll-View bereits von Haus aus mit. Dazu gehört beispielsweise `List` (siehe Abschnitt 3.7.1). Eine solche Ansicht müssen Sie nicht mithilfe von `ScrollView` umsetzen, stattdessen erhalten Sie das korrekte Scrolling-Verhalten out of the box. Standardelemente wie die verschiedenen Stack-Arten sowie primitive Views wie `Text` oder `Image` verfügen jedoch über keinerlei Scrolling-Funktionen. Wenn Sie diese benötigen, kommen Sie um den Einsatz einer `ScrollView` nicht herum.

Der Einsatz einer `ScrollView` erfolgt grundsätzlich auf eine ähnliche Art und Weise wie der von Stacks. Auf Basis eines Closures definieren Sie alle Views, die scrollbar sein und so als Teil der `ScrollView` umgesetzt werden sollen. Ein einfaches Beispiel dazu zeigt Listing 3.81. Die darin deklarierte View basiert auf einem `VStack`, der mittels `ForEach` insgesamt 100 verschiedene Texttitel untereinander anzeigt. Bei Ausführung auf einem iPhone oder iPad wäre von diesen Texten normalerweise nur ein Bruchteil zu sehen, da sich dieser `VStack` in seiner Größe gar nicht auf den Displays darstellen ließe. Da er jedoch als Teil einer `ScrollView` definiert ist, lässt sich bequem durch alle Inhalte blättern; ganz gleich, wie groß (oder klein) der zur Verfügung stehende Raum für die View-Darstellung ist (siehe Bild 3.68).

Listing 3.81 Erstellen einer einfachen ScrollView

```
struct ContentView: View {
    var body: some View {
        ScrollView {
            VStack {
                ForEach(0 ..< 100) { value in
                    Text("Titel \(value)")
                        .padding()
                }
            }
        }
    }
}
```

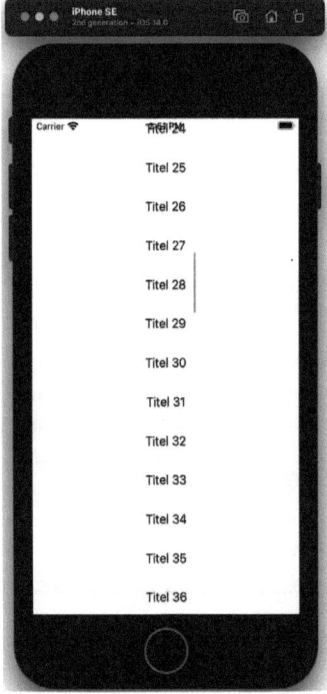

Bild 3.68
Dank des Einsatzes einer ScrollView kann man auf alle Inhalte des zugrunde liegenden VStack zugreifen (man beachte hierbei den Scroll-Balken am rechten Rand).

Scroll-Richtung festlegen

Mithilfe des `axes`-Parameters lässt sich die Scroll-Richtung einer `ScrollView` festlegen. Bei dem Parameter handelt es sich um ein Option-Set vom Typ `Axis.Set`, das die folgenden zwei Type Properties zur Konfiguration mitbringt:

- `horizontal`: Die Scroll-Richtung verläuft horizontal.
- `vertical`: Die Scroll-Richtung verläuft vertikal.

Der Standardwert des `axes`-Parameters entspricht `vertical`. Entsprechend braucht man ihn nur dann explizit zu setzen, wenn eine View eine horizontale Scroll-Richtung besitzen soll oder sowohl vertikal als auch horizontal scrollbar sein soll.

In Listing 3.82 finden Sie ein Beispiel zum Einsatz des `axes`-Parameters. Die darin erzeugte View ist horizontal scrollbar und listet insgesamt 100 Titel nebeneinander auf (siehe Bild 3.69).

Listing 3.82 Anpassen der Scroll-Richtung einer ScrollView

```swift
struct ContentView: View {
    var body: some View {
        ScrollView(.horizontal) {
            HStack {
                ForEach(0 ..< 100) { value in
                    Text("Titel \(value)")
                        .padding()
                }
            }
        }
    }
}
```

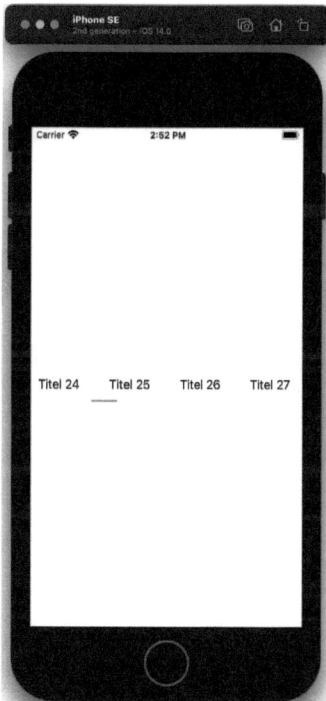

Bild 3.69
Die Scroll-Richtung einer ScrollView lässt sich mithilfe des axes-Parameters anpassen.

Scroll-Indicator ein- und ausblenden

Mithilfe des `showsIndicators`-Parameters steuern Sie die Sichtbarkeit der Scroll-Balken. Diese sind standardmäßig immer dann sichtbar, sobald Sie eine Scroll-Aktion ausführen (siehe hierzu beispielsweise Bild 3.68 und Bild 3.69).

Wenn Sie diesen Scroll-Indicator alternativ ausblenden möchten, setzen Sie dazu einfach den Wert des `showsIndicators`-Parameters bei Initialisierung einer `ScrollView` auf `false`. Ein Beispiel dazu zeigt Listing 3.83.

Listing 3.83 Ausblenden des Scroll-Indicators einer ScrollView

```
struct ContentView: View {
    var body: some View {
        ScrollView(showsIndicators: false) {
            VStack {
                ForEach(0 ..< 100) { value in
                    Text("Titel \(value)")
                        .padding()
                }
            }
        }
    }
}
```

■ 3.8 Container-Views

Zum Gruppieren von Views stehen in SwiftUI diverse Elemente zur Verfügung. Einige davon haben Sie bereits kennengelernt, darunter die verschiedenen Arten von Stacks sowie `List` und `ScrollView`. Im Folgenden stelle ich Ihnen weitere sogenannte *Container-Views* vor, mit denen Sie Views zu einer Einheit zusammenfassen können.

3.8.1 Form

`Form` ist eine spezialisierte View zur Zusammenfassung von Elementen, die zur Erfassung von Daten genutzt werden. Ein typischer Einsatzzweck von `Form` ist beispielsweise eine View, über die sich die verschiedenen Einstellungen einer App konfigurieren lassen.

Das Erscheinungsbild variiert abhängig von der jeweiligen Zielplattform, auf der `Form` ausgeführt wird. Unter iOS beispielsweise ähnelt `Form` einer `List` mit GroupedListStyle-Konfiguration. Bild 3.70 zeigt beispielhaft die Darstellung einer `Form`-View unter macOS, iOS und watchOS.

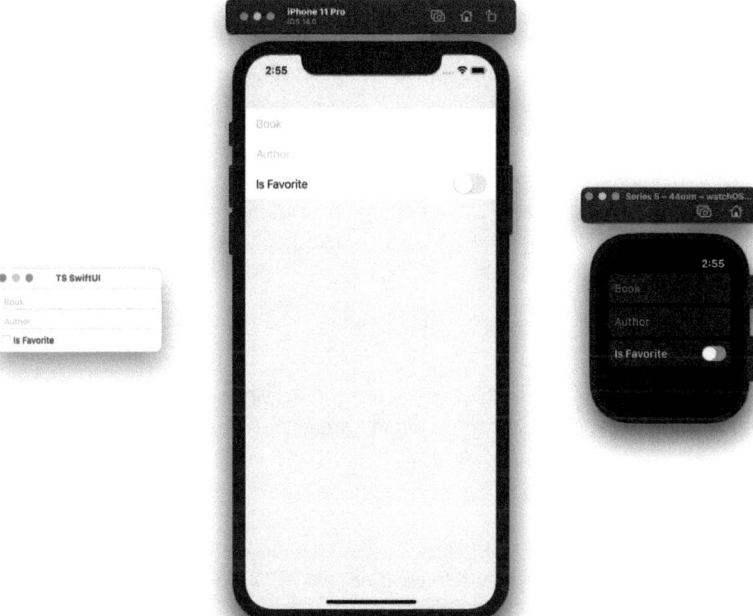

Bild 3.70 Die Darstellung einer Form variiert von Plattform zu Plattform.

Um eine Form-Instanz zu erzeugen, übergeben Sie – vergleichbar einem Stack – die darzustellenden Inhalte auf Basis eines Closures. Zum besseren Verständnis finden Sie in Listing 3.84 den Code zur Umsetzung des Inhalts aus Bild 3.70. Grundlage ist eine Form-View, die aus zwei Textfeldern und einem Schalter besteht. Mithilfe von Form werden diese Elemente automatisch in eine Art Liste eingefasst und so gruppiert.

Listing 3.84 Erstellen einer Form-Instanz

```
struct ContentView: View {
    @State private var book = ""

    @State private var author = ""

    @State private var isFavorite = false

    var body: some View {
        Form {
            TextField("Book", text: $book)
            TextField("Author", text: $author)
            Toggle(isOn: $isFavorite) {
                Text("Is Favorite")
            }
        }
    }
}
```

Zusätzlich haben Sie die Möglichkeit, die Inhalte einer Form-View in verschiedene Bereiche zu unterteilen. Hierfür kommt eine View namens Section zum Einsatz. Mehr dazu erfahren Sie in Abschnitt 3.8.4.

3.8.2 Group

Um View-Inhalte schlicht als logische Einheit zusammenzufassen, nutzt man die View Group. Mithilfe eines Closures weist man dieser alle zugehörigen Views bei der Initialisierung zu (genau wie bei Stacks auch).

Der große Unterschied von Group zu anderen Container-Views wie Stacks liegt darin, dass Group keinerlei Anpassungen oder Konfigurationen an den zugewiesenen Views vornimmt. Wo beispielsweise ein HStack festlegt, dass Views horizontal nebeneinander angeordnet werden, fasst Group sie einfach zusammen.

> **Group und die Preview**
>
> Group ist ideal, um mehrere verschiedene Arten von Previews für eine View parallel anzuzeigen. Mehr dazu erfahren Sie in Kapitel 7, „Preview und Xcode", dieses Buches.

Group ist in verschiedenen Szenarien sinnvoll und hilfreich. Generell kann Group gerade komplexen Views mit vielen Elementen eine bessere Struktur verleihen. Ein Beispiel dazu finden Sie in Listing 3.85. Die darin erzeugte View stellt eine Anmeldemaske dar. Zu Beginn finden sich zwei Labels mit je einem zugehörigen Textfeld, über die Benutzername und Passwort eingetragen werden. Im Anschluss folgen zwei Buttons, um entweder den Anmeldeprozess zu starten oder ein neues Passwort anzufordern (siehe Bild 3.71).

Listing 3.85 Einsatz von Group

```
struct ContentView: View {
    @State private var username = ""

    @State private var password = ""

    var body: some View {
        VStack {
            Group {
                HStack {
                    Text("Login:")
                    TextField("Username", text: $username)
                }
                HStack {
                    Text("Password:")
                    TextField("Password", text: $password)
                }
            }
            Group {
                Button(action: {}) {
                    Text("Log in")
                }
                Spacer()
                    .frame(height: 10)
                Button(action: {}) {
                    Text("Forgot password?")
                }
            }
```

```
        }
        .padding()
    }
}
```

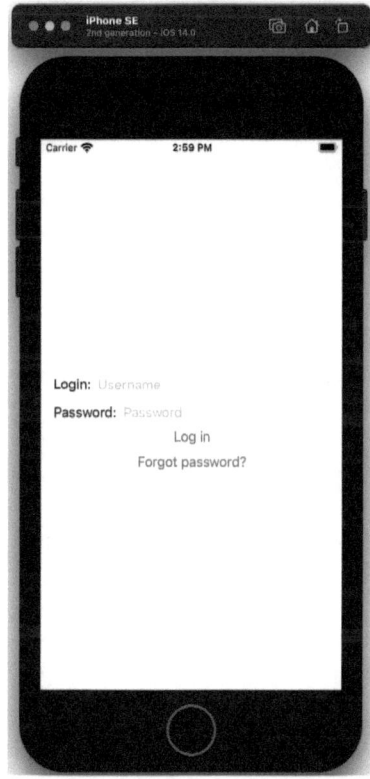

Bild 3.71
Der Code der View wurde mittels Einsatz von Group ein wenig verschachtelt.

Man hätte das gleiche Ergebnis auch ohne Einsatz von Group erreicht. In diesem Beispiel fasst es aber die zwei logisch zueinander gehörenden Bereiche – Labels mit Textfeldern sowie die beiden Buttons – zusammen und sorgt für mehr Übersichtlichkeit.

Umgehung des View-Maximums in Container-Views

Daneben gibt es aber noch einen weiteren und sehr wichtigen Einsatzzweck von Group. Er hängt damit zusammen, dass die verschiedenen Container-Views in SwiftUI (wie Stacks oder auch Group selbst) maximal zehn Views enthalten können. Fügt man einem Container mehr als zehn Views hinzu, kommt es zu einem Compiler-Fehler. So lässt sich der Code aus Listing 3.86 – obwohl auf den ersten Blick syntaktisch korrekt – nicht ausführen.

Listing 3.86 Auslösen eines Fehlers bei Überschreitung des View-Maximums

```
struct ContentView: View {
    var body: some View {
        VStack {
            Text("Text 01")
            Text("Text 02")
            Text("Text 03")
            Text("Text 04")
            Text("Text 05")
            Text("Text 06")
            Text("Text 07")
            Text("Text 08")
            Text("Text 09")
            Text("Text 10")
            Text("Text 11") // Dieses Element ist zu viel!
        }
    }
}
```

Ein `VStack` kann – wie jeder andere Container auch – maximal zehn Elemente aufnehmen. Mithilfe von `Group` kann man sich aber in derartigen Szenarien behelfen. Denn technisch gesehen entspricht `Group` einer einzigen View, selbst wenn `Group` mehrere eigene Elemente enthält. Das kann man sich zunutze machen, um überall dort, wo das View-Maximum erreicht wird, `Group`-Instanzen einzubinden.

In Listing 3.87 sehen Sie eine mögliche Behebung des Fehlers aus Listing 3.86. Der VStack besteht in diesem Szenario nur noch aus zwei Views: einer `Group` und einem `Text` („Text 11"). Die `Group` wiederum reizt das View-Maximum von zehn aus und setzt sich so aus insgesamt zehn `Text`-Instanzen zusammen. Da `Group` aber über keinerlei eigene UI-Logik verfügt, werden die insgesamt elf Texte alle direkt untereinander angezeigt (siehe Bild 3.72).

Listing 3.87 Auflösung des View-Maximums mittels Group

```
struct ContentView: View {
    var body: some View {
        VStack {
            Group {
                Text("Text 01")
                Text("Text 02")
                Text("Text 03")
                Text("Text 04")
                Text("Text 05")
                Text("Text 06")
                Text("Text 07")
                Text("Text 08")
                Text("Text 09")
                Text("Text 10")
            }
            Text("Text 11")
        }
    }
}
```

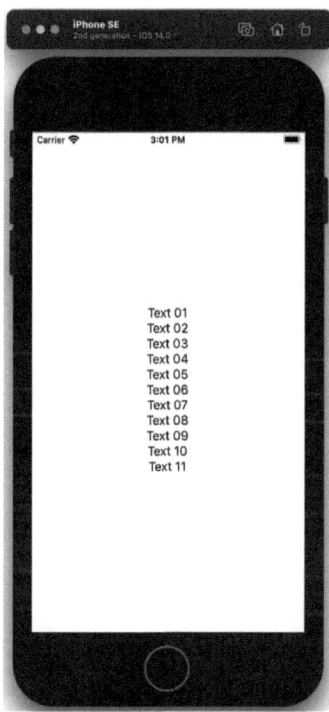

Bild 3.72
Eine Group macht sich optisch nicht bemerkbar.

Anwendung von Modifiern auf mehrere Views

Möchte man ein oder mehrere Modifier auf verschiedene Views gleichzeitig anwenden, kann sich Group ebenfalls als hilfreich erweisen. Alle Modifier, die sich auf jede Art von View anwenden lassen, lassen sich nämlich entsprechend auch für eine Group setzen. Statt auf die Group erfolgt die Anwendung der Modifier aber auf jede View, die sich innerhalb der Group befindet.

Ein konkretes Beispiel dazu finden Sie in Listing 3.88. Darin erfolgt die Deklaration zweier Group-Instanzen, die jeweils fünf Text-Views enthalten. Die Text-Views der ersten Group erhalten einen schwarzen Rahmen mit einem Punkt Dicke, während den Text-Views der zweiten Group ein grauer Rahmen mit fünf Punkten Dicke zugewiesen wird (siehe Bild 3.73).

Statt die entsprechenden Modifier auf jeder Text-View einzeln aufzurufen, werden sie durch die Deklaration über die zugehörige Group automatisch auf alle in der jeweiligen Group enthaltenen Text-Views angewendet.

Listing 3.88 Formatierung mehrerer Views mittels Group

```
struct ContentView: View {
    var body: some View {
        VStack {
            Group {
                Text("Text 01")
                Text("Text 02")
                Text("Text 03")
                Text("Text 04")
```

```
                    Text("Text 05")
                }
                .padding()
                .border(Color.black, width: 1)
                Group {
                    Text("Text 06")
                    Text("Text 07")
                    Text("Text 08")
                    Text("Text 09")
                    Text("Text 10")
                }
                .padding()
                .border(Color.gray, width: 5)
            }
        }
    }
}
```

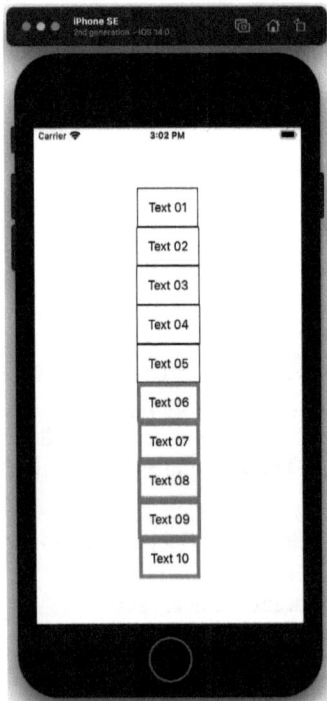

Bild 3.73
Durch Einsatz einer Group lassen sich mehrere Views parallel auf die gleiche Art und Weise anpassen.

3.8.3 GroupBox

Bei GroupBox handelt es sich um eine spezielle Container-View, die nur unter macOS zur Verfügung steht. Genau wie ein Stack nimmt sie in Form eines Closure-Parameters die Views entgegen, die als GroupBox dargestellt werden sollen. Eine GroupBox hebt sich aufgrund ihres Hintergrunds von einem herkömmlichen Stack ab.

Ein Beispiel zur Umsetzung einer GroupBox finden Sie in Listing 3.89, das zugehörige Ergebnis zeigt Bild 3.74.

Listing 3.89 Erstellen einer GroupBox

```
struct ContentView: View {
    var body: some View {
        GroupBox {
            VStack {
                Text("Amrum")
                Image("Vacation")
                    .resizable()
                    .scaledToFit()
            }
        }
        .padding()
    }
}
```

Bild 3.74
Mithilfe einer GroupBox fasst man Views in einem farblich hervorstechenden Container zusammen.

GroupBox um Label ergänzen

Man kann optional eine `GroupBox` um ein zusätzliches Label ergänzen. Bei diesem Label handelt es sich um eine View, die oberhalb der `GroupBox` dargestellt wird. So lassen sich weitere Informationen zu einer `GroupBox` hinzufügen.

Um ein solches Label zu erstellen, nutzt man den `label`-Parameter bei der Initialisierung einer `GroupBox` und übergibt ihm die ergänzend anzuzeigende View. Ein Beispiel dazu finden Sie in Listing 3.90. Es basiert auf dem Code aus Listing 3.89 und ergänzt noch ein Label in Form einer `Text`-View. Das Ergebnis des Codes sehen Sie in Bild 3.75.

Listing 3.90 Ergänzen eines Labels für eine GroupBox

```
struct ContentView: View {
    var body: some View {
        GroupBox(label: Text("Vacation")) {
            VStack {
                Text("Mauritius")
                Image("Vacation")
                    .resizable()
                    .scaledToFit()
            }
```

```
        }
        .padding()
    }
}
```

Bild 3.75
Ein optionales Label wird oberhalb einer GroupBox angezeigt.

3.8.4 Section

Mithilfe einer `Section` untergliedert man Views in verschiedene Bereiche. Ihr volles Potential spielt `Section` hierbei im Zusammenspiel mit einer `List`- beziehungsweise `Form`-View aus, da hier die verschiedenen Bereiche optisch deutlich hervorgehoben werden.

Genau wie bei anderen Container-Views weist man einer `Section` die ihr zugehörigen Views in Form eines Closures zu. Ein erstes Beispiel dazu finden Sie in Listing 3.91. Basis darin ist eine `Form`-View, die auf zwei `Section`-Instanzen basiert. Die erste Section enthält drei Schalter, die zweite einen Infotext. Durch Einsatz von `Section` heben sich diese beiden Bereiche optisch voneinander ab (siehe Bild 3.76).

Listing 3.91 Erstellen von Sections innerhalb einer Form-View

```
struct ContentView: View {
    @State private var settingA = false

    @State private var settingB = false

    @State private var settingC = true

    var body: some View {
        Form {
            Section {
                Toggle(isOn: $settingA) {
                    Text("Setting A")
                }
                Toggle(isOn: $settingB) {
                    Text("Setting B")
                }
                Toggle(isOn: $settingC) {
                    Text("Setting C")
                }
```

```
            }
        }
        Section {
            HStack {
                Text("App version")
                Spacer()
                Text("1.0")
                    .foregroundColor(.gray)
            }
        }
    }
}
```

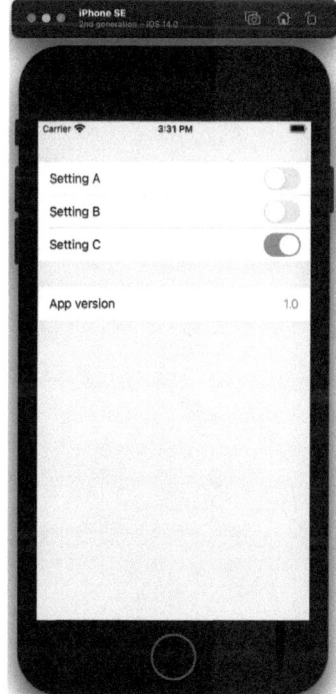

Bild 3.76
Mithilfe von Section unterteilt man die Inhalte einer List- oder Form-View in verschiedene Bereiche.

Kopf- und Fußzeile ergänzen

Sie können eine Section-Instanz um eine optionale Kopf- und Fußzeile ergänzen. Ihnen steht es hierbei frei, ob Sie nur eines der beiden Elemente verwenden oder ob Sie sowohl Kopf- als auch Fußzeile hinzufügen möchten.

Die Darstellung von Kopf- und Fußzeile einer Section steuern Sie mithilfe entsprechender Parameter bei der Initialisierung: header und footer. Beide erwarten jeweils einen Wert auf Basis einer View.

In Listing 3.92 finden Sie ein Beispiel zum Einsatz der header- und footer-Parameter einer Section auf Basis von Listing 3.91. Das zugehörige Ergebnis zeigt Bild 3.77.

Listing 3.92 Ergänzen von Kopf- und Fußzeile einer Section

```
struct ContentView: View {
    @State private var settingA = false
    
    @State private var settingB = false
    
    @State private var settingC = true
    
    var body: some View {
        Form {
            Section(header: Text("Settings")) {
                Toggle(isOn: $settingA) {
                    Text("Setting A")
                }
                Toggle(isOn: $settingB) {
                    Text("Setting B")
                }
                Toggle(isOn: $settingC) {
                    Text("Setting C")
                }
            }
            Section(header: Text("Info"), footer: Text("© by Thomas Sillmann")) {
                HStack {
                    Text("App version")
                    Spacer()
                    Text("1.0")
                        .foregroundColor(.gray)
                }
            }
        }
    }
}
```

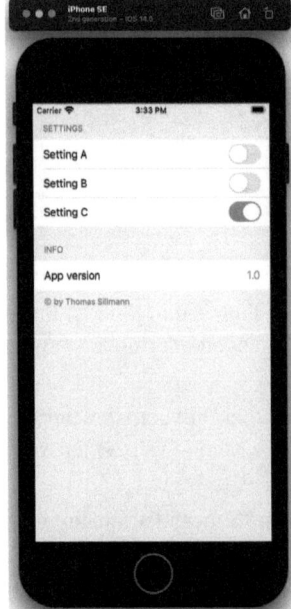

Bild 3.77
Mithilfe der header- und footer-Parameter lässt sich eine Section um eine zusätzliche Kopf- und Fußzeile ergänzen.

3.9 Weitere Views

Neben den bisher in diesem Kapitel vorgestellten Views gibt es noch einige weitere hilfreiche Elemente, deren Funktionalität allerdings vergleichsweise eingeschränkt ist. In den folgenden Abschnitten stelle ich Ihnen einige dieser Views im Detail vor.

3.9.1 Spacer

Mithilfe von Spacer legen Sie Abstände zwischen Ihren Views fest. Standardmäßig nutzt Spacer hierbei die volle ihm zur Verfügung stehende Fläche, dieses Verhalten lässt sich aber mithilfe des frame()-Modifiers steuern.

Ein erstes einfaches Beispiel zum Einsatz von Spacer finden Sie in Listing 3.93. Er dient zum Setzen eines Abstandes zwischen zwei Text-Views. Der Spacer nutzt hierbei wie beschrieben den gesamten Raum, den er zwischen den beiden Text-Views füllen kann. Zum besseren Verständnis stellt Bild 3.78 eine Variante der View mit sowie eine ohne Spacer gegenüber.

Listing 3.93 Einfacher Einsatz von Spacer

```
struct ContentView: View {
    var body: some View {
        VStack {
            Text("Large title")
                .font(.largeTitle)
            Spacer()
            Text("Subtitle")
                .font(.subheadline)
        }
        .padding()
    }
}
```

Bild 3.78
Mithilfe eines Spacer definiert man Abstände zwischen Views (links: ohne Spacer, rechts: mit Spacer).

Wie beschrieben können Sie zusätzlich den `frame()`-Modifier nutzen, um eine fixe Größe für einen `Spacer` und damit für den Abstand zwischen zwei Views zu definieren. Ein Beispiel dazu finden Sie in Listing 3.94 (das zugehörige Ergebnis zeigt Bild 3.79).

Listing 3.94 Festlegen der Größe für einen Spacer

```
struct ContentView: View {
    var body: some View {
        VStack {
            Text("Large title")
                .font(.largeTitle)
            Spacer()
                .frame(height: 40)
            Text("Subtitle")
                .font(.subheadline)
        }
        .padding()
    }
}
```

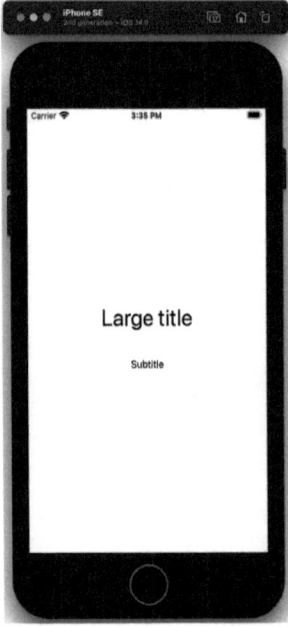

Bild 3.79
Ein Spacer lässt sich auch mit einer fixen Größe versehen.

Ob man als Parameter für den `frame()`-Modifier die Höhe oder die Breite anpasst, ist vom jeweiligen Kontext des `Spacer` abhängig. Ist er Teil eines `VStack`, legt man die Größe über den `height`-Parameter fest, im Falle eines `HStack` über den `width`-Parameter.

Mindestabstand festlegen

Bei der Initialisierung eines `Spacer` lässt sich über den `minLength`-Parameter die Größe für einen Mindestabstand festlegen. Das kann insbesondere beim Zusammenspiel mehrerer Views sinnvoll sein, da ohne fixe Größe oder Mindestabstand jeder `Spacer` die gleiche Größe besitzt.

Das Beispiel in Listing 3.95 verdeutlicht den Einsatz des `minLength`-Parameters. Darin werden drei Text-Views horizontal nebeneinander angeordnet und zwischen ihnen jeweils eine `Spacer`-Instanz definiert. Der erste `Spacer` verfügt über einen Mindestabstand von 70 Punkten, der immer eingehalten wird.

Wie sich das auswirkt, ist beispielhaft in Bild 3.80 zu sehen. Dort wird dieselbe View einmal in einem iPhone SE und zusätzlich in einem iPhone 11 Pro Max dargestellt. Da auf dem iPhone SE weniger Platz verfügbar ist und zwischen den ersten beiden Views ein Mindestabstand von 70 vorliegt, ist der Abstand zwischen den letzten beiden Text-Views entsprechend gering. Auf dem iPhone 11 Pro Max hingegen hat der Mindestabend des ersten `Spacer` keine sichtbaren Auswirkungen, da er ohne Probleme eingehalten werden kann. Tatsächlich ist der Abstand zwischen den drei Views auf dem iPhone 11 Pro Max identisch.

Listing 3.95 Einsatz des minLength-Parameters

```
struct ContentView: View {
    var body: some View {
        HStack {
            Text("Large title")
                .font(.largeTitle)
            Spacer(minLength: 70)
            Text("Text")
            Spacer()
            Text("Subtitle")
                .font(.subheadline)
        }
        .padding()
    }
}
```

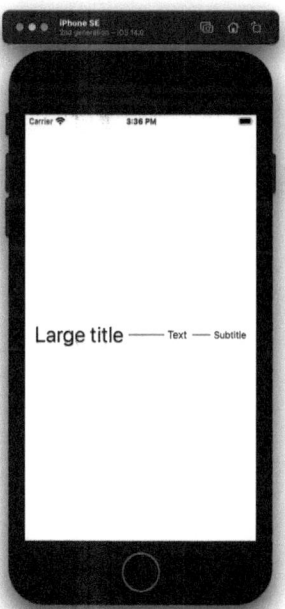 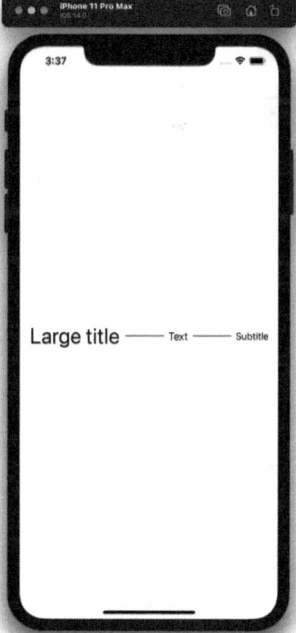

Bild 3.80 Es lässt sich ein Mindestabstand für die Größe eines Spacers festlegen.

3.9.2 Divider

Der `Divider` ist die ideale View, um verschiedene Bereiche einer Ansicht optisch voneinander zu trennen. Er stellt eine simple Trennlinie dar, die standardmäßig horizontal verläuft. Als Teil eines `HStack` wird sie hingegen horizontal dargestellt.

Ein simples Beispiel für die Umsetzung und den Einsatz einer `Divider`-View finden Sie in Listing 3.96. Die darin definierte Ansicht besteht aus drei vertikal angeordneten Texten, zwischen denen sich jeweils eine mittels Divider erzeugte Trennlinie befindet (siehe Bild 3.81).

Listing 3.96 Einsatz von Divider

```swift
struct ContentView: View {
    var body: some View {
        VStack {
            Text("Large title")
                .font(.largeTitle)
            Divider()
            Text("Text")
            Divider()
            Text("Subtitle")
                .font(.subheadline)
        }
        .padding()
    }
}
```

Bild 3.81
Mittels Divider erzeugen Sie eine Trennlinie.

# 4 Navigation und Präsentation

SwiftUI verfügt über verschiedene Techniken, über die sich neue Views einblenden und verschiedene View-Hierarchien aufbauen lassen. Viele davon sind vor allen Dingen aus dem iOS-Bereich bekannt, lassen sich genauso aber auch unter macOS und tvOS nutzen. watchOS hat in diesem Bereich mit den größten Einschränkungen zu kämpfen.

In den folgenden Abschnitten stelle ich Ihnen die technischen Möglichkeiten zur Navigation und Präsentation in SwiftUI ausführlich vor und gehe auch auf Unterschiede (sofern vorhanden) zwischen den verschiedenen Apple-Plattformen ein.

■ 4.1 NavigationView

Mithilfe einer `NavigationView` baut man eine Navigationsstruktur auf, die wenigstens auf zwei verschiedenen Views basiert. Diese Views werden – abhängig von Konfiguration und Apple-Plattform – entweder nebeneinander dargestellt oder sie überlagern sich. Eine `NavigationView` ist am ehesten mit dem `UINavigationController` aus dem UIKit-Framework vergleichbar.

Eine weitere wichtige View im Zusammenspiel mit `NavigationView` ist `NavigationLink`. Hierbei handelt es sich um einen Button, der die Navigation zu einer View innerhalb einer `NavigationView` anstößt.

4.1.1 Grundlagen

Zunächst verhält sich eine `NavigationView` ähnlich wie die verschiedenen Container-Views in SwiftUI. Bei der Initialisierung übergeben Sie innerhalb eines Closures die View, die als Basis für die Navigationsstruktur dient. Von dieser View aus können Sie dann mithilfe eines `NavigationLink` eine neue View aufrufen.

Die Konfiguration eines `NavigationLink` ist ähnlich der eines `Button`. Sie müssen mindestens die folgenden zwei Informationen angeben:

- Das Aussehen des Buttons (im einfachsten Fall nutzen Sie hierfür einfach einen String mit dem Button-Titel)
- Die Ziel-View

Bei Betätigung des `NavigationLink` erfolgt dann automatisch der Aufruf der zugehörigen Ziel-View.

> **NavigationLink funktioniert nur unter einer NavigationView**
>
> Denken Sie daran, dass ein `NavigationLink` nur dann korrekt funktioniert, wenn Sie ihn aus einer `NavigationView` heraus aufrufen. Andernfalls kommt es zu keiner Einblendung der Ziel-View.
>
> Einzige Ausnahme von dieser Regel bildet watchOS. Mehr dazu erfahren Sie in Abschnitt 4.1.8, „Navigationsstrukturen unter watchOS".

Ein erstes Beispiel zum praktischen Einsatz von `NavigationView` und `NavigationLink` finden Sie in Listing 4.1. Die `ContentView` liefert darin eine `NavigationView` zurück, die über einen Titel und einen `NavigationLink` verfügt. Der `NavigationLink` besitzt den Titel „Navigate to DestinationView" und erhält über den `destination`-Parameter die anzuzeigende Ziel-View. Bei letzterer handelt es sich um eine Instanz von `DestinationView`, die schlicht den Titel „Destination" darstellt.

Listing 4.1 Einsatz von `NavigationView` und `NavigationLink`

```
struct ContentView: View {
    var body: some View {
        NavigationView {
            VStack {
                Text("Starting point")
                    .font(.largeTitle)
                    .padding()
                NavigationLink("Navigate to DestinationView", destination: DestinationView())
            }
        }
    }
}

struct DestinationView: View {
    var body: some View {
        Text("Destination")
            .font(.largeTitle)
    }
}
```

Betätigt man nun den mittels `NavigationLink` erzeugten Button, führt das zum Laden und Einblenden von `DestinationView`. Abhängig von der Ziel-Plattform, auf der man den Code aus Listing 4.1 ausführt, erfolgt diese Navigation auf unterschiedliche Art und Weise.

Unter iOS, watchOS und tvOS wird die View vollständig gewechselt. So ist entweder der Inhalt von ContentView oder der von DestinationView zu sehen. Beide nehmen den gesamten Display-Platz ein. Unter iOS und watchOS kann man über einen Zurück-Button am oberen linken Rand von der DestinationView zur ContentView zurückwechseln, unter tvOS nutzt man dazu den Menu-Button der Siri-Remote (siehe Bild 4.1).

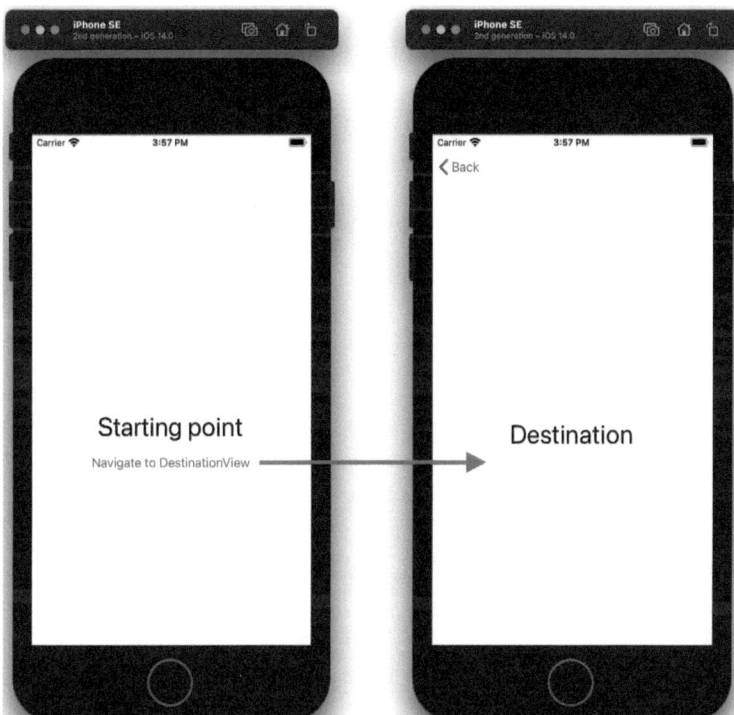

Bild 4.1 Unter iOS wird die Ziel-View einer NavigationView vollständig auf dem Display angezeigt.

In macOS und iPadOS hingegen stellt eine NavigationView die Start- und Ziel-View *nebeneinander* dar. Der Raum, der für die Ziel-View reserviert ist, ist hierbei standardmäßig leer und zeigt nichts an. Sobald man aber aus der Start-View heraus einen NavigationLink betätigt, erscheint die Ziel-View im zweiten Fenster (siehe Bild 4.2).

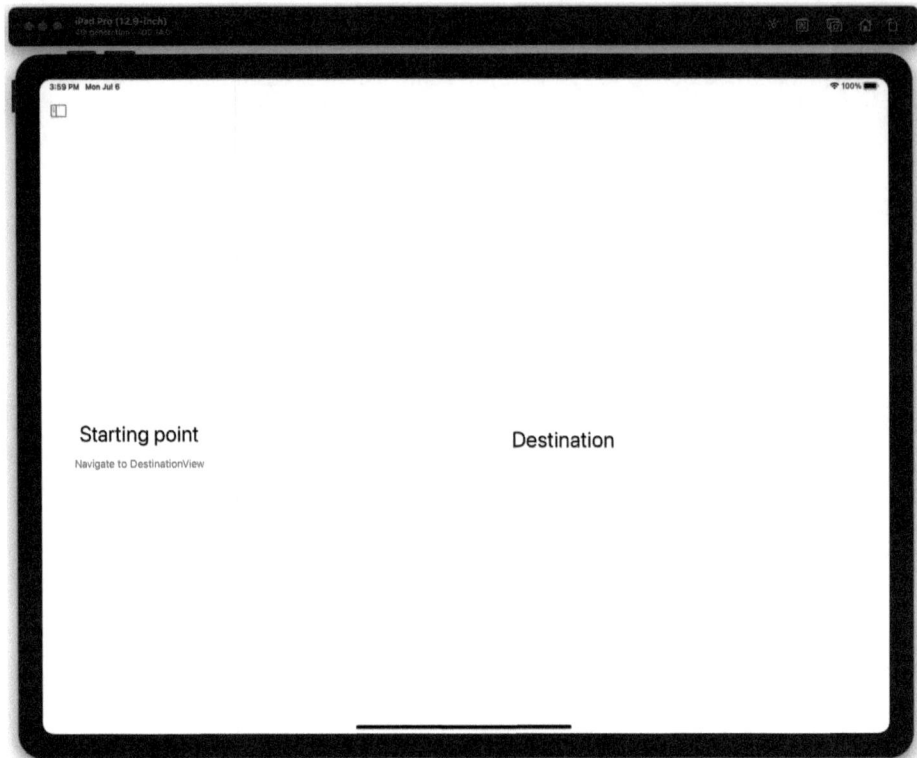

Bild 4.2 Auf iPad und Mac (und auch auf den iPhone-Modellen mit besonders großem Display) zeigt eine NavigationView ihre Start- und Ziel-View nebeneinander an.

 Maximum der View-Hierarchie

Unter iOS, watchOS und tvOS können Sie mithilfe von `NavigationView` und `NavigationLink` eine beliebig tiefe Verschachtelung vornehmen. So kann die erste Ziel-View eines `NavigationLink` selbst einen `NavigationLink` beinhalten, der eine weitere Ziel-View aufruft und so weiter. Sie können so Schritt für Schritt auch umfangreichere View-Hierarchien abbilden.

Unter macOS hingegen ist das in diesem Umfang nicht möglich. Eine `NavigationView` unterstützt dort nur eine Ziel-View. Von der aus lassen sich keine weiteren Views mittels `NavigationLink` mehr einblenden.

4.1.2 Festlegen einer Standardansicht für die Ziel-View

Unter macOS und iPadOS zeigt eine Navigation-View ihre Start- und Ziel-Ansicht nebeneinander an. Das ist prinzipiell wunderbar, sobald man einen `NavigationLink` aus der Start-Ansicht ausgewählt hat und so die gewünschte Ziel-View auf dem Display zu sehen ist. Doch bis dahin ist die verfügbare Fläche der Ziel-View einfach leer (siehe Bild 4.3).

Bild 4.3 Die Ziel-Ansicht einer NavigationView (hier im großen rechten Bereich zu sehen) ist standardmäßig leer.

Erfreulicherweise lässt sich recht unkompliziert eine Standardansicht festlegen, die solange im Bereich der Ziel-View angezeigt wird, bis der Nutzer von der Start-Ansicht aus einen `NavigationLink` aufruft. Dazu definiert man bei Initialisierung einer `NavigationView` nach der eigentlichen Hauptansicht eine weitere View. Diese View stellt dann die Standardansicht für den Ziel-Bereich dar. Ein Code-Beispiel dazu finden Sie in Listing 4.2, das zugehörige Ergebnis ist in Bild 4.4 zu sehen.

Listing 4.2 Definition einer Standard-View für die Ziel-Ansicht einer NavigationView

```
struct ContentView: View {
    var body: some View {
        NavigationView {
            Text("Master View")
                .font(.largeTitle)
            Text("Detail View")
                .font(.largeTitle)
        }
    }
}
```

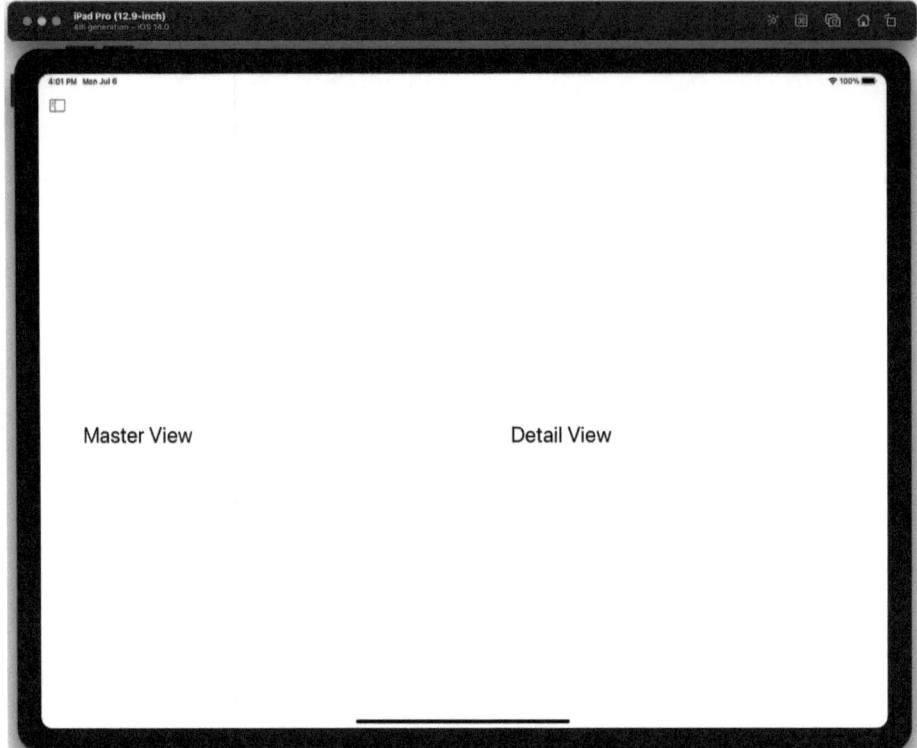

Bild 4.4 Eine zweite View, die man innerhalb einer NavigationView definiert, fungiert als Standardansicht für den Ziel-Bereich.

4.1.3 Ändern des NavigationView-Styles

Das grundlegende Aussehen und Verhalten einer `NavigationView` lässt sich mithilfe von Styles anpassen. Im SwiftUI-Framework stehen hierfür die folgenden Typen zur Verfügung:

- `DefaultNavigationViewStyle`: Der Standard-Style einer NavigationView. Er entspricht einem der folgenden Typen, abhängig davon, auf welcher Zielplattform eine View ausgeführt wird.
- `StackNavigationViewStyle`: Dieser Style ist der Standard unter iOS, watchOS und tvOS und steht unter macOS nicht zur Verfügung. Er unterbindet, dass Start- und Ziel-Ansicht nebeneinander dargestellt werden (so wie das unter iPadOS der Standard ist). Stattdessen nutzt bereits die Start-Ansicht der `NavigationView` den vollen ihr zur Verfügung stehenden Platz.
- `DoubleColumnNavigationStyle`: Dieser Style ist der Standard unter iPadOS und macOS. Er stellt Start- und Ziel-Ansicht nebeneinander dar. Unter watchOS steht der Style nicht zur Verfügung.

Um den Style einer `NavigationView` mithilfe der genannten Typen zu verändern, nutzen Sie den Modifier `navigationViewStyle(_:)` und übergeben ihm eine Instanz des gewünschten Style-Typs.

Ein Beispiel dazu finden Sie in Listing 4.3. Darin wird für eine `NavigationView` der `StackNavigationViewStyle` gesetzt. Dieser unterbindet, dass Start- und Ziel-Ansicht (beispielsweise unter iPadOS, siehe Bild 4.5) nebeneinander dargestellt werden.

Listing 4.3 Ändern des Styles einer NavigationView

```
struct ContentView: View {
    var body: some View {
        NavigationView {
            VStack {
                Text("Starting point")
                    .font(.largeTitle)
                    .padding()
                NavigationLink("Navigate to DestinationView", destination: Text("Destination"))
            }
        }
        .navigationViewStyle(StackNavigationViewStyle())
    }
}
```

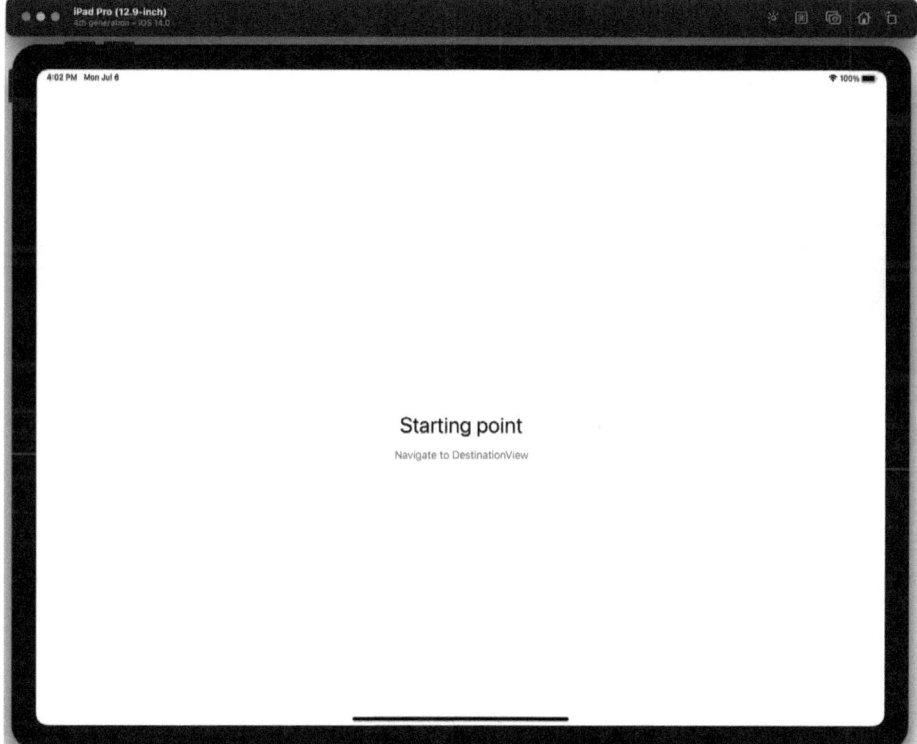

Bild 4.5 Mithilfe des StackNavigationViewStyle werden Start- und Ziel-Ansicht einer NavigationView auch unter iPadOS nicht mehr nebeneinander angezeigt.

4.1.4 Setzen eines NavigationView-Titels

Ein typisches Merkmal einer `NavigationView` ist ihr optionaler Titel. Um einen solchen zu setzen, nutzen Sie den `navigationTitle(_:)`-Modifier und übergeben ihm den gewünschten Titel.

Zwei Punkte sind in diesem Zusammenhang wichtig:

1. Sie rufen diesen Modifier *nicht* direkt auf eine `NavigationView`-Instanz auf, sondern stattdessen auf die erste View, die Sie innerhalb der `NavigationView` definieren.
2. Der Modifier steht unter macOS nicht zur Verfügung.

Ein Beispiel zum Einsatz des `navigationTitle(_:)`-Modifiers finden Sie in Listing 4.4. Er wird darin auf einem `VStack` aufgerufen, bei dem es sich um die Start-Ansicht einer `NavigationView` handelt. Als Titel kommt „My App" zum Einsatz (siehe Bild 4.6).

Listing 4.4 Setzen eines Titels für eine NavigationView

```
struct ContentView: View {
    var body: some View {
        NavigationView {
            VStack {
                Text("Starting point")
                    .font(.largeTitle)
                    .padding()
                NavigationLink("Navigate to DestinationView", destination: Text("Destination"))
            }
            .navigationTitle("My App")
        }
    }
}
```

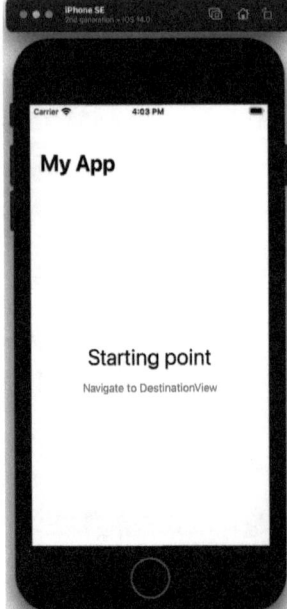

Bild 4.6
Mithilfe des navigationTitle(_:)-Modifiers lässt sich ein Titel für eine NavigationView setzen.

Display-Mode des Titels ändern

Unter iOS können Sie nicht nur einen Titel für eine `NavigationView` definieren, sondern auch dessen Erscheinungsbild anpassen. Dazu nutzen Sie den `navigationBarTitle(_:displayMode:)`-Modifier. Der erwartet – neben dem Titel der Navigation-View – einen Wert vom Typ `NavigationBarItem.TitleDisplayMode`. Bei Letzterem handelt es sich um eine Enumeration, die über die folgenden Werte verfügt:

- `.automatic` leitet das Erscheinungsbild des Titels automatisch ab (und orientiert sich dabei an der entsprechenden Einstellung der vorherigen View).
- `.inline` zeigt den Titel innerhalb der Navigation-Bar an.
- `.large` zeigt einen groß formatierten Titel in einer vergrößerten Navigation-Bar an.

In Listing 4.5 sehen Sie den beispielhaften Einsatz des `navigationBarTitle(_:display-Mode:)`-Modifiers. Als Wert für den `displayMode`-Parameter kommt darin `.inline` zum Einsatz. Das Ergebnis unter iOS zeigt Bild 4.7.

Listing 4.5 Ändern des Display-Modes eines NavigationView-Titels

```
struct ContentView: View {
    var body: some View {
        NavigationView {
            VStack {
                Text("Starting point")
                    .font(.largeTitle)
                    .padding()
                NavigationLink("Navigate to DestinationView", destination: Text("Destination"))
            }
            .navigationBarTitle("My App", displayMode: .inline)
        }
    }
}
```

Bild 4.7
Unter iOS lässt sich das Erscheinungsbild des Titels einer NavigationView anpassen.

4.1.5 Navigation-Bar ausblenden

Auf allen Apple-Plattformen – macOS ausgeschlossen – können Sie die Navigation-Bar einer `NavigationView` mithilfe des `navigationBarHidden(_:)`-Modifiers auch ausblenden. Wie zuvor beim Setzen eines Titels (siehe Abschnitt 4.1.4) rufen Sie den Modifier nicht direkt auf einer `NavigationView` selbst, sondern auf der darin enthaltenen View auf. Über den booleschen Parameter des Modifiers regeln Sie, ob die Navigation-Bar sichtbar ist (`false`) oder nicht (`true`).

Listing 4.6 zeigt ein Beispiel dazu. Die darin deklarierte `NavigationView` enthält einen `VStack` inklusive eines Titels für die Navigation-Bar. Der Status `hideNavigationBar` soll die Sichtbarkeit der Navigation-Bar steuern und wird dem `navigationBarHidden(_:)`-Modifier als Parameter übergeben. Über einen Button am Ende des `VStack` lässt sich der Status ändern, was zum wechselnden Aus- beziehungsweise Einblenden der Navigation-Bar führt (siehe Bild 4.8).

Listing 4.6 Ausblenden der Navigation-Bar

```
struct ContentView: View {
    @State private var hideNavigationBar = false

    var body: some View {
        NavigationView {
            VStack {
                Text("Starting point")
                    .font(.largeTitle)
                    .padding()
                NavigationLink("Navigate to DestinationView", destination: Text("Destination"))
                Divider()
                Button(action: {
                    self.hideNavigationBar.toggle()
                }) {
                    Text("Toggle navigation bar visibility")
                }
            }
            .navigationTitle("My App")
            .navigationBarHidden(hideNavigationBar)
        }
    }
}
```

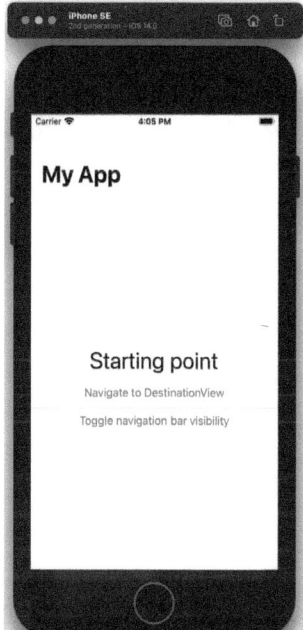 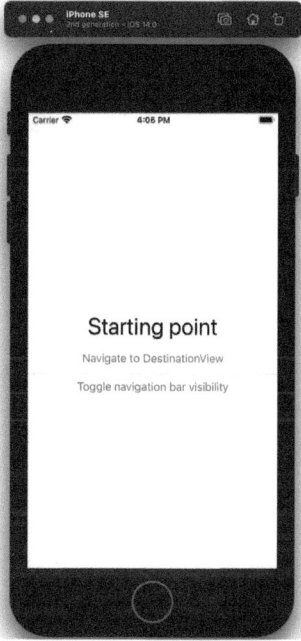

Bild 4.8 Mithilfe des „Toggle navigation bar visibility"-Buttons ändert man die Sichtbarkeit der Navigation-Bar.

4.1.6 Setzen von Navigation-Bar-Items

Bei Navigation-Bar-Items handelt es sich um Views (typischerweise Buttons) die am linken und/oder rechten Rand einer Navigation-Bar platziert werden. Sie lassen sich in SwiftUI unter iOS und tvOS setzen, wofür einer der folgenden drei Modifier zum Einsatz kommt:

- `navigationBarItems(leading:)` platziert Navigation-Bar-Items am linken Rand der Navigation-Bar.
- `navigationBarItems(trailing:)` platziert Navigation-Bar-Items am rechten Rand der Navigation-Bar.
- `navigationBarItems(leading:trailing:)` platziert Navigation-Bar-Items am linken und rechten Rand der Navigation-Bar.

Alle drei Modifier erwarten als Parameter eine View, die an der jeweiligen Stelle als Navigation-Bar-Item dargestellt werden soll. Des Weiteren ruft man diese Modifier – genau wie beispielsweise beim Setzen eines Titels für eine `NavigationView` (siehe Abschnitt 4.1.4) – nicht direkt auf einer `NavigationView`, sondern stattdessen auf der darin enthaltenen View auf.

In Listing 4.7 finden Sie dazu ein Beispiel auf Basis des `navigationBarItems(leading:trailing:)`-Modifiers. Es basiert auf einer `NavigationView`, die einen einzelnen Titel anzeigt. Der Inhalt dieses Titels wird über den `title`-Status gesteuert und besitzt den Standardwert „Default". Mithilfe von Navigation-Bar-Items lässt sich dieser Titel ändern.

Der leading-Parameter des navigationBarItems(leading:trailing:)-Modifiers setzt sich aus einem einzelnen Button zusammen, der den Titel jederzeit auf „Default" zurücksetzt. Der trailing-Parameter hingegen basiert auf einem HStack, der selbst wiederum aus zwei Buttons besteht. Diese beiden Buttons werden so nebeneinander am oberen rechten Rand der Navigation-Bar platziert. Auch sie dienen zur Aktualisierung des Titels und ändern dessen Wert entweder auf „Title 1" oder auf „Title 2" (siehe Bild 4.9).

Listing 4.7 Setzen von Navigation-Bar-Items

```swift
struct ContentView: View {
    @State private var title = "Default"

    var body: some View {
        NavigationView {
            Text(title)
                .font(.largeTitle)
                .navigationTitle("My App")
                .navigationBarItems(leading:
                    Button(action: {
                        self.title = "Default"
                    }) {
                        Text("Default")
                    },
                    trailing: HStack {
                        Button(action: {
                            self.title = "Title 1"
                        }) {
                            Text("Title 1")
                        }
                        Button(action: {
                            self.title = "Title 2"
                        }) {
                            Text("Title 2")
                        }
                    })
        }
    }
}
```

Bild 4.9
Die Navigation-Bar-Items werden an den äußeren Rändern einer Navigation-Bar platziert.

4.1.7 Alternatives Auslösen eines NavigationLink

Standardmäßig löst man einen NavigationLink durch eine Betätigung des entsprechenden Elements aus. Es gibt in SwiftUI aber noch zwei Alternativen, mit denen sich ein NavigationLink auch mithilfe eines Status aktivieren lässt. Im Folgenden stelle ich Ihnen beide Techniken vor.

Einfacher Status

Sie können einen NavigationLink mit einem Binding vom Typ Bool verknüpfen. Sobald das Binding true entspricht, wird der NavigationLink ausgelöst, und zwar ohne dass der NavigationLink dafür explizit ausgewählt werden muss.

Um einem NavigationLink ein solches Binding zu übergeben, nutzt man den isActive-Parameter. Ein Beispiel dazu zeigt Listing 4.8. Darin erfolgt die Deklaration einer NavigationView, die sich auf Basis eines VStack aus zwei Elementen zusammensetzt: einem NavigationLink und einem „herkömmlichen" Button.

Der NavigationLink erhält über den isActive-Parameter ein Binding für den gleichnamigen Status isActive, der als Teil von ContentView deklariert ist. Sobald dieser Status true entspricht, führt das zur Auslösung des NavigationLink; ganz so, als hätte man ihn explizit ausgewählt. Demonstriert wird dieses Verhalten mithilfe des Buttons, der eben jenen isActive-Status nach Betätigung auf true setzt. Das Betätigen des Buttons löst also ebenfalls den NavigationLink aus und führt zum Einblenden der entsprechenden Ziel-View.

Listing 4.8 Aktivieren eines NavigationLink mittels Status

```
struct ContentView: View {
    @State private var isActive = false

    var body: some View {
        NavigationView {
            VStack(spacing: 40) {
                NavigationLink("Navigation link", destination: Text("Destination"), isActive: $isActive)
                Button(action: {
                    self.isActive = true
                }) {
                    Text("Activate navigation link")
                }
            }
            .padding()
        }
    }
}
```

Der Einsatz dieser Technik bietet sich immer dann an, wenn verschiedene Faktoren zur Auslösung eines NavigationLink führen können (und somit nicht nur die explizite Betätigung eines NavigationLink).

Dynamischer Status

Manchmal reicht ein einfacher Status, wie er im vorherigen Abschnitt erläutert wurde, zur Steuerung eines NavigationLink nicht aus. Das trifft insbesondere dann zu, wenn solche Navigation-Links dynamisch erzeugt werden (beispielsweise mittels einer List- oder ForEach-View).

Um einen NavigationLink dann auszulösen, kann man alternativ einem NavigationLink einen statischen *Tag* zuweisen. Ein Tag kann jeder beliebigen Instanz entsprechen, solange diese konform zum Hashable-Protokoll aus der Swift Standard Library ist. Zusätzlich verknüpft man den NavigationLink mit einem Binding, das demselben Typ entspricht wie der Tag.

Sobald das Binding den Wert annimmt, der mit dem Tag eines NavigationLink übereinstimmt, wird der NavigationLink ausgelöst. Das zugrunde liegende Prinzip ist demnach identisch mit dem Einsatz eines einfachen Status, so wie zuvor beschrieben. Nur kommt statt eines Boolean-Datentyps, der die Aktivierung eines NavigationLink steuert, nun ein beliebiger Hashable-Typ zum Einsatz.

Ein Beispiel für den Einsatz eines solchen dynamischen Status sehen Sie in Listing 4.9. Es basiert auf einer Listenansicht, die Zahlen aus einem Array aufführt. Die Zellen entsprechen NavigationLink-Instanzen, denen als Tag die jeweilige Zahl zugewiesen wird, die sie auch mittels Text darstellen. Dazu kommt der tag-Parameter bei der Initialisierung des NavigationLink zum Einsatz.

Zusätzlich verfügt die Ansicht über einen Button am oberen rechten Rand der Navigation-Bar. Dieser soll bei Betätigung jenen NavigationLink aus der Liste auslösen, der der Zahl 99 entspricht. Dazu kommt ein Status namens selectedNumber zum Einsatz, der den Wert der aktuell ausgewählten Zahl speichert. Dieser Status wird mittels selection-

Parameter mit den `NavigationLink`-Instanzen verknüpft. Bei Betätigung des Buttons aus der Navigation-Bar wird dem `selectedNumber`-Status explizit der Wert 99 zugewiesen.

Das führt dazu, dass bei Aktualisierung von `selectedNumber` automatisch jener `NavigationLink` ausgeführt wird, dessen Tag mit dem `selectedNumber`-Status übereinstimmt (in diesem Beispiel ist das die zweite Zelle der Liste).

Listing 4.9 Auslösen eines NavigationLink mittels Tag und Selection-Status

```
struct ContentView: View {
    private let numbers = [19, 99, 118]
    
    @State private var selectedNumber: Int?
    
    var body: some View {
        NavigationView {
            List(numbers, id: \.self) { number in
                NavigationLink("\(number)", destination: Text("\(number)"), tag: number, selection: self.$selectedNumber)
            }
            .navigationBarItems(trailing:
                Button(action: {
                    self.selectedNumber = 99
                }) {
                    Text("99")
                }
            )
            .navigationTitle("Numbers")
        }
    }
}
```

4.1.8 Navigationsstrukturen unter watchOS

Unter watchOS lassen sich Navigationsstrukturen optional auch ohne Einsatz einer `NavigationView` umsetzen. So reicht es bereits aus, direkt innerhalb einer View einen `NavigationLink` zu nutzen, um darüber eine andere View aufzurufen.

Anpassungen am Erscheinungsbild einer Navigation-View lassen sich unter watchOS jedoch nicht vornehmen. So unterstützt watchOS beispielsweise keine Navigation-Bar-Items, die am oberen linken und rechten Rand eingeblendet werden; die zugehörigen Modifier wie `navigationBarItems(leading:)` und `navigationBarItems(trailing:)` stehen unter watchOS nicht zur Verfügung.

Ein einfaches Beispiel zur Umsetzung von Navigationsstrukturen unter watchOS finden Sie in Listing 4.10. Darin wird eine Liste mit Zahlen auf Basis eines Arrays erzeugt, die Auswahl einer Zelle führt zum Wechsel in eine Detailansicht (siehe Bild 4.10).

Listing 4.10 Erstellen einer Navigationsstruktur unter watchOS

```
struct ContentView: View {
    private let numbers = [19, 99, 118]

    var body: some View {
        List(numbers, id: \.self) { number in
            NavigationLink("\(number)", destination: Text("\(number)"))
        }
        .navigationTitle("Numbers")
    }
}
```

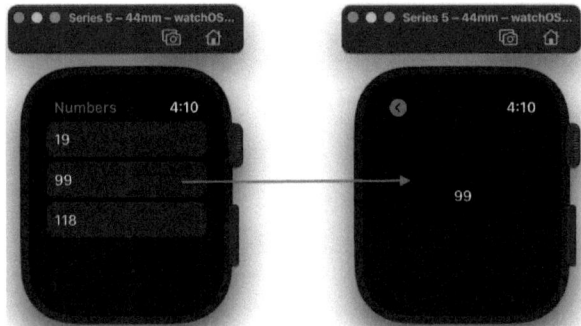

Bild 4.10 Unter watchOS braucht man nicht zwingend eine NavigationView, um in den Apps eine Navigationsstruktur umzusetzen.

■ 4.2 TabView

Mithilfe einer `TabView` untergliedern Sie verschiedene Views, die Sie mittels eines passenden Tab-Bar-Items auswählen und so aktivieren können. Eine `TabView` stellt oft den Startpunkt einer App dar, über die der Nutzer dann komfortabel zwischen verschiedenen Funktionen hin und her springen kann.

Eine `TabView` lässt sich unter allen Apple-Plattformen nutzen, ihre jeweilige Darstellung unterscheidet sich bisweilen aber stark von Plattform zu Plattform. Bild 4.11 stellt das Aussehen einer `TabView` einmal beispielhaft unter macOS und iOS gegenüber.

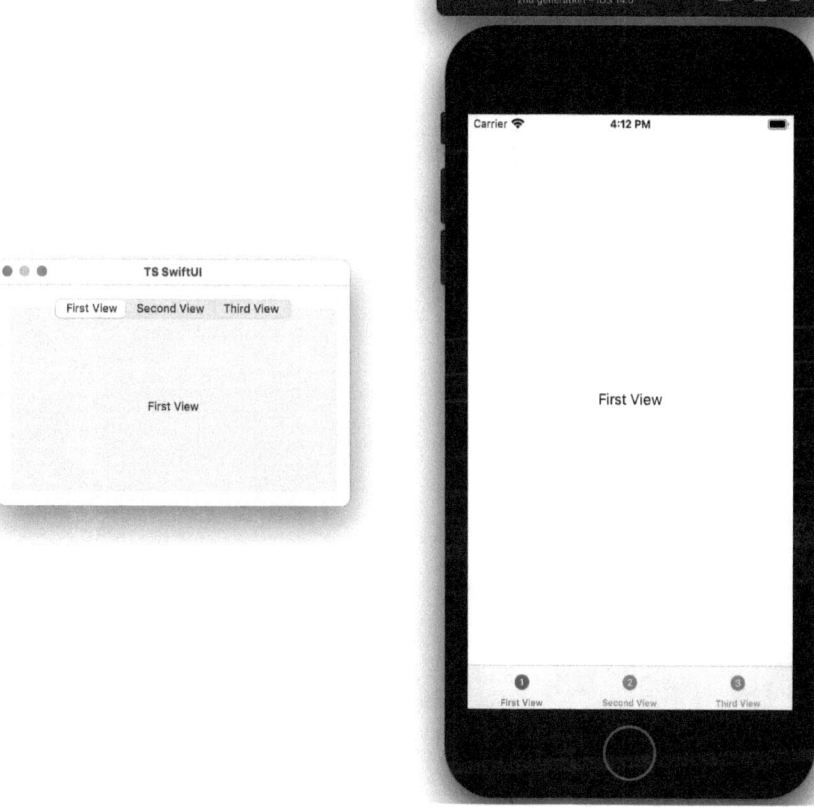

Bild 4.11 Darstellung und Position einer TabView unterscheiden sich von Plattform zu Plattform.

4.2.1 Grundlagen

Eine `TabView` wird auf ähnliche Art und Weise erzeugt wie Stacks oder eine `NavigationView`. In Form eines Closures übergibt man alle Views, die Teil der `TabView` sind und über entsprechende Tab-Bar-Items aufgerufen werden können.

Ein einfaches Beispiel dazu finden Sie in Listing 4.11. Die darin erzeugte `TabView` setzt sich aus insgesamt drei Views zusammen, die jeweils einen Text darstellen (siehe Bild 4.12).

Listing 4.11 Erstellen einer einfachen TabView

```
struct ContentView: View {
    var body: some View {
        TabView {
            Text("First View")
            Text("Second View")
            Text("Third View")
        }
    }
}
```

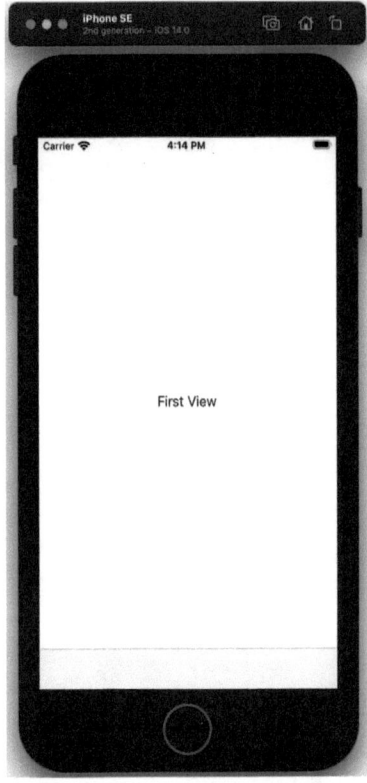

Bild 4.12
Eine TabView zeigt zunächst standardmäßig die erste in ihr enthaltene View an.

Das alleine ist in der Regel aber nicht ausreichend, um eine `TabView` umzusetzen. Denn so fehlen noch die passenden Tab-Bar-Items für die verschiedenen Views, die innerhalb der Tab-Bar dargestellt werden.

Um die Tab-Bar-Items zu setzen, nutzt man den Modifier `tabItem(_:)` und ruft diesen auf jeder View innerhalb einer `TabView` auf. Über den `tabItem(_:)`-Modifier liefert man in Form eines Closures eine neue View zurück. Dabei handelt es sich um genau jene View, die als Tab-Bar-Item dargestellt werden soll.

Tab-Bar-Items bestehen in der Regel aus Text und einem optionalen Bild. In Listing 4.12 finden Sie eine Erweiterung des Beispiels aus Listing 4.11, in dem jede View mittels `tabItem(_:)`-Modifier um ein passendes Tab-Bar-Item ergänzt wird (siehe Bild 4.13).

Listing 4.12 Setzen von Tab-Bar-Items

```swift
struct ContentView: View {
    var body: some View {
        TabView {
            Text("First View")
                .tabItem {
                    Image(systemName: "1.circle.fill")
                    Text("First View")
                }
            Text("Second View")
                .tabItem {
```

```
                    Image(systemName: "2.circle.fill")
                    Text("Second View")
                }
            Text("Third View")
                .tabItem {
                    Image(systemName: "3.circle.fill")
                    Text("Third View")
                }
        }
    }
}
```

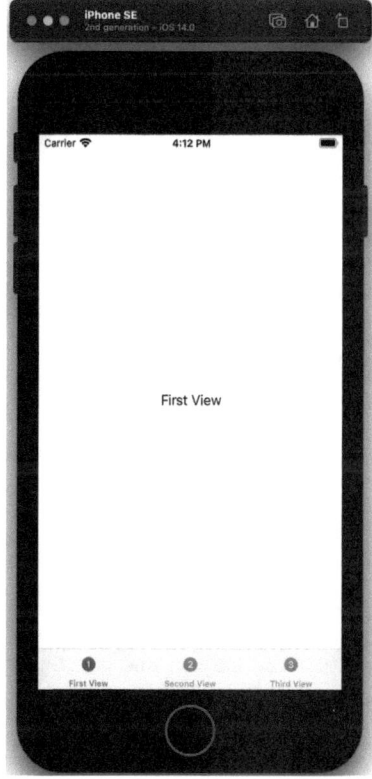

Bild 4.13
Dank der Tab-Bar-Items lässt sich nun komfortabel zwischen den verschiedenen Views einer TabView wechseln.

 Tab-Bar-Items unterstützen nur Text und Image

Auch wenn der `tabItem(_:)`-Modifier als Ergebnis prinzipiell jede beliebige View akzeptiert, werden für Tab-Bar-Items nur Text- und Image-Views (oder ein Image gefolgt von einem Text, so wie in Listing 4.12 zu sehen) akzeptiert. Wenn Sie eine andere View als Ergebnis zurückliefern, wird das entsprechende Tab-Bar-Item lediglich als leere View dargestellt.

Unter watchOS spielen Tab-Bar-Items indes gar keine Rolle; aufgrund des fehlenden Platzes auf dem kleinen Display der Apple Watch werden sie schlicht nicht angezeigt. Stattdessen wechselt man unter watchOS per Wischgeste zwischen den verschiedenen Views einer `TabView`. Ein Page-Indicator am unteren Rand verrät dem Nutzer die aktuelle Position innerhalb der `TabView`-Navigation (siehe Bild 4.14).

Bild 4.14 Unter watchOS wechselt man mittels Wischgesten zwischen den verschiedenen Views einer TabView.

4.2.2 Programmatisches Wechseln eines Tab-Bar-Items

Sie können auch programmatisch zwischen den verschiedenen Views einer `TabView` wechseln. Basis hierfür ist der `selection`-Parameter, dem Sie bei Initialisierung einer `TabView` einen passenden Wert zuweisen müssen. Es handelt sich bei ihm um ein Binding eines beliebigen Typs, der aber konform zum `Hashable`-Protokoll sein muss.

Der Wert dieses Parameters wird bei einer Änderung mit den Tags der in `TabView` enthaltenen Views abgeglichen. Gibt es eine Übereinstimmung, erfolgt die Anzeige der zugehörigen View.

Dieses Zusammenspiel aus Selection-Status und Tag können Sie nutzen, um aktiv einen Ansichtswechsel innerhalb einer `TabView` herbeizuführen (ohne dass der Nutzer aktiv ein Tab-Bar-Item für den View-Wechsel auswählen muss).

Ein passendes Beispiel dazu finden Sie in Listing 4.13. Es basiert auf einer `TabView`, die sich aus insgesamt zwei Views zusammensetzt (Instanzen der Typen `FirstView` und `SecondView`). Sie erhalten mithilfe des `tag(_:)`-Modifiers je einen passenden Tag vom Typ `Int` (1 und 2). Gleichzeitig definiert ein Status namens `selectedTabView`, welche der beiden Views innerhalb der `TabView` aktiv ist.

Dieser Status wird der `TabView` bei der Initialisierung in Form eines Bindings als `selection`-Parameter übergeben. Ändert sich so der Wert von `selectedTabView`, wird diejenige View innerhalb von `TabView` angezeigt, deren Tag mit dem Wert von `selectedTabView` übereinstimmt.

FirstView und SecondView erhalten jeweils ebenfalls Zugriff auf den selectedTabView-Status. Beide setzen sich aus einem Button zusammen, der diesen Status verändert, um von der FirstView zur SecondView zu wechseln und umgekehrt. Eine Betätigung dieser Buttons führt entsprechend genauso zu einem View-Wechsel wie die Auswahl des passenden Tab-Bar-Items.

Listing 4.13 Einsatz eines Selection-Status zum Wechseln der aktiven TabView-Ansicht

```
struct ContentView: View {
    @State private var selectedTabView = 1

    var body: some View {
        TabView(selection: $selectedTabView) {
            FirstView(selectedTabView: $selectedTabView)
                .tabItem {
                    Image(systemName: "1.circle.fill")
                    Text("First View")
                }
                .tag(1)
            SecondView(selectedTabView: $selectedTabView)
                .tabItem {
                    Image(systemName: "2.circle.fill")
                    Text("Second View")
                }
                .tag(2)
        }
    }
}

struct FirstView: View {
    @Binding var selectedTabView: Int

    var body: some View {
        Button(action: {
            self.selectedTabView = 2
        }) {
            Text("Go to second view")
        }
    }
}

struct SecondView: View {
    @Binding var selectedTabView: Int

    var body: some View {
        Button(action: {
            self.selectedTabView = 1
        }) {
            Text("Go to first view")
        }
    }
}
```

4.3 HSplitView und VSplitView

`HSplitView` und `VSplitView` sind Elemente, die nur unter macOS zur Verfügung stehen. Es handelt sich bei ihnen um Container-Views, die ein oder mehrere Views aufnehmen und horizontal nebeneinander (`HSplitView`) beziehungsweise vertikal untereinander (`VSplitView`) anordnen. Im Grunde besitzen sie so eine große Ähnlichkeit mit `HStack` und `VStack`. Zusätzlich lässt sich mithilfe einer Trennlinie zwischen den Views deren Größe dynamisch anpassen.

Ein Beispiel zum Einsatz einer `VSplitView` finden Sie in Listing 4.14. Sie setzt sich aus drei Text-Views zusammen, die untereinander angeordnet werden (siehe Bild 4.15).

Listing 4.14 Erstellen einer VSplitView-Instanz

```
struct ContentView: View {
    var body: some View {
        VSplitView {
            Group {
                Text("First View")
                Text("Second View")
                Text("Third View")
            }
            .frame(width: 100, height: 50)
        }
        .frame(width: 300, height: 300)
        .padding()
    }
}
```

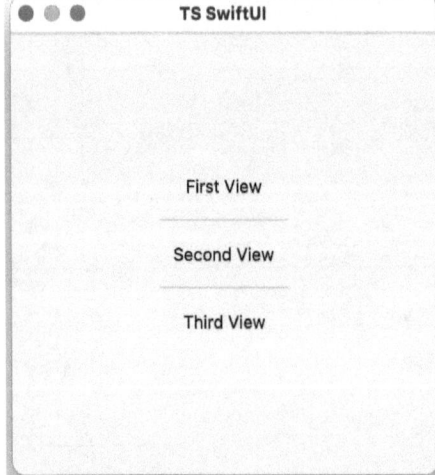

Bild 4.15
Mithilfe von HSplitView und VSplitView lassen sich mehrere Views unter macOS nebeneinander anordnen.

4.4 Sheet

Sheets entsprechen Ansichten, die sich über eine bestehende View legen. Sie dienen meist zum Einblenden von Informationen oder zum Zugriff auf weitere Funktionen, die mit der zugrunde liegenden Ansicht zusammenhängen, dort aber direkt nicht untergebracht werden sollen. Beispielsweise könnte man via Sheet neue Elemente für eine zugrunde liegende Liste erzeugen. Oder man blendet ergänzende Details zu einem ausgewählten Element ein.

Um eine View als Sheet in SwiftUI einzublenden, nutzt man entsprechende Modifier. Diese setzen sich immer aus wenigstens zwei Informationen zusammen:

- Ein Status, der das Ein- beziehungsweise Ausblenden des Sheets steuert.
- Die als Sheet anzuzeigende View.

Der Status regelt, ob ein Sheet sichtbar ist oder nicht. Es gibt in SwiftUI zwei Möglichkeiten, einen solchen Status umzusetzen. Welche der beiden Varianten man verwendet, hängt letztlich davon ab, ob die einzublendende View einen ergänzenden dynamischen Parameter erhalten soll oder nicht.

In den folgenden Abschnitten stelle ich Ihnen beide Varianten sowie alle weiteren wichtigen Informationen zur Arbeit mit Sheets in SwiftUI vor.

4.4.1 Sheet auf Basis eines Boolean

Die wohl einfachste Form zur Einblendung eines Sheets erfolgt mithilfe eines Boolean. Das Boolean fungiert als Status, das die Sichtbarkeit des Sheets steuert. Entspricht es `true`, wird das Sheet angezeigt, andernfalls nicht.

Zum Einblenden eines Sheets auf diese Art und Weise nutzen Sie den Modifier `sheet(isPresented:onDismiss:content:)`. Dem `isPresented`-Parameter übergeben Sie das beschriebene Boolean als Binding, `content` erwartet die anzuzeigende View als Rückgabewert eines Closures (vergleichbar mit Stacks und anderen Container-Views). Der `onDismiss`-Parameter ist optional, mehr dazu erfahren Sie in Abschnitt 4.4.3, „Reaktion auf Ausblenden eines Sheets".

Ein Beispiel zum Einsatz des beschriebenen Modifiers finden Sie in Listing 4.15. Darin erfolgt die Implementierung eines Buttons, bei dessen Betätigung ein Sheet in Form einer simplen `Text`-View eingeblendet werden soll. Das Sheet verfügt zusätzlich über einen Button zum Ausblenden des Sheets. Die Sichtbarkeit des Sheets wird über einen Status in Form der `showsSheet`-Property gesteuert. Ist sie `true`, wird das Sheet eingeblendet, andernfalls nicht. Durch Betätigen des „Show sheet"-Buttons erfolgt ein Setzen dieser Property auf `true`, der „Dismiss"-Button setzt ihn zurück auf `false`.

Der `sheet(isPresented:onDismiss:content:)`-Modifier ist mit dem `showsSheet`-Status in Form eines Bindings verknüpft. Über das Closure wird die anzuzeigende View definiert, sollte `showsSheet` dem Wert `true` entsprechen. So führt das Betätigen des „Show sheet"-Buttons zum Einblenden des Sheets, der „Dismiss"-Button blendet es wieder aus (siehe Bild 4.16).

Listing 4.15 Einblenden eines Sheets auf Basis eines booleschen Status

```
struct ContentView: View {
    @State private var showsSheet = false

    var body: some View {
        Button("Show sheet") {
            self.showsSheet = true
        }
        .frame(width: 150, height: 200)
        .padding()
        .sheet(isPresented: $showsSheet) {
            VStack {
                Text("Sheet")
                Button("Dismiss") {
                    self.showsSheet = false
                }
            }
            .padding()
        }
    }
}
```

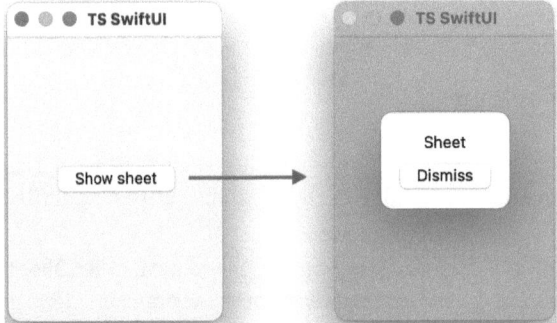

Bild 4.16 Mithilfe eines Modifiers und eines booleschen Status lässt sich die Sichtbarkeit eines Sheets steuern.

4.4.2 Sheet auf Basis eines Identifiable-Items

In manchen Fällen soll nicht einfach nur ein statisches Sheet (beispielsweise bei Betätigen eines Buttons) eingeblendet werden. Stattdessen soll das Sheet zusätzlich eine dynamische Information erhalten, die für die Darstellung und/oder Bearbeitung notwendig ist.

Betrachten wir dazu zum besseren Verständnis das folgende Beispiel: Es soll eine Liste mit Einträgen von Personen umgesetzt werden, wobei die Auswahl einer Person ein Sheet mit weiteren Informationen einblendet. Das Sheet muss demnach wissen, auf welcher Person die anzuzeigenden Informationen basieren.

Für solche Fälle steht in SwiftUI der sheet(item:onDismiss:content:)-Modifier zur Verfügung. Spannend wird es direkt beim ersten Parameter item. Dabei handelt es sich um ein Binding eines beliebigen Typs, solange dieser Typ konform zum Identifiable-Protokoll ist.

Außerdem verweist dieses Binding auf ein Optional. Das bedeutet, dass das Binding womöglich über keine passende Instanz verfügt.

Genau das ist zugleich aber auch die Grundlage für die Funktionsweise dieses Modifiers! Denn der item-Parameter steuert, ob das zugehörige Sheet sichtbar ist oder nicht. Existiert für das Binding eine Instanz, wird das Sheet angezeigt, andernfalls nicht.

Die Instanz, auf die item verweist, erhält man übrigens auch über den finalen content-Parameter. Bei ihm handelt es sich um ein Closure, das als Rückgabewert die als Sheet anzuzeigende View erwartet. Dieses Closure übergibt gleichzeitig einen Verweis auf die zuvor definierte item-Instanz. Über den optionalen onDismiss-Parameter erfahren Sie im nächsten Abschnitt mehr.

In Listing 4.16 sehen Sie ein Beispiel zum Einsatz des sheet(item:onDismiss:content:)-Modifiers. Es basiert auf einer Liste aus Person-Instanzen. Person ist eine Structure, die konform zum Identifiable-Protokoll ist. ContentView deklariert eine State-Property vom Typ Person?, die als Binding mit dem item-Parameter des Modifiers gekoppelt ist. Das hat zur Folge, dass das zugehörige Sheet immer dann eingeblendet wird, wenn die State-Property person einen validen Wert besitzt.

Genau das geschieht innerhalb der Liste. Jede Person-Instanz aus dem persons-Array wird darin als Button umgesetzt. Wird ein Button betätigt, führt das dazu, dass die zugehörige Person-Instanz der person-Property zugewiesen wird; entsprechend erscheint im gleichen Zuge auch das Sheet. Das Sheet selbst wiederum greift über den Closure-Parameter auf die ausgewählte Person zu und nutzt dessen name-Property, um den Namen auf dem Display auszugeben (siehe Bild 4.17).

Listing 4.16 Einblenden eines Sheets auf Basis eines Identifiable-Items

```
struct Person: Identifiable {
    var id = UUID()
    var name: String
}

struct ContentView: View {
    @State private var person: Person?

    private let persons = [
        Person(name: "Thomas"),
        Person(name: "Michaela"),
        Person(name: "Tobias")
    ]

    var body: some View {
        List(persons) { person in
            Button(action: {
                self.person = person
            }) {
                Text(person.name)
            }
        }
        .sheet(item: $person) {
            Text($0.name)
        }
    }
}
```

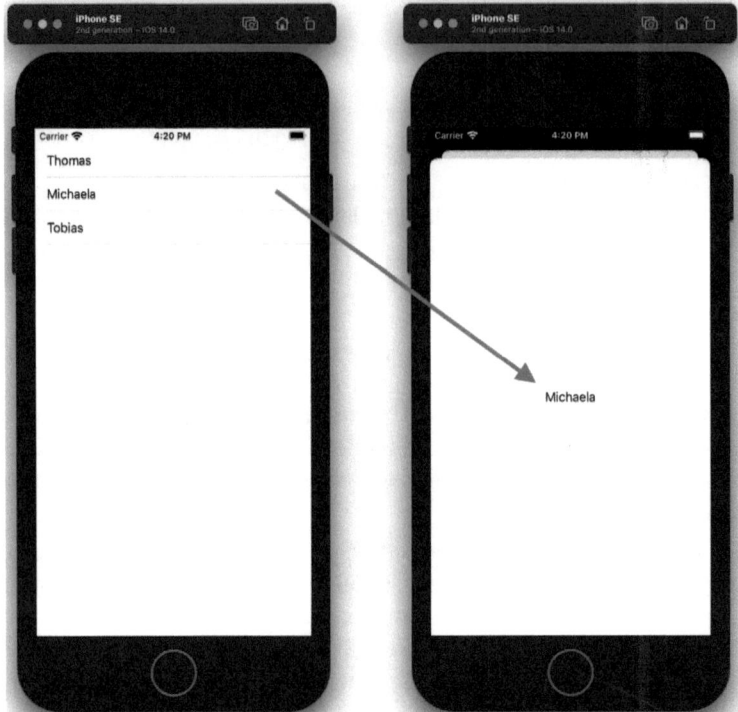

Bild 4.17 Sheets können auch auf Basis eines Identifiable-Items eingeblendet werden.

4.4.3 Reaktion auf Ausblenden eines Sheets

Die in den beiden vorangegangenen Abschnitten genannten Modifier verfügen über einen optionalen Parameter namens `onDismiss`. Dieser erwartet ein Closure, das selbst über keine Parameter verfügt und keinen Rückgabewert besitzt. Es wird ausgelöst, sobald ein Sheet wieder ausgeblendet wird. Entsprechend kann man den `onDismiss`-Parameter dazu nutzen, in genau diesem Fall zusätzliche Befehle auszuführen.

Ein simples Beispiel, um einmal den Einsatz des `onDismiss`-Parameters zu demonstrieren, finden Sie in Listing 4.17. Er wird darin genutzt, eine Meldung auf der Konsole auszugeben, sobald das zugehörige Sheet ausgeblendet wird.

Listing 4.17 Ausführung von Befehlen bei Ausblenden eines Sheets

```
struct ContentView: View {
    @State private var showsSheet = false

    var body: some View {
        Button("Show sheet") {
            self.showsSheet = true
        }
        .sheet(isPresented: $showsSheet, onDismiss: {
            print("Dismiss ...")
        }) {
```

```
            Text("Sheet")
        }
    }
}
```

4.5 Alert

Bei Alerts handelt es sich um Meldungen, die eine Information enthalten und über die optional eine begrenzte Anzahl von Aktionen zur Verfügung steht, die ein Nutzer auswählen kann (siehe Bild 4.18).

Bild 4.18
Alerts dienen zur Anzeige von Meldungen, die mit ein oder zwei auswählbaren Aktionen verknüpft sind.

Alerts basieren auf der Structure `Alert` und setzen sich aus insgesamt drei Komponenten zusammen:

- **Titel:** Der Titel des Alerts, der entsprechend hervorgehoben wird.
- **Nachricht (optional):** Eine ergänzende Nachricht, die weitere Informationen zum Alert enthält.
- **Action-Buttons:** Jeder Alert besitzt wenigstens einen und maximal zwei Buttons. Über sie wird der Alert immer ausgeblendet, zusätzlich können sie mit weiteren Aktionen verknüpft werden.

4.5.1 Erstellen eines Alert

Um einen Alert anzeigen zu können, muss man zunächst eine entsprechende Instanz auf Basis der `Alert`-Structure erzeugen. Zu diesem Zweck stehen zwei Initializer zur Verfügung:

- `init(title:message:dismissButton:)`
- `init(title:message:primaryButton:secondaryButton:)`

Der Unterschied zwischen den beiden liegt in der Anzahl der Buttons, über die der erzeugte Alert verfügt. Die erste Variante erstellt einen Alert mit einem einzigen Button, während die zweite Variante einen mit zwei Schaltflächen erzeugt.

Beim `title`- und `message`-Parameter handelt es sich um `Text`-Instanzen, mit denen man den Titel und die (optionale) Nachricht eines Alerts definiert. Möchte man auf eine Nachricht verzichten, kann man für den `message`-Parameter schlicht `nil` übergeben.

Mithilfe der `dismissButton`-, `primaryButton`- und `secondaryButton`-Parameter erzeugt man die Schaltflächen, die mit einem Alert verknüpft sind. Sie basieren auf dem Typ `Alert.Button`. Entsprechende Instanzen erstellt man mithilfe von einer dieser drei Typmethoden:

- `cancel(_:action:)`
- `default(_:action:)`
- `destructive(_:action:)`

Der Grundaufbau ist bei allen drei Methoden identisch. Der erste Parameter spiegelt den Titel des Buttons wider und basiert auf einer `Text`-Instanz. Beim `action`-Parameter handelt es sich um ein Closure. Innerhalb dieses Closures definiert man die Aktionen, die ausgeführt werden sollen, wenn der entsprechende Button betätigt wird.

Für welche der drei Methoden man sich zur Erstellung eines Buttons entscheidet, ist davon abhängig, wie der Button dargestellt werden soll. Dabei geben die Namen der Typmethoden bereits an, für welche Art von Button man sie einsetzen sollte. So kommt `cancel(_:action:)` für Schaltflächen zum Einsatz, die eine bestimmte Aktion abbrechen, während `destructive(_:action:)` für Buttons bestimmt ist, die in irgendeiner Form Daten entfernen oder laufende Vorgänge beenden (siehe Bild 4.19). `default(_:action:)` letztlich kümmert sich gewissermaßen um den Rest.

Bild 4.19
Abhängig davon, mit welcher Typmethode man einen Alert-Button erzeugt, wird dieser optisch passend dargestellt.

In Listing 4.18 finden Sie einige Beispiele zum Erstellen von `Alert.Button`-Instanzen. Darin finden Sie auch noch den Einsatz einer vierten Typmethode namens `cancel(_:)`. Diese nimmt keinen Titel in Form einer `Text`-Instanz entgegen, sondern lediglich das optionale Action-Closure. Diese Typmethode eignet sich daher ideal, wenn Sie für einen Cancel-Button den Standard-Text zum Abbrechen verwenden möchten (der auch automatisch in die passende Systemsprache des zugrunde liegenden Geräts übersetzt wird).

Listing 4.18 Erstellen diverser Alert-Buttons

```
let simpleCancelButton = Alert.Button.cancel()
let complexCancelButton = Alert.Button.cancel(Text("Cancel")) {
    print("Cancel")
}
let defaultButton = Alert.Button.default(Text("Default")) {
    print("Default")
}
let defaultButtonWithoutAction = Alert.Button.default(Text("Default without action"))
let destructiveButton = Alert.Button.destructive(Text("Destructive")) {
    print("Destructive")
}
```

Damit sind nun alle Bestandteile bekannt, die Sie zum Erstellen eines Alerts in SwiftUI benötigen. Listing 4.19 zeigt ein Beispiel, wie eine solche Erstellung eines Alerts in der Praxis aussehen kann.

Listing 4.19 Erstellen eines Alerts

```
let cancelButton = Alert.Button.cancel()
let destructiveButton = Alert.Button.destructive(Text("Destructive")) {
    print("Destructive")
}
let alert = Alert(title: Text("Alert"), message: Text("This is an alert!"),
primaryButton: cancelButton, secondaryButton: destructiveButton)
```

In Abschnitt 4.5.2 und Abschnitt 4.5.3 erfahren Sie als Nächstes, wie Sie einen so erzeugten Alert einblenden können. Hierbei stehen Ihnen (analog zum Einsatz von Sheets, siehe Abschnitt 4.4) zwei verschiedene Methoden zur Verfügung.

4.5.2 Einblenden eines Alert auf Basis eines Boolean

Die einfachste Variante zum Einblenden eines Alerts basiert auf einem Status vom Typ Bool. Dieser steuert die Sichtbarkeit des Alerts. Entspricht der Status `true`, wird der Alert angezeigt, andernfalls nicht.

Um einen Alert mithilfe eines booleschen Status anzuzeigen nutzen Sie den Modifier `alert(isPresented:content:)`. Der erste Parameter erhält den genannten Status als Binding, während man über den `content`-Parameter (bei dem es sich um ein Closure handelt) den anzuzeigenden Alert erzeugt und als Ergebnis zurückliefert.

Ein simples Beispiel zum Einblenden eines Alerts finden Sie in Listing 4.20. Darin wird die Sichtbarkeit des Alerts über die State-Property `showsAlert` gesteuert, die standardmäßig `false` entspricht. Die Betätigung eines Buttons setzt die Property auf `true`. Das führt zur Anzeige des Alerts, da dieser über den `alert(isPresented:content:)`-Modifier mit jenem Status gekoppelt ist. Über den `content`-Parameter wird der anzuzeigende Alert erzeugt und als Ergebnis zurückgeliefert (siehe Bild 4.20).

Listing 4.20 Einblenden eines Alerts auf Basis eines Boolean

```
struct ContentView: View {
    @State private var showsAlert = false

    var body: some View {
        Button("Show alert") {
            self.showsAlert = true
        }
        .alert(isPresented: $showsAlert) {
            Alert(title: Text("Alert"), message: Text("This is an alert!"),
dismissButton: .cancel())
        }
    }
}
```

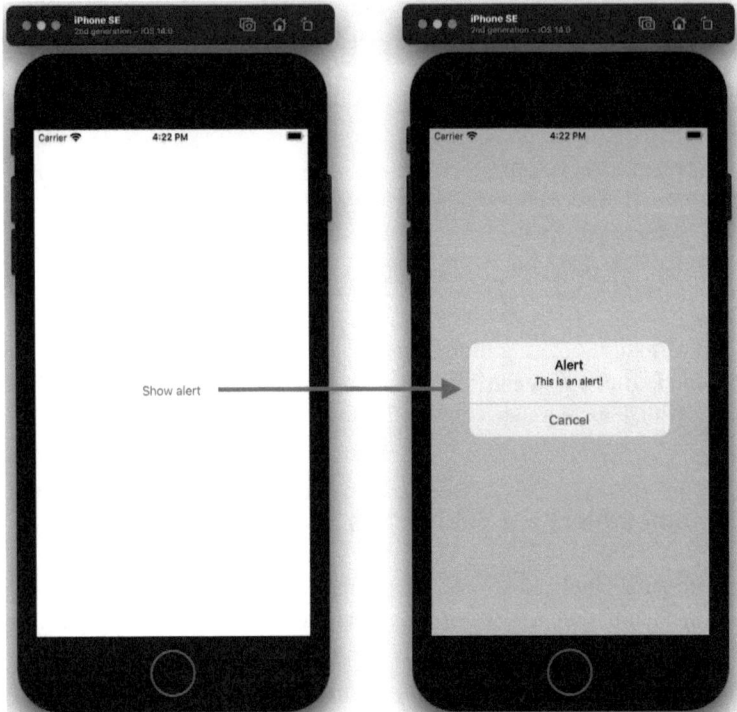

Bild 4.20 Über den booleschen Status wird die Sichtbarkeit des Alerts gesteuert.

 Ausblenden des Alerts

Ich habe bereits geschrieben, dass die Betätigung jedes Buttons eines Alerts auch immer dazu führt, dass der Alert wieder ausgeblendet wird. Dieses Verhalten wird letztlich ebenfalls über den Status (in dem gezeigten Beispiel also die State-Property showsAlert) gesteuert. Der Alert selbst weist diesem Status nämlich den Wert false zu, sobald einer der Buttons betätigt wird.

4.5.3 Einblenden eines Alert auf Basis eines Identifiable-Items

Statt eines booleschen Status kann man auch ein Binding auf Basis eines beliebigen Typs zum Ein- und Ausblenden von Alerts nutzen. Einzige Voraussetzung hierfür ist, dass der Typ konform zum Identifiable-Protokoll ist.

Das Ein- und Ausblenden von Alerts basiert in diesem Fall auf einem optionalen Status. Besitzt dieser einen Wert, wird der Alert eingeblendet, wobei der Alert hierbei Zugriff auf den Wert des Status besitzt. Es lassen sich also auch dynamische Informationen bei der Anzeige eines Alerts auf Basis des Status auswerten. Entspricht der Status hingegen nil, ist der Alert nicht sichtbar.

Ein Beispiel für einen Alert, der auf einem solchen Identifiable-Item als Status basiert, finden Sie in Listing 4.21. Basis ist eine Structure namens `Person`, die konform zum `Identifiable`-Protokoll ist. Innerhalb von `ContentView` existiert ein passender Status, der einem Wert von `Person` entsprechen kann (standardmäßig aber auf `nil` verweist). Des Weiteren besitzt die View eine Listenansicht, die auf verschiedenen `Person`-Instanzen basiert. Wird eine dieser Instanzen ausgewählt, wird sie dem `person`-Status zugewiesen. Das führt dann zum Einblenden eines passenden Alerts, der schlicht den Namen der jeweiligen Person ausgibt (siehe Bild 4.21).

Listing 4.21 Einblenden eines Alerts auf Basis eines Identifiable-Items

```
struct Person: Identifiable {
    var id = UUID()
    var name: String
}

struct ContentView: View {
    @State private var person: Person?

    private let persons = [
        Person(name: "Thomas"),
        Person(name: "Michaela"),
        Person(name: "Tobias")
    ]

    var body: some View {
        List(persons) { person in
            Button(action: {
                self.person = person
            }) {
                Text(person.name)
            }
        }
        .alert(item: $person) { person in
            Alert(title: Text(person.name))
        }
    }
}
```

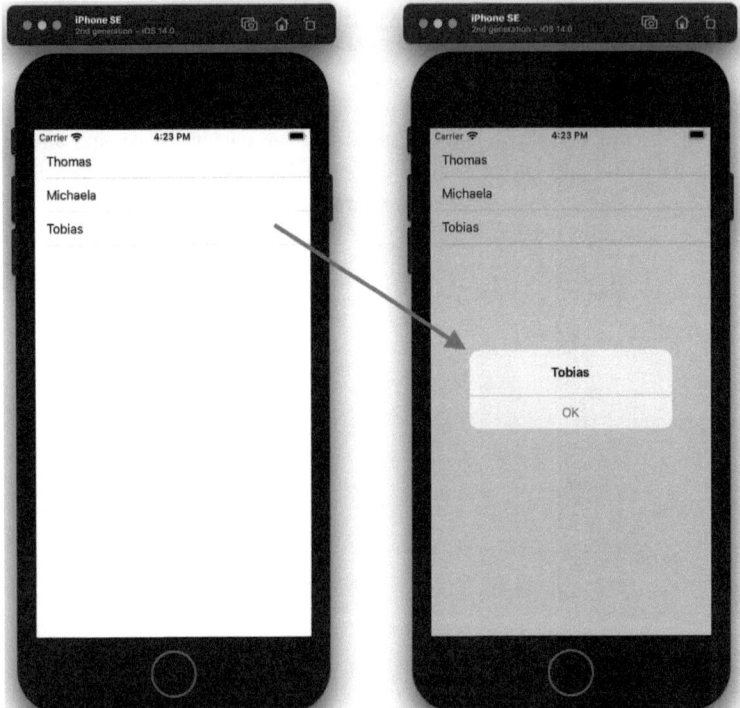

Bild 4.21 Alerts lassen sich auch auf Basis eines Identifiable-Items einblenden.

4.6 ActionSheet

Über ein `ActionSheet` blenden Sie dem Nutzer eine Nachricht ein und stellen ihm ein oder mehrere Aktionen zur Auswahl. Das `ActionSheet` besitzt starke Ähnlichkeit mit einem Alert (siehe Abschnitt 4.5), erlaubt es aber, dem Nutzer mehr als zwei Optionen zur Auswahl anzubieten. Auch die Darstellung unterscheidet sich. So wird ein Action-Sheet mitsamt all seiner Optionen unter iOS am unteren Bildschirmrand eingeblendet (siehe Bild 4.22).

Action-Sheets stehen nur unter iOS, watchOS und tvOS zur Verfügung; nicht unter macOS.

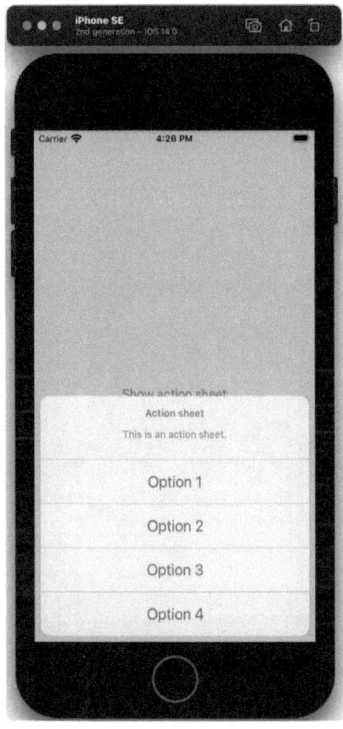

Bild 4.22
Über ein ActionSheet stellt man einem Nutzer verschiedene Aktionen zur Auswahl zur Verfügung.

4.6.1 Erstellen eines ActionSheet

Ein `ActionSheet` erzeugt man auf Basis der gleichnamigen Structure. Hierbei definiert man die folgenden drei Informationen:

- **Titel (Pflicht):** Der Titel des Action-Sheets. Man setzt ihn mithilfe einer `Text`-Instanz um.
- **Nachricht (optional):** Eine ergänzende Nachricht, die dem Nutzer in Form einer `Text`-Instanz innerhalb des Action-Sheets angezeigt wird.
- **Buttons (optional):** Die Action-Buttons, die dem Nutzer zur Auswahl zur Verfügung stehen. Standardmäßig setzt sich ein Action-Sheet immer aus einem Abbrechen-Button zusammen. Sobald man jedoch wenigstens einen eigenen Action-Button definiert, muss man selbst einen möglichen Abbrechen-Button einbinden.

Die Buttons basieren auf Instanzen des Typs `ActionSheet.Button`. Interessanterweise handelt es sich hierbei um ein Type Alias für `Alert.Button`. Das bedeutet, dass Buttons für ein `ActionSheet` auf exakt die gleiche Art und Weise erzeugt werden wie für Alerts (siehe hierzu Abschnitt 4.5.1, „Erstellen eines Alert"). Buttons setzen sich entsprechend aus einem Titel und optionalen Befehlen zusammen, die bei der Auswahl des Buttons ausgeführt werden. Das Erscheinungsbild des Buttons steuert man durch Aufruf einer passenden Typmethode. Diese Typmethoden unterteilen sich in die Styles *Default*, *Cancel* und *Destructive*.

Um ein Action-Sheet zu erstellen, nutzen Sie den Initializer `init(title:message:buttons:)`. Dieser nimmt alle zuvor genannten Informationen entgegen. Die anzuzeigenden Buttons setzt man in Form eines Arrays um.

In Listing 4.22 finden Sie ein Beispiel zum Erstellen eines Action-Sheets. Es basiert auf drei Buttons, von denen jeder einen der verfügbaren Button-Styles widerspiegelt.

Beachten Sie hierbei, dass ein Action-Sheet maximal einen Button vom Typ *Cancel* besitzen darf. Gibt es mehrere innerhalb des `buttons`-Parameters, kommt es beim Erstellen des Action-Sheets zum Absturz der Anwendung. Darüber hinaus wird der Cancel-Button immer am Ende eines Action-Sheets angezeigt, selbst wenn er sich – so wie in Listing 4.22 – im Code an einer höheren Position befindet (siehe Bild 4.23).

Listing 4.22 Erstellen eines Action-Sheets

```
let cancelButton = ActionSheet.Button.cancel()
let defaultButton = ActionSheet.Button.default(Text("Default"))
let destructiveButton = ActionSheet.Button.destructive(Text("Destructive"))
let actionSheet = ActionSheet(title: Text("Action sheet"), message: Text("This is an
action sheet."), buttons: [cancelButton, defaultButton, destructiveButton])
```

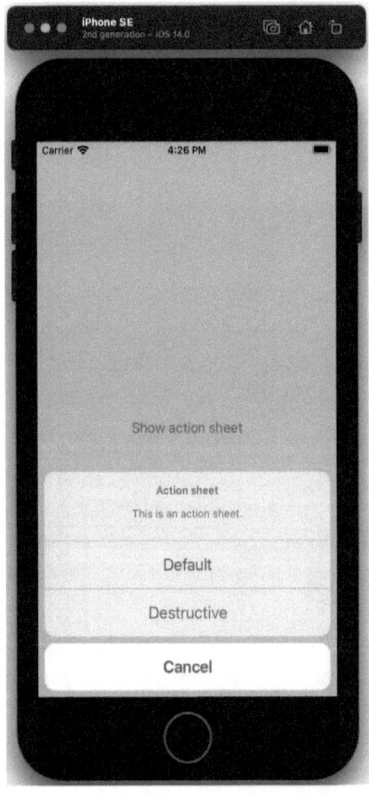

Bild 4.23
Die Buttons werden auf Basis ihres Styles unterschiedlich dargestellt.

Die kommenden beiden Abschnitte (Abschnitt 4.6.2 und Abschnitt 4.6.3) widmen sich dem Einblenden eines Action-Sheets.

4.6.2 Einblenden eines ActionSheet auf Basis eines Boolean

Das Vorgehen zum Einblenden eines Action-Sheets auf Basis eines Boolean ist im Grunde identisch zu dem zum Einblenden eines Alerts (siehe Abschnitt 4.5.2). Der einzige Unterschied besteht im einzusetzenden Modifier. Dieser lautet `actionSheet(isPresented: content:)` und erwartet als Ergebnis des `content`-Closures eine `ActionSheet`-Instanz.

In Listing 4.23 finden Sie ein simples Beispiel, um ein Action-Sheet zu erstellen und durch Betätigung eines Buttons anzuzeigen. Die Sichtbarkeit des Action-Sheets wird darin über die State-Property `showsActionSheet` gesteuert. Sobald diese `true` ist, führt das zum Einblenden des Action-Sheets.

Listing 4.23 Einblenden eines Action-Sheets auf Basis eines Boolean

```
struct ContentView: View {
    @State private var showsActionSheet = false

    var body: some View {
        Button("Show action sheet") {
            self.showsActionSheet = true
        }
        .actionSheet(isPresented: $showsActionSheet) {
            ActionSheet(title: Text("A simple action sheet"))
        }
    }
}
```

4.6.3 Einblenden eines ActionSheet auf Basis eines Identifiable-Items

Auch das Einblenden eines Action-Sheets auf Basis eines Identifiable-Items funktioniert auf vergleichbare Art und Weise wie mit Alerts (siehe Abschnitt 4.5.3). Basis hierfür ist ein Status, der konform zum `Identifiable`-Protokoll und optional ist. Besitzt der Status einen Wert, wird das zugehörige Action-Sheet angezeigt, andernfalls nicht.

Um ein Action-Sheet auf diese Art und Weise einzublenden, nutzen Sie den Modifier `actionSheet(item:content:)`. Über den `content`-Parameter – ein Closure, in dem Sie das anzuzeigende `ActionSheet` als Ergebnis zurückliefern – erhalten Sie Zugriff auf das Identifiable-Item, das zum Einblenden des Action-Sheets geführt hat.

Ein Beispiel zum Einsatz des genannten Modifiers finden Sie in Listing 4.24. Es basiert auf dem Code aus Listing 4.21 und ändert lediglich die Form der Ergebnisdarstellung. Statt eines Alerts kommt nun ein Action-Sheet zum Einsatz (siehe Bild 4.24).

Listing 4.24 Einblenden eines Action-Sheets auf Basis eines Identifiable-Items

```
struct Person: Identifiable {
    var id = UUID()
    var name: String
}

struct ContentView: View {
    @State private var person: Person?
```

```swift
    private let persons = [
        Person(name: "Thomas"),
        Person(name: "Michaela"),
        Person(name: "Tobias")
    ]

    var body: some View {
        List(persons) { person in
            Button(action: {
                self.person = person
            }) {
                Text(person.name)
            }
        }
        .actionSheet(item: $person) { person in
            ActionSheet(title: Text(person.name))
        }
    }
}
```

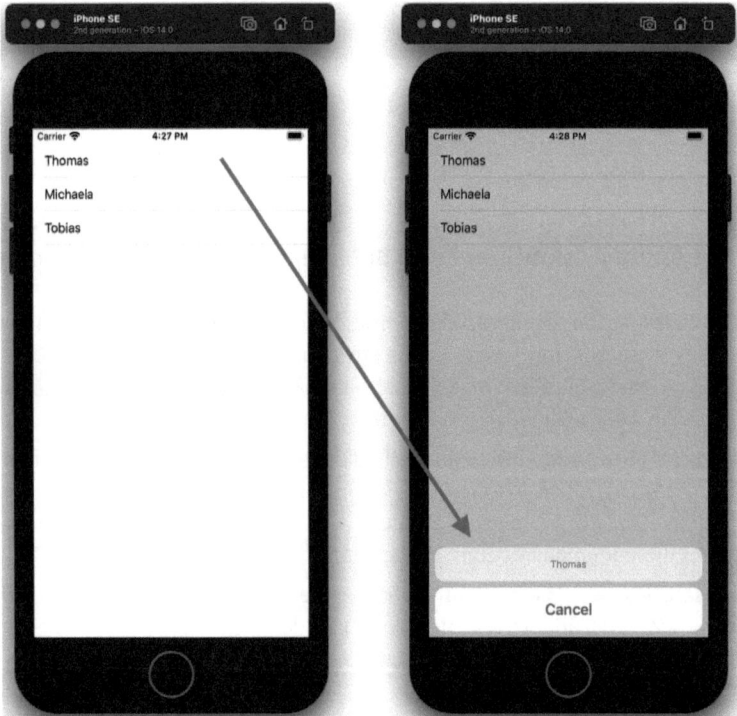

Bild 4.24 Action-Sheets lassen sich auch dynamisch auf Basis eines Identifiable-Items einblenden.

5 Status

Der Status spielt eine entscheidende Rolle bei der Umsetzung von Views auf Basis von SwiftUI. Der Status bestimmt maßgeblich, wie eine View aussieht und unter welchen Bedingungen es zu einer Aktualisierung einer Ansicht kommt. Letzteres erfolgt nämlich immer dann, wenn ein zugehöriger Status sich ändert.

Wenn man bereits Programmiererfahrung mit Frameworks wie AppKit, UIKit und WatchKit gesammelt hat, gehört dieser Teil von SwiftUI sehr wahrscheinlich zu denen, die mit am schwersten zu verinnerlichen sind. Das liegt schlicht daran, dass SwiftUI einen gänzlich anderen Ansatz verfolgt, wenn es darum geht, Views Daten und Informationen zu übergeben und Ansichten aufgrund dessen automatisch zu aktualisieren.

Ich möchte diesen grundlegenden Ansatz von SwiftUI anhand eines Beispiels verdeutlichen. In Listing 5.1 sehen Sie die Deklaration einer View. Sie basiert auf einem `VStack`, der zunächst einen Button und anschließend eine Liste enthält.

Betrachten wir zunächst einmal die Liste. Sie erzeugt eine Zelle für jedes Element innerhalb der `values`-Property. Somit ist die `values`-Property maßgeblich für das Aussehen der View verantwortlich, denn ihre Inhalte bestimmen, welche Zellen angezeigt werden. Da das entsprechende Array standardmäßig leer ist, führt das dazu, dass die Liste zunächst auch keinerlei Inhalte präsentiert.

Dann ist da aber noch der Button. Bei Betätigung fügt dieser der `values`-Property einen neuen Wert hinzu.

Unter AppKit, UIKit und WatchKit wäre es notwendig, nach Erweiterung des `values`-Arrays explizit eine Aktualisierung der View (genauer gesagt der Listenansicht) anzustoßen. Die Liste würde so darüber informiert, dass sich ihre Datenbasis verändert hat und sie diesen neuen Zustand entsprechend widerspiegeln muss.

Doch nicht so in SwiftUI. Hier greift das Prinzip des Status. Und wie Ihnen womöglich bereits aufgefallen ist, ist die `values`-Property mit dem Argument `@State` deklariert. Einfach ausgedrückt führt diese Deklaration dazu, dass eine Änderung der `values`-Property *automatisch* zu einer Aktualisierung von `ContentView` führt.

Wird so der beschriebene Button betätigt und `values` entsprechend um einen neuen Wert ergänzt, wird `ContentView` über diese Änderung informiert und aktualisiert sich. Das wiederum führt dazu, dass die neu hinzugefügten Elemente umgehend innerhalb der Liste auftauchen. Es sind keine weiteren Befehle notwendig, um die neuen Inhalte innerhalb der View anzuzeigen.

Listing 5.1 Beispielhafter Einsatz eines Status

```swift
struct ContentView: View {
    @State private var values = [Int]()

    var body: some View {
        VStack {
            Button("Add value") {
                self.values.append(self.values.count)
            }
            List(values, id: \.self) { value in
                Text("\(value)")
            }
        }
    }
}
```

Auf der WWDC 2019 bezeichnete Apple SwiftUI-Views als „Funktionen eines Status", und das trifft es recht gut. In dem gezeigten Beispiel haben wir beide Rollen gesehen, die der Status im Zusammenspiel mit SwiftUI-Views einnimmt: Er bestimmt das grundlegende Aussehen einer View (in Listing 5.1 ist das eine leere Liste) und kümmert sich um passende Aktualisierungen von Views. Eine solche View-Aktualisierung erfolgt immer dann, wenn der Status sich ändert. Im vorangegangenen Listing ist das bei Betätigung des Buttons der Fall, da so ein neuer Eintrag im `values`-Array ergänzt wird.

Für Entwickler, die bisher mit AppKit, UIKit und WatchKit gearbeitet haben, erfordert dieses Prinzip mitunter einiges an Umgewöhnung. Man aktualisiert Views nicht länger, indem man ihnen imperativ den Befehl dazu erteilt. Stattdessen aktualisiert man den Status, der maßgeblich verantwortlich für die Darstellung einer View ist.

Neben dem gezeigten `State`-Property Wrapper gibt es noch weitere Möglichkeiten in SwiftUI, um einen Status zu definieren. In den folgenden Abschnitten stelle ich Ihnen die verschiedenen Arten von Status vor, stelle sie gegenüber und zeige Ihnen, wie Sie sie am besten einsetzen.

■ 5.1 Property

Eine simple Property stellt die einfachste Form von Status in SwiftUI dar. Properties kommen immer dann zum Einsatz, wenn eine View eine dynamische Information benötigt, diese aber nicht verändert.

Ein Beispiel dazu finden Sie in Listing 5.2. Die darin deklarierte `TitleView` verfügt über zwei Properties: `title` und `color`. Beide werden zur Erstellung der View genutzt, um eine angepasste `Text`-Ansicht zurückzuliefern. Diese zeigt den Inhalt aus der `title`-Property an und besitzt die Farbe, die in `color` definiert ist.

Listing 5.2 Properties als Status einer View

```
struct TitleView: View {
    let title: String

    let color: Color

    var body: some View {
        Text(title)
            .font(.largeTitle)
            .bold()
            .underline()
            .foregroundColor(color)
    }
}
```

Um eine Instanz einer solchen View zu erstellen, müssen bei der Initialisierung zwingend passende Parameter für die Properties `title` und `color` übergeben werden. Ein Beispiel zur Erstellung einer `TitleView`-Instanz sieht wie folgt aus (das zugehörige Ergebnis im iOS-Simulator zeigt Bild 5.1):

```
TitleView(title: "Some title", color: .blue)
```

Bild 5.1
Das Aussehen der View wird maßgeblich durch ihre beiden Properties bestimmt.

Wann immer Sie also eine bestimmte dynamische Information an eine View weitergeben müssen, damit diese lesend darauf zugreifen kann, setzen Sie passende Properties ein. Die Betonung liegt hier aber klar auf *lesend*. Es ist nicht möglich, innerhalb einer View die Werte solcher Properties zu verändern. Wenn Sie das tun möchten, müssen Sie auf eine der folgenden Statusoptionen zurückgreifen.

5.2 State

Bei `State` handelt es sich zunächst einmal um einen Property Wrapper. Sie nutzen ihn für Status, die eine View nicht nur auslesen, sondern auch *verändern* kann. Damit ist `State` aber keinesfalls die Lösung für jede Art von änderbaren Status. State sollten Sie darüber hinaus nur für Daten einsetzen, die spezifisch mit einer View zusammenhängen und so nicht von außen gesetzt werden. Aus diesem Grund deklariert man Properties auf Basis von `State` auch typischerweise als `private`, weil sie nur die jeweilige View etwas angehen.

Verglichen mit den einfachen Properties (siehe Abschnitt 5.1) ergeben sich hieraus bereits zwei große Unterschiede zu `State`:

- Ein Status auf Basis von `State` lässt sich verändern.
- Ein Status auf Basis von `State` sollte von der zugrunde liegenden View mit einem Standardwert versehen und so nicht bei der Initialisierung dynamisch gesetzt werden.

`State` ist für die Art Status gedacht, die eng mit einer View verzahnt ist und von einer View kontrolliert wird. Die View besitzt somit diese Information und steuert sie.

Ein Beispiel für den Einsatz von `State` finden Sie in Listing 5.3. Darin wird eine View namens `OnOffView` deklariert, die sich lediglich aus einer `Button`-Instanz zusammensetzt. Dieser Button zeigt entweder den Text „On" oder „Off" an (und fungiert somit als ein eigens kreierter Ein-/Aus-Schalter).

Welcher Text angezeigt wird, ist von einem Status in Form der `isOn`-Property abhängig. Ist sie `true`, wird der Text „On" angezeigt, andernfalls „Off". Durch Betätigen des Buttons wird dieser Status invertiert, sprich der Wert der `isOn`-Property ändert sich.

Listing 5.3 Einsatz von `State` als Status einer View

```
struct OnOffView: View {
    @State private var isOn = false

    var body: some View {
        Button(action: {
            self.isOn.toggle()
        }) {
            Text(self.isOn ? "On" : "Off")
        }
    }
}
```

Hätte man `isOn` als einfache Property (siehe Abschnitt 5.1) deklariert, wäre eine Änderung des Werts unmöglich. Konkret würde dann der Aufruf des Befehls `self.isOn.toggle()` zu einem Compiler-Fehler führen.

Das geschieht aber nicht beim Einsatz des `State`-Property Wrappers. Durch ihn ist es möglich, Properties auch aus einer View heraus zu verändern. Damit ist auch gleich die erste Anforderung beim Einsatz von `State` erfüllt: Der entsprechende Status muss änderbar sein.

Der zweite Grund zum Einsatz von `State` in dem gezeigten Beispiel liegt darin begründet, dass nur die `OnOffView` selbst steuert, ob sie gerade den Text „On" oder „Off" anzeigt. Von außen (beispielsweise bei der Initialisierung) soll dieser Status nicht festgelegt werden. Der Status ist somit eng mit der View verzahnt und hängt direkt mit ihr zusammen.

5.3 Binding

Mithilfe des Property Wrappers `Binding` setzen Sie einen änderbaren Status für eine View um – ähnlich wie bei `State`. Beim Einsatz von `Binding` besitzt die zugrunde liegende View aber nicht den jeweiligen Wert des Status; dieser ist an einer anderen Stelle gespeichert. Mit `Binding` referenziert man lediglich auf diesen Wert und kann ihn gleichermaßen auslesen wie ändern.

`Binding` kommt demnach typischerweise immer dann zum Einsatz, wenn die folgenden Anforderungen an einen Status erfüllt sind:

- Der Wert des Status soll veränderbar sein.
- Der Status wird der View als Parameter übergeben; sie besitzt den entsprechenden Wert nicht, sondern erhält einen Verweis darauf.

Im SwiftUI-Framework selbst finden sich eine Vielzahl von Views, die `Binding` einsetzen. Eine davon ist beispielsweise `TextField`. Die View dient zur Eingabe von Text. Der Text wird in einem String gespeichert, der allerdings nicht fester Bestandteil von `TextField` ist. Stattdessen erwartet `TextField` ein `Binding` zu einem String. Dieses Binding nutzt `TextField`, um einerseits den String als Text anzuzeigen und andererseits Änderungen direkt in den String zu schreiben.

Durch Einsatz von `Binding` lässt sich `TextField` generisch an beliebigen Stellen einsetzen. Die View interessiert letztlich nicht, woher der String stammt, den sie anzeigt und verändert. Sie muss lediglich wissen, wo er sich befindet. Durch `Binding` erhält `TextField` genau solch eine Referenz auf einen String. So kann eine `TextField`-Instanz zur Eingabe eines Namens, einer Adresse, einer Telefonnummer oder einer beliebigen anderen Information dienen, solange es sich dabei nur um einen String handelt.

Ein eigens kreiertes Beispiel für den Einsatz von `Binding` finden Sie in Listing 5.4. Darin erfolgt die Umsetzung einer Bewertungsansicht, die sich aus fünf Sternen-Buttons zusammensetzt (siehe Bild 5.2).

Listing 5.4 Einsatz von Binding als Status einer View

```
struct RatingView: View {
    @Binding var rating: Int

    var body: some View {
        HStack {
            ForEach(1 ..< 6) { value in
                Button(action: {
                    self.rating = value
                }) {
                    Image(systemName: value <= self.rating ? "star.fill" : "star")
                        .font(.largeTitle)
                }
            }
        }
    }
}
```

Bild 5.2
Der Status dieser View basiert auf einem Binding.

Das Erscheinungsbild und das Verhalten der View werden über den Status rating gesteuert. Dieser gibt an, welche Bewertung (von 1 bis 5) aktuell vorliegt. Bei Erstellung der Sternen-Buttons wird diese Information genutzt, um die Sternen-Grafik entweder auszufüllen oder nicht. Eine Bewertung von 4 sorgt beispielsweise dafür, dass die ersten vier Sternen-Buttons ausgefüllt werden, der fünfte jedoch nicht.

Gleichzeitig wird der rating-Status nach Betätigung eines der Buttons passend aktualisiert. Wählt der Nutzer zum Beispiel den fünften Button, entspricht das einer Bewertung von 5 und die rating-Property wird entsprechend gesetzt.

Damit erfüllt der Status RatingView die erste Anforderung für den Einsatz von Binding: Der Wert des Status soll *veränderbar* sein. Doch das ist bei State genauso der Fall. Wo also liegt der Unterschied?

Dank Binding kann RatingView an beliebigen Stellen eingesetzt werden. RatingView muss den Wert des Status – sprich den Wert der rating-Property – selbst nicht speichern. Die View muss nur wissen, wo sich der anzuzeigende und zu verändernde Wert befindet. Schließlich vergibt RatingView selbst keine Bewertung; sie soll zur Bewertung verschiedenster Produkte genutzt werden können. Entsprechend wird der Wert für rating schlicht an RatingView weitergegeben, RatingView selbst legt ihn nicht fest. Und genau das ist der große Unterschied zwischen State und Binding: Ein Status auf Basis von State wird von der View *selbst kontrolliert* und wird *nicht nach außen weitergegeben*. Eine Bewertung, wie man sie in diesem Fall über RatingView steuert, wird aber typischerweise *außerhalb* dieser View festgelegt. Das hat zur Folge, dass sich RatingView zu unterschiedlichsten Zwecken einsetzen lässt. Damit können Apps, Filme, Bücher oder gänzlich andere Inhalte bewertet werden. Welche, spielt für RatingView keine Rolle. Sie benötigt lediglich einen Verweis in Form eines Integers, der der Quelle für eine Bewertung entspricht.

Um dieses Prinzip sowie den Einsatz von `Binding` zu verdeutlichen, finden Sie in Listing 5.5 ein weiteres Beispiel, in dem die `RatingView` aktiv eingesetzt wird. `BookView` präsentiert darin Informationen zu einem spezifischen Buch bestehend aus dem Titel, dem Autor sowie einer `RatingView`-Instanz. Letztere dient dazu, eine Bewertung für das Buch abzugeben (siehe Bild 5.3).

Listing 5.5 Weitergabe eines Status als Binding

```
struct BookView: View {
    @State private var bookRating = 0

    var body: some View {
        VStack {
            Text("ES")
                .font(.largeTitle)
            Text("Stephen King")
                .font(.subheadline)
                .italic()
            RatingView(rating: $bookRating)
        }
    }
}
```

Bild 5.3
RatingView erhält einen Verweis auf den State-Status der BookView.

Die Bewertung des Buches ist fester Bestandteil von `BookView`. Sie wird darin in Form der `State`-Property bookRating abgebildet. Der Einsatz von `State` ist in diesem Kontext in Ordnung, da die Bewertung für das gezeigte spezifische Buch relevant ist. Und genau diese Information soll eins zu eins in `RatingView` abgebildet werden. Mehr noch: Ändert man die Bewertung über `RatingView`, soll das auch automatisch die `State`-Property bookRating passend aktualisieren.

Genau diesen Effekt erreicht man dank des Einsatzes von `Binding` innerhalb von `RatingView`. Der Status, der `RatingView` bei der Initialisierung übergeben wird, bestimmt einerseits das Aussehen der View (sprich wie viele Sternen-Buttons ausgefüllt sind). Andererseits sorgt die Auswahl eines Buttons dafür, dass das zugehörige Ergebnis aus der `RatingView` heraus in den zugrunde liegenden Status geschrieben wird (in diesem Fall der Property `bookRating` von `BookView`). Die zwei Rating-Status sind somit immer synchron und verweisen auf denselben Wert.

Zwei wichtige Dinge gibt es zu beachten, wenn Sie einen Parameter für ein `Binding` übergeben möchten. Zum einen müssen Sie den Wert mit einem $-Präfix versehen (so wie auch bei Initialisierung von `RatingView` in Listing 5.5 zu sehen). Zum anderen können Sie nur Werte als Parameter weitergeben, die auch änderbar sind (wie im gezeigten Fall den Wert einer `State`-Property). Ein Status in Form einer einfachen Property (siehe Abschnitt 5.1) lässt sich nicht als `Binding` verwenden.

■ 5.4 ObservedObject

`ObservedObject` erfüllt eine ähnliche Aufgabe wie `State` (siehe Abschnitt 5.2). Im Gegensatz zu `State` ist ein Status auf Basis von `ObservedObject` aber nicht auf die zugrunde liegende View beschränkt und steuert nicht ausschließlich ein View-spezifisches Verhalten. Stattdessen nutzt man `ObservedObject` dafür, eigens kreierte Model-Informationen in Views einzubinden.

An dieser Stelle möchte ich zu diesem Thema ein paar grundsätzliche Worte an Sie richten: Jede App basiert auf Daten und dazu gehören auch eigene Datenmodelle. In einer Adressbuch-App beispielsweise sind das die Kontakte, die man speichern und anzeigen möchte, während eine Wetter-App passende Wetterinformationen ermittelt und aufbereitet. Solch komplexe Datenmodelle, die auf eigenen Typen basieren, die all die gewünschten Informationen enthalten und zugänglich machen, müssen an passender Stelle in SwiftUI-Views eingebunden werden können. Möchte man im Falle der Adressbuch-App eine View umsetzen, die alle Daten zu einem spezifischen Kontakt anzeigt, teilt man der View idealerweise mit, um welchen Kontakt es sich handelt.

Zum Einbinden solch komplexer Datentypen in SwiftUI-Views kommt der Property Wrapper `ObservedObject` zum Einsatz. Mit dessen Hilfe lassen sich eigene Datentypen in SwiftUI-Views auslesen und auch bearbeiten. Außerdem aktualisiert sich die entsprechende View – genau wie mit `State` – automatisch, sobald es zu einer passenden Änderung der zugrunde liegenden Dateninstanz kommt.

5.4.1 Datenmodell vorbereiten

Um Instanzen eines komplexen Datentyps in SwiftUI-Views einbinden zu können, muss der entsprechende Typ erst vorbereitet werden. Zwei Voraussetzungen müssen hierbei erfüllt sein:

- Der Datentyp wird in Form einer Klasse abgebildet.
- Der Datentyp ist konform zum `ObservableObject`-Protokoll.

Das `ObservableObject`-Protokoll stellt sicher, dass der jeweilige Datentyp eine SwiftUI-View über Änderungen informieren kann. Das ist notwendig, damit im gleichen Zuge eine SwiftUI-View imstande ist, sich entsprechend zu aktualisieren und so die aktuellsten Daten anzuzeigen (mehr dazu erfahren Sie in Abschnitt 5.4.3, „Auf Änderungen reagieren").

In Listing 5.6 finden Sie ein einfaches Beispiel, das zeigt, wie Sie einen Datentyp für den Einsatz in SwiftUI-Views konfigurieren. Darin erfolgt die Deklaration einer Klasse `Person`, die über insgesamt vier verschiedene Properties verfügt. Die Klasse ist konform zum genannten `ObservableObject`-Protokoll. So sind alle Anforderungen erfüllt, um Instanzen von `Person` in SwiftUI-Views zu verwenden.

Listing 5.6 Deklaration eines Datentyps als ObservableObject

```swift
class Person: ObservableObject {
    var firstName: String
    var lastName: String
    var street: String
    var city: String

    init(firstName: String, lastName: String, street: String, city: String) {
        self.firstName = firstName
        self.lastName = lastName
        self.street = street
        self.city = city
    }
}
```

5.4.2 Datenmodell in SwiftUI-View einbinden

Verfügen Sie über einen Datentyp, der konform zum `ObservableObject`-Protokoll ist, können Sie Instanzen davon mithilfe des `ObservedObject`-Property Wrappers in Ihre SwiftUI-Views einbinden. Das erlaubt es Ihnen, Änderungen an diesen Instanzen aus einer SwiftUI-View heraus vorzunehmen beziehungsweise auf Änderungen zu reagieren (um beispielsweise die angezeigten Inhalte einer Ansicht zu aktualisieren).

Ein Beispiel für den Einsatz des `ObservedObject`-Property Wrappers (im Zusammenspiel mit der in Listing 5.6 deklarierten `Person`-Klasse) finden Sie in Listing 5.7. Darin erfolgt die Umsetzung eines Formulars, das Informationen zu einer Person anzeigt und deren Editierung erlaubt. Zunächst erfolgt die Darstellung der Personendaten in Form eines `VStack`, im Anschluss werden mithilfe einer `Form`-View verschiedene Textfelder eingebunden, über die die verschiedenen Daten einer Person bearbeitet werden können (siehe Bild 5.4).

Listing 5.7 Einsatz des ObservedObject-Property Wrappers

```
struct PersonView: View {
    @ObservedObject var person: Person

    var body: some View {
        VStack {
            VStack(alignment: .leading) {
                Text("\(person.firstName) \(person.lastName)")
                Text(person.street)
                Text(person.city)
            }
            .padding()
            Form {
                Section(header: Text("Name")) {
                    TextField("First name", text: $person.firstName)
                    TextField("Last name", text: $person.lastName)
                }
                Section(header: Text("Address")) {
                    TextField("Street", text: $person.street)
                    TextField("City", text: $person.city)
                }
            }
        }
    }
}
```

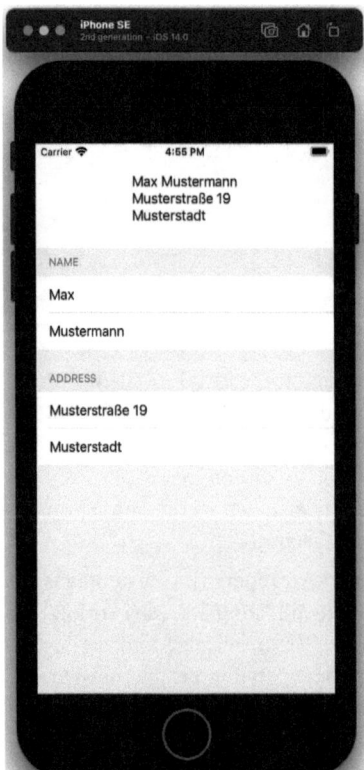

Bild 5.4
Die View zeigt Informationen zu einem eigens kreierten Datenmodell an.

Alle Informationen erhält die View aus der `person`-Property. Durch die Kennzeichnung als `ObservedObject` sind deren Daten auch (in diesem Fall mithilfe der Textfelder) veränderbar. Zusätzlich können die Daten durch Voranstellen eines $-Zeichens als Binding übergeben werden (siehe Abschnitt 5.3).

Beachten Sie, dass Sie beim Erstellen einer Instanz der gezeigten `PersonView`-Structure zwingend einen Parameter für die `person`-Property übergeben müssen, beispielsweise wie folgt:

```
let somePerson = Person(firstName: "Max", lastName: "Mustermann",
street: "Musterstraße 19", city: "Musterstadt")
let personView = PersonView(person: somePerson)
```

So steuern Sie, welche konkreten Daten eine View darstellen soll und in welche Instanz mögliche Änderungen zurückgeschrieben werden.

Wenn Sie den Code aus Listing 5.7 einmal ausführen, werden Sie jedoch feststellen, dass Änderungen an der `person`-Property (über die verschiedenen Textfelder) keine Auswirkungen auf die Zusammenfassung in der oberen Bildschirmhälfte haben (siehe Bild 5.5). Grund hierfür ist, dass der `ObservedObject`-Property Wrapper nicht – wie `State` – bei einer Änderung automatisch eine Aktualisierung der zugrunde liegenden View auslöst. Stattdessen müssen Sie selbst festlegen, wann eine Änderung innerhalb Ihres Datenmodells auch zur Aktualisierung aller Views führen soll, die eine entsprechende Instanz besitzen (siehe dazu den folgenden Abschnitt 5.4.3, „Auf Änderungen reagieren").

Bild 5.5
Trotz Änderung des Datenmodells erfolgt noch keine automatische Aktualisierung der View

5.4.3 Auf Änderungen reagieren

Eine SwiftUI-View aktualisiert sich immer dann, wenn sich ihr Status ändert. Basiert der Status auf dem `ObservedObject`-Property Wrapper, sind darüber hinaus weitere Schritte notwendig, um eine SwiftUI-View über eine Aktualisierung zu informieren. In diesem Szenario müssen wir nämlich selbst innerhalb des jeweiligen Model explizit festlegen, welche Änderungen zu einem Update einer SwiftUI-View führen.

Für diese Aufgabe stehen uns zwei Techniken zur Verfügung:

- Einsatz des `Published`-Property Wrappers
- Aufruf der `send()`-Methode des zugrunde liegenden `objectWillChange`-Publishers

Im Folgenden stelle ich Ihnen beide Techniken detailliert vor.

Published-Property Wrapper

Bei `Published` handelt es sich um einen weiteren Property Wrapper aus dem SwiftUI-Framework. Sie deklarieren mit ihm alle Properties Ihres Model, deren Änderung zu einer Aktualisierung einer View führen sollen. Sobald es dann zu einem Update der Properties kommt, aktualisiert das System automatisch alle Views, denen diese Daten zugrunde liegen.

In Listing 5.8 finden Sie dazu ein passendes Beispiel auf Basis der `Person`-Klasse aus Listing 5.6. Darin werden alle Properties dieser Klasse mit dem genannten `Published`-Property Wrapper versehen. Bindet nun eine View eine Instanz der Klasse `Person` mittels `ObservedObject`-Property Wrapper ein und es kommt zu einer Änderung dieser Properties, führt das automatisch zu einer passenden Aktualisierung der View. Das führt dazu, dass der Code aus Listing 5.7 nun ohne weitere Anpassungen voll funktionsfähig ist. Eine Änderung eines der Werte über die Textfelder aktualisiert so auch automatisch die Adressinformation am oberen Bildschirmrand (siehe Bild 5.6).

Listing 5.8 Einsatz des Published-Property Wrappers

```
class Person: ObservableObject {
    @Published var firstName: String
    @Published var lastName: String
    @Published var street: String
    @Published var city: String

    init(firstName: String, lastName: String, street: String, city: String) {
        self.firstName = firstName
        self.lastName = lastName
        self.street = street
        self.city = city
    }
}
```

Bild 5.6
Dank dem Published-Property Wrapper kommt es automatisch zur Aktualisierung einer View, sobald sich der Wert der entsprechenden Property ändert.

objectWillChange-Publisher

Jede Klasse, die konform zum `ObservableObject`-Protokoll ist (siehe Abschnitt 5.4.1), verfügt automatisch über eine Property namens `objectWillChange`. Über diese Property können Sie aktiv eine Aktualisierungsaktion in Form der Methode `send()` auslösen. Das führt dazu, dass sich diejenigen Views, die eine Instanz dieser Klasse als `ObservedObject` besitzen, automatisch aktualisieren; genauso, wie wenn sich eine mit `Published` deklarierte Property ändert.

Der Einsatz des `objectWillChange`-Publishers ist immer dann sinnvoll, wenn Sie eine Aktualisierung einer View auslösen wollen, ohne dass sich explizit eine `Published`-Property ändert.

Es kann verschiedene Ursachen für solch ein Szenario geben. Die einfachste besteht darin, dass eine Property nicht als `Published` gekennzeichnet ist und man nach einer Änderung selbst eine Aktualisierung anstoßen muss. Manchmal soll durch Änderung eines `ObservableObject` auch ein anderes `ObservableObject` aktualisiert werden; in diesem Fall kann man auch mit dem `objectWillChange`-Publisher arbeiten.

Ein Beispiel zum Einsatz von `objectWillChange` finden Sie in Listing 5.9. Die darin deklarierte Klasse `Person` besteht aus drei Properties. Die Properties `firstName` und `lastName` sind als `private` deklariert und eine `Published`-Kennzeichnung fehlt. Um den Namen auszulesen, kann man so lediglich die Computed Property `fullName` nutzen. Eine Änderung des Namens bewirkt man mithilfe der Methode `updateName(firstName:lastName:)`. Diese

Änderung soll auch zu einer Aktualisierung der Views führen, die eine Instanz der `Person`-Klasse als `ObservedObject` implementieren. Aus diesem Grund wird nach Änderung des Namens die `send()`-Methode auf dem `objectWillChange`-Publisher aufgerufen.

Listing 5.9 Einsatz des `objectWillChange`-Publishers

```
class Person: ObservableObject {
    private var firstName = ""
    private var lastName = ""

    var fullName: String {
        firstName + " " + lastName
    }

    func updateName(firstName: String, lastName: String) {
        self.firstName = firstName
        self.lastName = lastName
        objectWillChange.send()
    }
}
```

Den praktischen Einsatz dieser angepassten `Person`-Klasse sehen Sie in Listing 5.10. Es handelt sich bei der darin deklarierten View um eine abgewandelte Variante der View aus Listing 5.7, die nun nur noch eine Bearbeitung von Vor- und Nachnamen erlaubt. Dazu kommen passende `State`-Properties zum Einsatz (die zugehörigen Properties der `Person`-Klasse sind schließlich privat).

Über einen Button wird der eingetragene Name an die `person`-Instanz übertragen. Dazu kommt die `updateName(firstName:lastName:)`-Methode zum Einsatz. Da sich diese Methode auch um eine Aktualisierung der `person`-Instanz durch Aufruf von `objectWillChange.send()` kümmert, wird die View nach Betätigen des Buttons entsprechend aktualisiert und der vollständige Name am oberen Rand angezeigt (siehe Bild 5.7). Ohne den Aufruf von `objectWillChange.send()` würde der Name nicht angezeigt werden.

Listing 5.10 Aktualisierung einer View mittels `objectWillChange`

```
struct ContentView: View {
    @State private var firstName = ""

    @State private var lastName = ""

    @ObservedObject var person: Person

    var body: some View {
        VStack {
            Text(person.fullName)
                .padding()
            Form {
                Section(header: Text("Name")) {
                    TextField("First name", text: $firstName)
                    TextField("Last name", text: $lastName)
                }
                Section {
                    Button("Update name") {
                        self.person.updateName(firstName: self.firstName, lastName: self.lastName)
```

```
        }
       }
      }
     }
    }
}
```

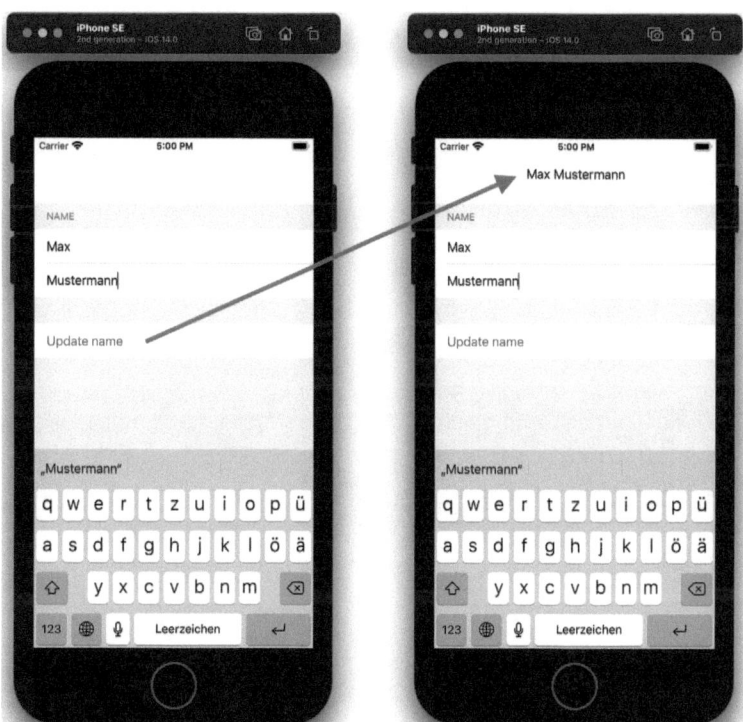

Bild 5.7 Dank Einsatz des objectWillChange-Publishers kommt es zu einer korrekten Aktualisierung der View.

5.5 StateObject

StateObject ist im Grunde identisch zu ObservedObject (siehe Abschnitt 5.4). Sie nutzen diesen Property Wrapper, um Instanzen eines eigens definierten Datenmodells als Status in einer SwiftUI-View einzubinden. Dieses Datenmodell muss konform zum ObservableObject-Protokoll sein.

Der Unterschied zu ObservedObject bezieht sich auf die Art und Weise, wie eine View mit den Daten umgeht. Beim Einsatz von ObservedObject weist man einer View die gewünschten Daten bei der Initialisierung zu. Bei StateObject hingegen definiert die View selbst die gewünschten Daten für diesen Status; sie werden also nicht von außen an die View übergeben. Einfach ausgedrückt, stellt StateObject eine Mischung aus State und ObservedObject dar.

Ein Beispiel für den Einsatz von `StateObject` finden Sie in Listing 5.11. Es basiert auf einem eigens definierten Datentyp namens `Person`, der die zwei Eigenschaften `firstName` und `lastName` besitzt. Über `ContentView` soll man diese Informationen für eine vorgegebene Person bearbeiten. Die entsprechende Instanz wird daher als `StateObject` deklariert und direkt innerhalb von `ContentView` erzeugt.

Listing 5.11 Einsatz des `StateObject`-Property Wrappers

```swift
class Person: ObservableObject {
    @Published var firstName: String
    @Published var lastName: String

    init(firstName: String, lastName: String) {
        self.firstName = firstName
        self.lastName = lastName
    }
}

struct ContentView: View {
    @StateObject private var person = Person(firstName: "Max", lastName: "Mustermann")

    var body: some View {
        VStack {
            TextField("First name", text: $person.firstName)
            TextField("Last name", text: $person.lastName)
        }
    }
}
```

■ 5.6 EnvironmentObject

Auch `EnvironmentObject` ist im Kern identisch zu `ObservedObject` (siehe Abschnitt 5.4). Sie definieren mithilfe dieses Property Wrappers einen Status, der auf einem eigens kreierten Datentyp basiert und der konform zum `ObservableObject`-Protokoll ist. `EnvironmentObject` unterscheidet sich lediglich in der Art und Weise, wie Sie einer View eine passende Instanz zuweisen und darauf zugreifen.

Um die Funktionsweise und den Zweck von `EnvironmentObject` zu verstehen, muss man zunächst wissen, dass jede SwiftUI-View (inklusive aller in ihr enthaltenen Views) auf einen Pool von Instanzen zurückgreifen kann. Dieser Pool existiert unabhängig von den Properties, über die eine SwiftUI-View verfügt und die die typischen Eigenschaften definieren, die eine View ausmachen und deren Funktionsweise bestimmen.

SwiftUI-Views können auf diesen Pool und so auf die in ihr enthaltenen Instanzen zugreifen. Das ermöglicht es, Instanzen einmalig in diesen Pool hineinzugeben, damit alle zugehörigen Views sie nutzen können. Statt Statusinformationen von einer View zur nächsten weiterzugeben, fügt man sie einmalig in den Pool ein.

Um besser zu verstehen, welches Problem Sie mit `EnvironmentObject` lösen können, zeige ich Ihnen in Listing 5.13 ein Beispiel dazu. Es basiert auf dem Model der Klasse `Person`, das aus Gründen der besseren Übersichtlichkeit separat in Listing 5.12 untergebracht ist. Dieses Model ist konform zum `ObservableObject`-Protokoll und verfügt über zwei `Published`-Properties namens firstName und lastName, die den Namen einer Person widerspiegeln. Die Computed Property fullName setzt die Werte der beiden Properties zusammen.

Die `ContentView` aus Listing 5.13 basiert auf solch einer `Person`-Instanz. Sie ist als Status in Form einer `ObservedObject`-Property in die View eingebunden. Darüber hinaus besteht `ContentView` aus zwei Elementen: einem Text, der als Titel dargestellt wird, und einer View namens `EditPersonForm`. Die View `EditPersonForm` wiederum definiert eine `Form`-View, die als Inhalt eine Instanz vom Typ `EditPersonTextFields` enthält. Letztere besteht aus zwei Textfeldern, die die Editierung des Namens einer Person erlauben. Bild 5.8 zeigt das vollständige Erscheinungsbild von `ContentView`.

Listing 5.12 Implementierung des **Person**-Model

```swift
class Person: ObservableObject {
    @Published var firstName: String
    @Published var lastName: String

    var fullName: String {
        firstName + " " + lastName
    }

    init(firstName: String = "Max", lastName: String = "Mustermann") {
        self.firstName = firstName
        self.lastName = lastName
    }
}
```

Listing 5.13 Weitergabe des Model via ObservedObject

```swift
struct ContentView: View {
    @ObservedObject var person: Person

    var body: some View {
        VStack {
            Text(person.fullName)
                .font(.largeTitle)
            EditPersonForm(person: person)
        }
    }
}

struct EditPersonForm: View {
    @ObservedObject var person: Person

    var body: some View {
        Form {
            EditPersonTextFields(person: person)
        }
    }
}
```

```
struct EditPersonTextFields: View {
    @ObservedObject var person: Person

    var body: some View {
        Group {
            TextField("First name", text: $person.firstName)
            TextField("Last name", text: $person.lastName)
        }
    }
}
```

Bild 5.8
Die View setzt sich aus mehreren verschiedenen
Elementen zusammen.

Was in dem Beispiel aus Listing 5.13 auffällt, ist die stete Weitergabe der Person-Instanz von einer View zur nächsten. Zunächst benötigt ContentView als übergreifende View diese Instanz, um den vollen Namen als Titel ausgeben zu können. Zum Abschluss muss auch EditPersonTextFields einen Verweis auf die person-Instanz besitzen, um eine Bearbeitung des Namens zu ermöglichen. So weit, so gut. Doch da EditPersonTextFields innerhalb von EditPersonForm erzeugt wird, benötigt auch EditPersonForm jene person-Instanz; schließlich muss EditPersonForm sie an EditPersonTextFields weitergeben.

Genau betrachtet, benötigt EditPersonForm selbst die person-Instanz aber gar nicht. Der einzige Grund, warum sie Zugriff darauf besitzt, ist die Weitergabe der Instanz an EditPersonTextFields. Die person-Instanz wird also schlicht von ContentView über EditPersonForm zu EditPersonTextFields weitergereicht, obwohl die EditPersonForm-View selbst gänzlich darauf verzichten könnte.

Genau das ist ein typisches Szenario, in dem man über den Einsatz von `EnvironmentObject` als Alternative zu `ObservedObject` nachdenken sollte. Die entsprechende Änderung auf Basis des Codes von Listing 5.13 finden Sie in Listing 5.14.

Betrachten wir einmal konkret, was sich im Vergleich zum Einsatz von `ObservedObject` nun geändert hat. Zunächst einmal ist die `person`-Property innerhalb von `ContentView` und `EditPersonTextFields` nun mit dem `EnvironmentObject`- statt dem `ObservedObject`-Property Wrapper versehen. Im gleichen Zuge ist die `person`-Property vollständig aus `EditPersonForm` verschwunden; wie beschrieben, benötigt `EditPersonForm` keinen Zugriff auf diese Instanz. Abschließend fällt auf, dass bei der Initialisierung von `EditPersonTextFields` im body von `EditPersonForm` kein Parameter für die `person`-Property übergeben wird.

Listing 5.14 Zugriff auf das Model via `EnvironmentObject`

```
struct ContentView: View {
    @EnvironmentObject var person: Person

    var body: some View {
        VStack {
            Text(person.fullName)
                .font(.largeTitle)
            EditPersonForm()
        }
    }
}

struct EditPersonForm: View {
    var body: some View {
        Form {
            EditPersonTextFields()
        }
    }
}

struct EditPersonTextFields: View {
    @EnvironmentObject var person: Person

    var body: some View {
        Group {
            TextField("First name", text: $person.firstName)
            TextField("Last name", text: $person.lastName)
        }
    }
}
```

Um den Einsatz von `EnvironmentObject` vollständig zu verstehen, bleibt also die Frage, wie man einer View eine entsprechende Instanz übergibt. Diese wird im Beispiel aus Listing 5.14 schließlich weiterhin benötigt.

Um einer View (und damit auch allen in ihr enthaltenen Views) ein `EnvironmentObject` zuzuweisen, nutzt man einen passenden Modifier namens `environmentObject(_:)`. Diesem lässt sich eine Instanz eines beliebigen Typs übergeben, solange dieser Typ nur konform zum `ObservedObject`-Protokoll ist.

Um also beispielsweise eine Instanz der `ContentView` auf Basis einer simplen `Person`-Instanz zu erzeugen, würde man den folgenden Befehl ausführen:

`ContentView().environmentObject(Person())`

Mithilfe des `environmentObject(_:)`-Modifiers registriert man den übergebenen Parameter in dem beschriebenen Instanzen-Pool, auf den die View (in diesem Fall `ContentView`) inklusive aller in ihr enthaltenen Views (also `EditPersonForm` und `EditPersonTextFields`) zugreifen können.

Um aus einer dieser Views heraus nun jene `Person`-Instanz, die sich in diesem Daten-Pool befindet, auszulesen, erstellt man schlicht eine `EnvironmentObject`-Property mit einem beliebigen Namen. Diese Property muss konform zum Typ der Instanz sein, die man mittels `environmentObject(_:)` übergeben hat (in diesem Fall also zum Typ `Person`).

Das System sucht dann beim Erstellen der View automatisch nach einer Instanz des jeweiligen Typs. Ist diese Instanz gefunden, wird sie der `EnvironmentObject`-Property zugewiesen.

Aus diesem Prinzip ergeben sich zwei wichtige Aspekte:

- Pro Datentyp kann es in einer View und dem zugehörigen Daten-Pool nur **eine einzige** Instanz geben. Wollte man in dem vorangegangenen Beispiel einer View mehrere `Person`-Instanzen zuweisen, lässt sich das nicht mit `EnvironmentObject` lösen. Es ist aber sehr wohl möglich, den `environmentObject(_:)`-Modifier mehrmals auf einer View aufzurufen, um so verschiedene Instanzen **unterschiedlicher Typen** als `EnvironmentObject` zu übergeben.

- Besitzt eine View eine `EnvironmentObject`-Property, müssen Sie sicherstellen, dass die View (oder eine View, in der sie deklariert wird) auch eine entsprechende Instanz mithilfe des `environmentObject(_:)`-Modifiers erhält. Ist das nicht der Fall und eine entsprechende View findet für eine `EnvironmentObject`-Property keine passende Instanz im zugrunde liegenden Daten-Pool, kommt es umgehend zum Absturz der Anwendung. Das gilt auch, wenn Sie eine solche View in der Preview von Xcode anzeigen möchten. In der Preview müssen Sie dann ebenfalls ein passendes `EnvironmentObject` mittels `environmentObject(_:)`-Modifier zuweisen.

Damit der Code aus Listing 5.14 also einwandfrei funktionieren kann, müssen Sie bei der Initialisierung von `ContentView` zwingend ein passendes `EnvironmentObject` mittels `environmentObject(_:)`-Modifier übergeben. Da das `EnvironmentObject` aber innerhalb des Daten-Pools von `ContentView` installiert ist und `EditPersonTextFields` Zugriff auf denselben Pool besitzt, reicht die Deklaration einer entsprechenden `EnvironmentObject`-Property innerhalb von `EditPersonTextFields`, um auf die gewünschte `Person`-Instanz zugreifen zu können. Es ist nicht nötig, `EditPersonTextFields` eine entsprechende Instanz noch einmal explizit zuzuweisen.

Der Einsatz von `EnvironmentObject` macht den Code so ein wenig kompakter und übersichtlicher (vergleiche Listing 5.13 und Listing 5.14).

Weitere Funktionen und Besonderheiten von EnvironmentObject

Wie beschrieben können Sie einer View problemlos mehrere `EnvironmentObject`-Instanzen mithilfe des `environmentObject(_:)`-Modifiers übergeben. Wichtig ist nur, dass jede Instanz einem anderen Datentyp entspricht. Weisen Sie verschiedene Instanzen ein und desselben Typs einer View als `EnvironmentObject` zu, registriert SwiftUI nur die erste davon, alle weiteren werden verworfen.

Ein `EnvironmentObject` gilt immer für den Kontext jener View, der es zugewiesen wird. Dazu finden Sie in Listing 5.15 ein abgewandeltes Beispiel zu Listing 5.14. Darin hat sich lediglich die Implementierung von `ContentView` geändert. Diese deklariert die `person`-Property nun als `ObservedObject`, entsprechend muss ihr eine passende Instanz bei der Initialisierung übergeben werden. Allerdings setzt `ContentView` diese Instanz dann als `EnvironmentObject` für `EditPersonForm`. So lässt sich das `EnvironmentObject` in diesem Beispiel auch erst ab `EditPersonForm` und aller in ihr enthaltenen Views nutzen, da es zuvor (sprich für `ContentView`) noch nicht mittels `environmentObject(_:)`-Modifier registriert wurde.

Listing 5.15 Zuweisung eines `EnvironmentObject` zu einem späteren Zeitpunkt

```
struct ContentView: View {
    @ObservedObject var person: Person

    var body: some View {
        VStack {
            Text(person.fullName)
                .font(.largeTitle)
            EditPersonForm()
                .environmentObject(person)
        }
    }
}

struct EditPersonForm: View {
    var body: some View {
        Form {
            EditPersonTextFields()
        }
    }
}

struct EditPersonTextFields: View {
    @EnvironmentObject var person: Person

    var body: some View {
        Group {
            TextField("First name", text: $person.firstName)
            TextField("Last name", text: $person.lastName)
        }
    }
}
```

Weitere Einsatzgebiete für EnvironmentObject

Der Einsatz von `EnvironmentObject` bietet sich vorrangig in zwei Situationen an. Eine davon haben Sie in den vorangegangenen Erläuterungen bereits kennengelernt. Dank `EnvironmentObject` können Sie eine Instanz innerhalb einer View (und der in ihr enthaltenen Views) registrieren und aus all diesen Ansichten darauf zugreifen. Das bietet sich – wie in den vorherigen Beispielen zu sehen war – unter anderem für spezielle Instanzen an, die innerhalb eines spezifischen View-Bereichs von mehreren Views benötigt werden (und so ohne den Einsatz von `EnvironmentObject` von einer View zur nächsten weitergereicht werden müssten).

Der Einsatz von `EnvironmentObject` macht aber auch Sinn, wenn Sie App-übergreifende Daten allen ihren Views zur Verfügung stellen wollen. Bei diesen Daten kann es sich beispielsweise um Informationen zu Einstellungen handeln, die der Nutzer in der App setzen kann und die an verschiedenen Stellen innerhalb der Anwendung ausgelesen werden müssen. Solche Daten kann man mittels `EnvironmentObject` beispielsweise direkt der ersten View der App zuweisen, sodass alle darauf aufbauenden Views ohne weitere Anpassungen darauf zugreifen können.

■ 5.7 Environment

Der `Environment`-Property Wrapper erfüllt im Grunde die gleiche Aufgabe wie `EnvironmentObject` (siehe Abschnitt 5.5). Über ihn greift man ebenfalls auf Instanzen zu, die Teil des zugrunde liegenden Daten-Pools sind.

Die Elemente, die über `Environment` zur Verfügung stehen, werden über passende Schlüssel definiert. Es handelt sich bei ihnen meist um Verweise auf Systemfunktionen. So lässt sich beispielsweise auslesen, ob der Light- oder Dark-Mode auf dem zugrunde liegenden Gerät aktiv oder welche Systemsprache gesetzt ist. `Environment` erlaubt so primär den Zugriff auf globale Systemeigenschaften, während man mittels `EnvironmentObject` Instanzen App-spezifischer Datentypen in Views einbindet.

Darüber hinaus bestehen Properties auf Basis von `Environment` aus zwei Informationen: einem Schlüssel und einem Typ. Über den Schlüssel greift man auf die gewünschten Daten zu, die man auslesen möchte. Es reicht also (im Gegensatz zu `EnvironmentObject`) nicht, einfach nur den Typ der auszulesenden Daten anzugeben. Das liegt daran, dass viele der Instanzen, die Sie mittels `Environment` auslesen können, demselben Typ entsprechen (zum Beispiel `Bool`). Aus diesem Grund müssen Sie die gewünschte Information explizit über einen eindeutigen Schlüssel auslesen.

Ein Beispiel zum Einsatz des `Environment`-Property Wrappers finden Sie in Listing 5.16. Darin kommt der `colorScheme`-Schlüssel zum Einsatz, über den sich auslesen lässt, ob auf dem zugrunde liegenden Device der Light- oder der Dark-Mode aktiv ist. Diese Information wird genutzt, um die Farbe eines Textes entsprechend anzupassen.

Interessant hierbei ist die Initialisierung der `colorScheme`-Property auf Basis des `Environment`-Property Wrappers. Wie beschrieben braucht es einen Schlüssel, um auf die gewünschte Systeminformation zugreifen zu können (in diesem Fall ist das `colorScheme`). Diesen Schlüssel übergibt man bei der Deklaration eines `Environment`-Property Wrappers als Key-Path. Wichtig ist darüber hinaus, der so erzeugten Property den korrekten Typ (passend zum gewählten Schlüssel) zuzuweisen. So erhält man beispielsweise mit dem `colorScheme`-Schlüssel eine Instanz vom Typ `ColorScheme`; entsprechend ist `ColorScheme` der Typ der eigens erzeugten `colorScheme`-Property.

Listing 5.16 Zugriff auf Environment-Property

```
struct ContentView: View {
    @Environment(\.colorScheme) var colorScheme: ColorScheme

    var body: some View {
        Text("Some title")
            .font(.largeTitle)
            .foregroundColor(colorScheme == .light ? .black : .white)
    }
}
```

Werte für Environment setzen

Sie können nicht nur Informationen aus Environment-Properties auslesen, sondern diese auch setzen. Das geschieht bei Initialisierung einer View, die auf einer solchen Environment-Property basiert (wie beispielsweise ContentView aus Listing 5.16).

Um einen solchen Wert zu setzen, nutzen Sie den Modifier environment(_:_:). Der erste Parameter verweist auf den Schlüssel, für den Sie einen Wert übergeben möchten, der zweite Parameter nimmt den Wert entgegen.

Ein häufiger Einsatz des genannten Modifiers bezieht sich auf das Setzen eines Managed-Object-Contexts in Apps, die auf Apples Core Data-Framework basieren. Dieser Managed-Object-Context lässt sich dann direkt aus allen zugehörigen Views auslesen.

Möchte man beispielsweise den Managed-Object-Context für ContentView als Environment setzen, nutzt man die in Listing 5.17 gezeigte Syntax. Als Schlüssel kommt in diesem Fall managedObjectContext zum Einsatz.

Listing 5.17 Hinzufügen eines Managed-Object-Contexts zum Environment

```
// myManagedObjectContext verweist auf eine NSManagedObjectContext-Instanz.
ContentView().environment(\.managedObjectContext, myManagedObjectContext)
```

Übersicht über verfügbare Environment-Schlüssel

Die Dokumentation von Apple listet unter dem Typ EnvironmentValues alle Schlüssel auf, die Sie im Zusammenspiel mit dem Environment-Property Wrapper verwenden können (siehe Bild 5.9).

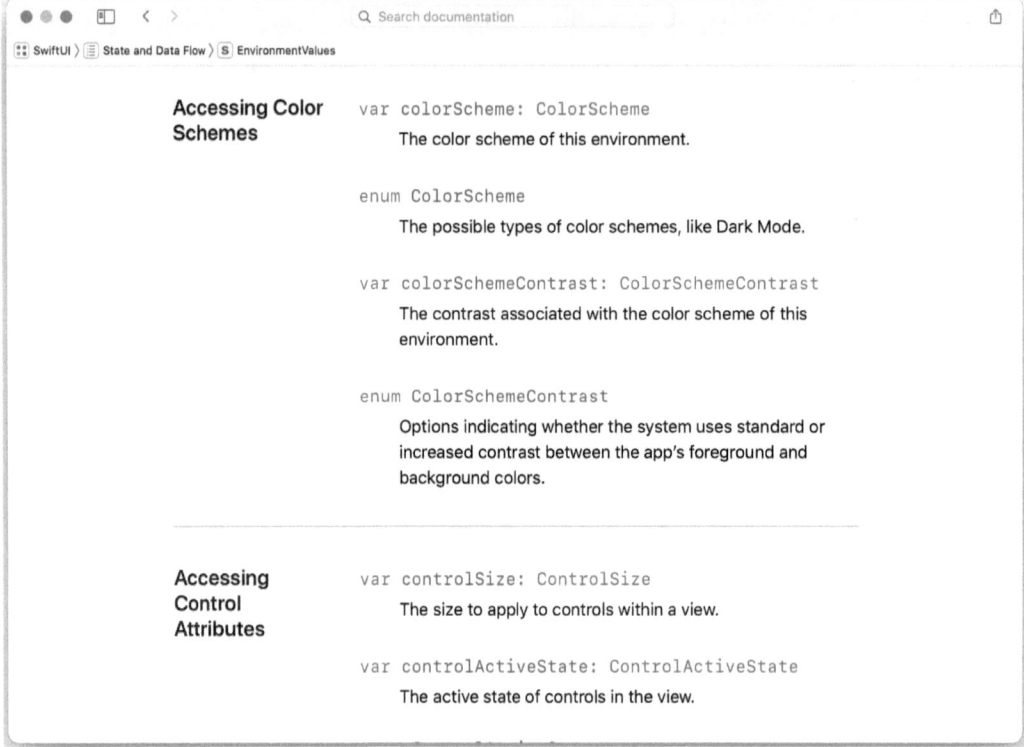

Bild 5.9 In Apples Dokumentation finden Sie eine Übersicht der verfügbaren Environment-Schlüssel.

■ 5.8 Zusammenfassung: Welcher Status für welche Situation?

Gerade zu Beginn können die verschiedenen Status in SwiftUI leicht zu Verwirrungen führen. Um Ihnen eine Hilfestellung anzubieten, schlüssele ich im Folgenden auf, unter welchen Bedingungen Sie welche Art von Status verwenden sollten.

Hierbei unterscheide ich zwischen den Daten, die als Basis für den Status dienen. Handelt es sich bei dem Status um einen einfachen Value Type, also etwa um `Int`, `Double` oder `Bool`? Dann werfen Sie einen Blick auf die Tabelle 5.1.

Tabelle 5.1 Richtige Statuswahl für Value Types

Situation	Property	State	Binding
Nur Lesezugriff notwendig	X		
Schreibzugriff benötigt		X	X
View speichert und verwaltet den Status selbst		X	
View erhält den Status als Parameter			X

Möchten Sie hingegen Ihr eigenes Datenmodell auf Basis einer Klasse als Status für eine SwiftUI-View nutzen, dann finden Sie eine passende Aufschlüsselung der verfügbaren Optionen in Tabelle 5.2.

Tabelle 5.2 Richtige Statuswahl für Reference Types

Situation	ObservedObject	StateObject	EnvironmentObject
View erhält den Status als Parameter	X		
View speichert und verwaltet den Status selbst		X	
View erhält den Status durch das Environment			X

Das kann Ihnen als eine einfache Grundlage dienen, um zu entscheiden, wann Sie auf welche Art von Status zurückgreifen sollten.

6 Integration

Mit SwiftUI bietet Apple seit 2019 ein Framework an, dass die Erstellung von User Interfaces für *all* seine Plattformen erlaubt. Parallel dazu stehen aber auch spezialisierte Frameworks zur Verfügung, mit denen man ebenfalls Nutzeroberflächen umsetzen kann (und die vor der Veröffentlichung von SwiftUI zwingend dafür benötigt wurden). Bei diesen spezialisierten Frameworks handelt es sich um:

- AppKit (für macOS)
- UIKit (für iOS, iPadOS und tvOS)
- WatchKit (für watchOS)

Diese Frameworks spielen bei der Entwicklung von Apps für Apple-Plattformen weiterhin eine wichtige Rolle. Möglicherweise werden sie eines Tages vollständig von SwiftUI abgelöst, bis dahin ist es aber noch ein weiter Weg. Entsprechend stößt man als Entwickler auf viele Projekte, die entweder teilweise oder vollständig auf den genannten Frameworks statt auf SwiftUI basieren. Zusätzlich stehen (zumindest bisher) manche View-Elemente nur in AppKit, UIKit oder WatchKit zur Verfügung. Um diese in einer auf SwiftUI basierenden Anwendung einsetzen zu können, muss man auf diese Frameworks zurückgreifen.

In diesem Kapitel widme ich mich ausführlich diesem Thema und zeige Ihnen, wie Sie Views und View-Controller aus AppKit, UIKit und WatchKit in SwiftUI integrieren. Hierfür kommen sogenannte *Representables* zum Einsatz. Auch den umgekehrten Weg – sprich das Einbinden von SwiftUI-Views in die bisherigen UI-Frameworks – beleuchte ich ausführlich. Die dahinterstehende Technik bezeichnet man als *Hosting*.

■ 6.1 Hosting

Hosting bezeichnet die Integration von mit SwiftUI erstellten Views in den Frameworks AppKit, UIKit und WatchKit. Hosting kann eine sehr effektive Technik in bereits bestehenden Projekten sein, in denen ein Teil des User-Interfaces auf den „alten" UI-Frameworks basiert. Dank Hosting kann man parallel auch Views auf Basis von SwiftUI erzeugen und diese – wo nötig – in Views und View-Controller der AppKit-, UIKit- und WatchKit-Frameworks einbinden (siehe Bild 6.1).

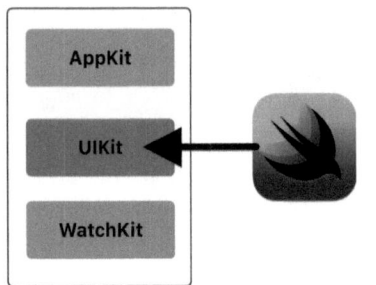

Bild 6.1
Mittels Hosting integriert man SwiftUI-Views in AppKit, UIKit und WatchKit.

Um das Hosting durchzuführen, stehen (abhängig vom Ziel-Framework, in das eine SwiftUI-View integriert werden soll) verschiedene Klassen zur Verfügung. Diese sind:

- Unter macOS: `NSHostingController`
- Unter iOS/iPadOS/tvOS: `UIHostingController`
- Unter watchOS: `WKHostingController`

Im Folgenden stelle ich Ihnen den Einsatz dieser drei Klassen im Detail vor.

6.1.1 NSHostingController und UIHostingController

Die grundlegende Funktionsweise von `NSHostingController` (AppKit) und `UIHostingController` (iOS/iPadOS/tvOS) ist identisch, weshalb ich beide Klassen hier zusammen betrachte. Die gezeigten Beispiele basieren auf `UIHostingController`, lassen sich auf die gleiche Art und Weise aber auch mit `NSHostingController` umsetzen.

Bei beiden Klassen handelt es sich um View-Controller-Klassen aus dem AppKit- beziehungsweise UIKit-Framework. `NSHostingController` ist dementsprechend von `NSViewController` abgeleitet, `UIHostingController` von `UIViewController`.

Um eine SwiftUI-View in die jeweiligen Frameworks einzubinden, nutzt man den Initializer `init(rootView:)`, den sowohl `NSHostingController` als auch `UIHostingController` mitbringen. Er erwartet als Parameter eine Instanz der einzubindenden SwiftUI-View. `NSHostingController` und `UIHostingController` wandeln eine solche SwiftUI-View dann in eine entsprechende View-Controller-Instanz für AppKit beziehungsweise UIKit um. Ein simples Beispiel dazu zeigt Listing 6.1.

Listing 6.1 Praktischer Einsatz von `UIHostingController`

```
// SomeSwiftUIView steht exemplarisch für eine SwiftUI-View.
let someSwiftUIView = SomeSwiftUIView()
let hostingController = UIHostingController(rootView: someSwiftUIView)
```

Ein so erzeugter View-Controller auf Basis von `NSHostingController` oder `UIHostingController` kann dann unter AppKit beziehungsweise UIKit wie jeder andere View-Controller verwendet werden.

Ein konkretes Beispiel für den Einsatz von `NSHostingController` und `UIHostingController` finden Sie übrigens, wenn Sie ein neues Xcode-Projekt auf Basis der folgenden Einstellungen erzeugen:

- *Interface:* SwiftUI
- *Life Cycle:* AppKit/UIKit/WatchKit App Delegate (abhängig von der Zielplattform)

Wechseln Sie beispielsweise im Falle eines iOS-Projekts einmal in die *SceneDelegate.swift*-Datei und werfen Sie einen Blick auf die Implementierung der `scene(_:willConnectTo: options:)`-Methode. Darin erfolgt die Erstellung eines Fensters, das den Inhalt der App darstellt. Dieses Fenster benötigt einen View-Controller, der die darzustellende View enthält. Da das Projekt auf SwiftUI basiert (und das Fenster somit eine SwiftUI-View anzeigen soll) wird ein `UIHostingController` genutzt, um den View-Controller auf Basis der SwiftUI-View für das Fenster zu erzeugen.

Sie finden einen entsprechenden Auszug der beschriebenen Methode in Listing 6.2. Die Erstellung der anzuzeigenden SwiftUI-View sowie die des `UIHostingController` sind darin fett hervorgehoben.

Listing 6.2 Erstellung einer `UIHostingController`-Instanz als Basis für ein Window

```
func scene(_ scene: UIScene, willConnectTo session: UISceneSession, options
connectionOptions: UIScene.ConnectionOptions) {
    let contentView = ContentView()
    if let windowScene = scene as? UIWindowScene {
        let window = UIWindow(windowScene: windowScene)
        window.rootViewController = UIHostingController(rootView: contentView)
        self.window = window
        window.makeKeyAndVisible()
    }
}
```

6.1.2 WKHostingController

Das Einbinden einer SwiftUI-View in WatchKit über einen `WKHostingController` unterscheidet sich ein wenig von dem Vorgehen via `NSHostingController` beziehungsweise `UIHostingController` (siehe hierzu den Abschnitt 6.1.1). Das Grundprinzip aber ist das gleiche: Über eine `WKHostingController`-Instanz erzeugen Sie eine SwiftUI-View, die Sie dann in Form eines `WKInterfaceController` innerhalb von WatchKit verwenden können.

Um einen solchen `WKInterfaceController` zu erzeugen, nutzen Sie aber keinen Initializer, dem Sie die gewünschte SwiftUI-View als Parameter übergeben. Stattdessen müssen Sie eine eigene `WKInterfaceController`-*Subklasse* erzeugen und darin eine Property namens body überschreiben. Über diese liefern Sie die anzuzeigende SwiftUI-View zurück.

Ein Beispiel dazu finden Sie in Listing 6.3. Darin erfolgt die Deklaration einer Klasse namens `HostingController`, die von `WKHostingController` abgeleitet ist. Über sie soll eine SwiftUI-View namens `ContentView` in WatchKit eingebunden werden, entsprechend liefert die Klasse eine Instanz dieser View über ihre body-Property zurück.

Listing 6.3 Deklaration eines `WKHostingController`

```
// ContentView steht exemplarisch für eine SwiftUI-View
class HostingController: WKHostingController<ContentView> {
    override var body: ContentView {
        ContentView()
    }
}
```

Ein so definierter `WKHostingController` lässt sich wie jeder andere `WKInterfaceController` auch unter WatchKit einsetzen.

■ 6.2 Representables

Mithilfe sogenannter *Representables* bindet man Views und View-Controller aus AppKit, UIKit und WatchKit in SwiftUI-Views ein (siehe Bild 6.2). Das erlaubt es, bereits bestehende User Interfaces auf Basis der „alten" Frameworks auch in neuen SwiftUI-Ansichten zu verwenden, ohne die jeweiligen Views mittels SwiftUI komplett neu erstellen zu müssen. Darüber hinaus können Sie so aber auch Views und View-Controller aus anderen Frameworks unter SwiftUI nutzen. Benötigen Sie beispielsweise eine Kartenansicht auf Basis von `MapView` aus dem MapKit-Framework? Mithilfe eines Representables können Sie eine passende Variante erzeugen, die sich ohne Einschränkungen unter SwiftUI einsetzen lässt.

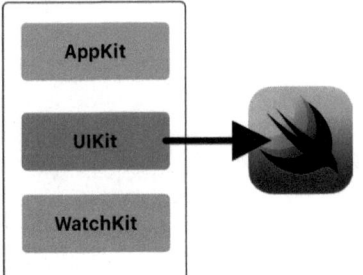

Bild 6.2
Representables ermöglichen es, Views und View-Controller aus AppKit, UIKit und WatchKit in SwiftUI einzubinden.

Representables werden im Kern immer auf die gleiche Art und Weise umgesetzt, unabhängig davon, ob Sie eine View beziehungsweise einen View-Controller aus AppKit, UIKit oder aus WatchKit in SwiftUI einbinden möchten.

Die Umsetzung beginnt immer mit der Erstellung einer neuen SwiftUI-View. Diese übernimmt die Aufgabe, eine View beziehungsweise einen View-Controllers aus AppKit/UIKit/WatchKit in ein passendes SwiftUI-Element umzuwandeln. Die so umgesetzte SwiftUI-View stellt am Ende also ein Pendant zu der View oder dem View-Controller dar, der aus AppKit, UIKit beziehungsweise WatchKit eingebunden wurde.

Statt zum `View`-Protokoll ist eine solche SwiftUI-View konform zu einem der im Folgenden aufgeführten Protokolle. Welches konkret zum Einsatz kommt, hängt einerseits davon ab, ob eine View oder ein View-Controller in SwiftUI eingebunden werden soll. Außerdem ist das Framework relevant, aus dem die View beziehungsweise der View-Controller stammt:

- AppKit
  - View-Controller: `NSViewControllerRepresentable`
  - View: `NSViewRepresentable`
- UIKit
  - View-Controller: `UIViewControllerRepresentable`
  - View: `UIViewRepresentable`
- WatchKit
  - View: `WKInterfaceObjectRepresentable`

Der Grundaufbau und die Funktionsweise aller genannten Protokolle sind immer identisch. Hat man einmal verstanden, wie Representables funktionieren, lässt sich dieses Wissen auf alle verfügbaren Protokolle übertragen.

Herzstück der genannten Protokolle sind eine *Make-* und eine *Update-*Methode. Deren konkrete Bezeichner hängen vom jeweiligen Protokoll ab, erfüllen aber immer die gleiche Aufgabe.

Mithilfe der *Make-*Methode erzeugen Sie eine Instanz der View beziehungsweise des View-Controllers, die beziehungsweise den Sie in SwiftUI einbinden möchten. Soll beispielsweise ein `UIViewController` aus dem UIKit-Framework in SwiftUI verwendet werden, nutzen Sie die entsprechende Make-Methode des `UIViewControllerRepresentable`-Protokolls mit dem Namen `makeUIViewController(context:)`. Zur Umsetzung einer WatchKit-View kommt stattdessen das `WKInterfaceObjectRepresentable`-Protokoll mit der Make-Methode `makeWKInterfaceObject(context:)` zum Einsatz.

Die *Update-*Methode dient dazu, Aktualisierungen an Views und View-Controllern aus AppKit, UIKit und WatchKit durchzuführen. Eine Update-Methode wird automatisch vom System aufgerufen, sobald sich eine Eigenschaft der mittels Representable erzeugten SwiftUI-View ändert.

In Tabelle 6.1 finden Sie eine Aufstellung der verfügbaren Representable-Protokolle sowie der zugehörigen Bezeichner für die Make- und Update-Methoden.

Tabelle 6.1 Make- und Update-Methoden der Representable-Protokolle

Representable-Protokoll	Make-Methode	Update-Methode
NSViewController Representable	makeNSViewController (context:)	updateNSViewController (_:context:)
NSViewRepresentable	makeNSView(context:)	updateNSView(_:context:)
UIViewController Representable	makeUIViewController (context:)	updateUIViewController (_:context:)
UIViewRepresentable	makeUIView(context:)	updateUIView(_:context:)
WKInterfaceObject Representable	makeWKInterfaceObject (context:)	updateWKInterfaceObject (_:context:)

In den folgenden Abschnitten stelle ich Ihnen den Einsatz dieser Protokolle anhand verschiedener Beispiele vor. Auch wenn dabei nicht jedes der verfügbaren Protokolle in der Praxis betrachtet wird, können Sie das gezeigte Vorgehen eins zu eins auf alle Protokolle übertragen. Es ist ausschließlich wichtig zu wissen, wie der Name der zugehörigen Make- und Update-Methode lautet.

6.2.1 Erstellen einer Representable-View

Um eine View oder einen View-Controller aus AppKit, UIKit beziehungsweise WatchKit in SwiftUI einzubinden, erstellen Sie zunächst einen neuen Typ, der konform zum passenden Representable-Protokoll ist. Darin müssen Sie sowohl die zugehörige Make- als auch die Update-Methode implementieren.

Zu Beginn ist lediglich die Make-Methode ausschlaggebend. Auch wenn Sie die Update-Methode implementieren müssen, können Sie sie schlicht leer lassen und darin auf die Ausführung jeglicher Befehle verzichten. Die Update-Methode wird erst in dem Augenblick wichtig, in dem ein Representable zur Laufzeit aktualisiert werden soll (dazu erfahren Sie mehr in Abschnitt 6.2.2, „Aktualisieren einer Representable-View").

Um den Umgang mit Representables einmal zu verdeutlichen, binde ich im folgenden Beispiel eine `WKWebView` in SwiftUI ein. `WKWebView` ist eine View aus dem WebKit-Framework zur Darstellung von Websites. Sie steht sowohl in einer Variante auf Basis von `NSView` als auch `UIView` zur Verfügung. Das nachfolgende Beispiel bezieht sich auf die `UIView`-Variante. Das bedeutet, dass zur Einbindung in SwiftUI das `UIViewRepresentable`-Protokoll zum Einsatz kommt. Demnach besteht der erste Schritt darin, einen neuen Typ zu erzeugen, der konform zu diesem Protokoll ist. Dieser Typ entspricht am Ende einer SwiftUI-View, die ich in diesem Fall schlicht `WebView` nenne.

Am wichtigsten ist nun zunächst die Implementierung der Make-Methode, in diesem Fall also von `makeUIView(context:)`. Jede Make-Methode liefert eine Instanz jener View beziehungsweise jenes View-Controllers zurück, den man über das Representable in SwiftUI einbinden möchte. In diesem Beispiel ist das also eine Instanz vom Typ `WKWebView`. Diesen Typ muss man selbst explizit bei der Implementierung der Methode setzen:

```
func makeUIView(context: Context) -> WKWebView
```

Möchte man eine andere View beziehungsweise einen anderen View-Controller in SwiftUI einbinden, muss der Rückgabetyp der Make-Methode immer entsprechend angepasst sein.

Innerhalb der Make-Methode selbst kümmert man sich dann um die Erzeugung und Rückgabe einer Instanz des gewünschten Typs. Ein vollständiges Beispiel zur Umsetzung eines Representables für eine `WKWebView` finden Sie in Listing 6.4. Innerhalb der Make-Methode wird eine passende Instanz erzeugt und direkt eine spezifische URL geladen. Da die Update-Methode noch nicht benötigt wird, ist deren Implementierung leer.

Wichtig für die korrekte Funktionalität dieses Beispiels: Sie müssen das WebKit-Framework importieren, da andernfalls `WKWebView` nicht gefunden werden kann.

Listing 6.4 Umsetzung einer `WKWebView` als SwiftUI-Representable

```
import SwiftUI
import WebKit

struct WebView: UIViewRepresentable {
```

```
    func makeUIView(context: Context) -> WKWebView {
        let webView = WKWebView()
        webView.load(URLRequest(url: URL(string: "https://letscode.thomassillmann.
de")!))
        return webView
    }

    func updateUIView(_ uiView: WKWebView, context: Context) {
        // ...
    }
}
```

Die in Listing 6.4 deklarierte `WebView` ist eine vollwertige SwiftUI-View. Sie können sie auf exakt die gleiche Art und Weise verwenden wie jede andere SwiftUI-View. Ein passendes Beispiel dazu finden Sie in Listing 6.5. Darin wird `WebView` als Teil eines `VStack` verwendet. Das Ergebnis zeigt Bild 6.3.

Listing 6.5 Einbinden eines Representables

```
struct ContentView: View {
    var body: some View {
        VStack {
            Text("SwiftUI-Browser")
                .font(.largeTitle)
                .padding()
            WebView()
        }
    }
}
```

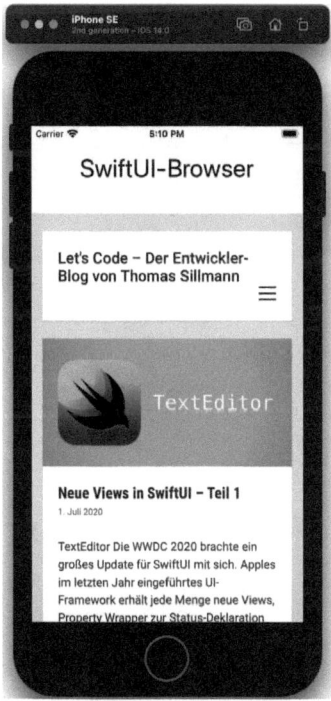

Bild 6.3
Die mittels Representable umgesetzte WebView kann wie jede andere SwiftUI-View verwendet werden.

Eine `UIView` sowie eine `WKWebView` ließen sich so mit nur wenigen Zeilen Code in SwiftUI abbilden und verwenden. Und da die von uns deklarierte `WebView` zu 100 Prozent einer SwiftUI-View entspricht, lassen sich auch Modifier mit ihr nutzen (zumindest solche, die allen Views in SwiftUI zur Verfügung stehen). Ein ergänzendes Beispiel dazu finden Sie in Listing 6.6. Die erzeugte `WebView`-Instanz erhält darin mittels `border(_:width:)`-Modifier zusätzlich noch einen grauen Rahmen. Außerdem wird auf den `VStack` noch der `padding()`-Modifier aufgerufen, der so auch für die im `VStack` enthaltene `WebView` greift (siehe Bild 6.4).

Listing 6.6 Aufrufen von Modifiern auf ein Representable

```
struct ContentView: View {
    var body: some View {
        VStack {
            Text("SwiftUI-Browser")
                .font(.largeTitle)
            WebView()
                .border(Color.gray, width: 1)
        }
        .padding()
    }
}
```

Bild 6.4
Modifier lassen sich auch auf Views auf Basis eines Representables aufrufen.

6.2.2 Aktualisieren einer Representable-View

Viele SwiftUI-Views – auch solche, die man auf Basis eines Representables erzeugt – benötigten dynamische Eigenschaften, deren Werte sich nach der Initialisierung ändern können. Eine Representable-View muss auf derartige Änderungen reagieren können, um eine möglicherweise notwendige Aktualisierung einer View beziehungsweise eines View-Controllers auf Basis von AppKit, UIKit oder WatchKit vorzunehmen.

Um diese Thematik einmal anhand eines Beispiels zu erläutern, erweitern wir im Folgenden die `WebView`, die in Abschnitt 6.2.1 deklariert wurde. Diese ist bisher nämlich nicht besonders dynamisch und lädt lediglich eine Website, die fest innerhalb der Make-Methode des Representables definiert ist. Schöner wäre es, die anzuzeigende URL über eine änderbare Property zu steuern.

Zu diesem Zweck erweitern wir das Representable in einem ersten Schritt um eine entsprechende Eigenschaft, und zwar in Form eines Bindings auf Basis einer URL-Instanz. Das erlaubt es nicht nur, einmalig eine URL zu übergeben. Dank des Bindings lässt sich die URL auch ändern, um so die angezeigte Website später jederzeit anzupassen.

In Listing 6.7 sehen Sie, wie eine solche Aktualisierung von `WebView` aussehen kann. Innerhalb der Make-Methode wird die URL des Bindings ausgelesen und zum Laden des passenden Webinhalts verwendet.

Listing 6.7 Ergänzen einer änderbaren Eigenschaft in einem Representable

```
struct WebView: UIViewRepresentable {
    @Binding var url: URL

    func makeUIView(context: Context) -> WKWebView {
        let webView = WKWebView()
        webView.load(URLRequest(url: url))
        return webView
    }

    func updateUIView(_ uiView: WKWebView, context: Context) {
        // ...
    }
}
```

Sie können auf diese Art und Weise beliebig viele Eigenschaften in einem Representable ergänzen. Auch State-Properties oder „einfache" Properties, die schlicht einmalig bei der Initialisierung einen nicht änderbaren Wert erhalten, sind möglich; eben genauso wie in jeder anderen SwiftUI-View.

Um die aktualisierte `WebView` einmal zu testen, finden Sie in Listing 6.8 ein passendes Beispiel. `ContentView` setzt sich – neben einer `WebView`-Instanz – aus einem Titel und zwei Buttons zusammen. Letztere ändern den Wert der State-Property `url`, die gleichzeitig als Basis für den `url`-Parameter der `WebView` dient. Der Link, der somit in dieser State-Property enthalten ist, soll in der `WebView` geladen und angezeigt werden.

Listing 6.8 Übergabe von Eigenschaften an ein Representable

```
struct ContentView: View {
    @State private var url = URL(string: "https://www.thomassillmann.de")!

    var body: some View {
        VStack {
            Text("SwiftUI-Browser")
                .font(.largeTitle)
            HStack(spacing: 20) {
                Button("Apple") {
                    self.url = URL(string: "https://www.apple.com/de")!
                }
                Button("Let's Code") {
                    self.url = URL(string: "https://letscode.thomassillmann.de")!
                }
            }
            .padding()
            WebView(url: $url)
                .border(Color.gray, width: 1)
        }
        .padding()
    }
}
```

Ein erster Test dieser View stimmt durchaus zuversichtlich, wird doch die Website angezeigt, deren Adresse als Standardwert in der State-Property hinterlegt ist (siehe Bild 6.5).

Bild 6.5
Die Adresse der State-Property dient als Basis für die dargestellte Website.

Wenn Sie jedoch die beiden Buttons testen, die die URL entsprechend verändern, werden Sie feststellen, dass keine Aktualisierung der `WebView` erfolgt. Grund hierfür ist, dass die `WebView` zwar durchaus die Änderung aufgrund des Bindings mitbekommt. Jedoch müssen wir noch innerhalb der Implementierung von `WebView` festlegen, was genau *geschehen* soll, sobald es zu einer Aktualisierung der Eigenschaften des Representables kommt.

Bisher haben wir lediglich definiert, wie eine `WebView`-Instanz erstellt werden soll; dafür kommt die Make-Methode zum Einsatz, die den initialen Wert der `url`-Property ausliest und zum Laden der zugehörigen Website verwendet. Nun müssen wir noch festlegen, was zu tun ist, wenn sich diese Eigenschaft (oder irgendeine andere Eigenschaft von `WebView`) ändert.

Genau an dieser Stelle kommt die bisher noch ungenutzte Update-Methode ins Spiel. Die Update-Methode wird jedes Mal aufgerufen, wenn sich eine Eigenschaft des `Representables` ändert.

Für das Beispiel der `WebView` bedeutet das, dass bei einer Änderung der `url`-Property die zugrunde liegende `WKWebView`-Instanz die Website des zugehörigen Links laden und anzeigen soll. Um auf die `WKWebView`-Instanz zugreifen zu können, nutzen wir den `uiView`-Parameter der Update-Methode. Dieser erste Parameter liefert uns immer den Verweis auf die Instanz, die wir mittels Representable aus AppKit/UIKit/WatchKit in SwiftUI einbinden. Eine entsprechende Aktualisierung von `WebView` finden Sie in Listing 6.9.

Listing 6.9 Reaktion auf Update von Representable-Eigenschaften

```
struct WebView: UIViewRepresentable {
    @Binding var url: URL

    func makeUIView(context: Context) -> WKWebView {
        let webView = WKWebView()
        webView.load(URLRequest(url: url))
        return webView
    }

    func updateUIView(_ uiView: WKWebView, context: Context) {
        uiView.load(URLRequest(url: url))
    }
}
```

Ändert sich nun der Wert der `url`-Property (wie es bei Betätigung der Buttons aus Listing 6.8 der Fall ist), führt das zum Aufruf der Update-Methode und das wiederum zum Laden der passenden Website.

6.2.3 Weitergabe von Aktualisierungen an SwiftUI

Abschnitt 6.2.2 hat gezeigt, wie man mithilfe von Eigenschaften die zugrunde liegende View beziehungsweise den zugrunde liegenden View-Controller eines Representables aktualisieren kann. In vielen Fällen spielt aber auch der *umgekehrte* Weg eine wichtige Rolle. In solch einem Fall kommt es zu einer Aktualisierung, die von der View beziehungsweise dem View-Controller ausgelöst wird, auf der/dem das Representable basiert.

Zum besseren Verständnis finden Sie zu dieser Problematik ein Beispiel in Listing 6.10. Basis darin ist ein Representable namens `TextView`, mit dem eine `UITextView` in SwiftUI eingebunden wird. Die `text`-Property bestimmt den anzuzeigenden Text. Innerhalb von `ContentView` ist eine solche `TextView`-Instanz eingebunden. Das Besondere daran ist, dass am Ende von `ContentView` der aktuelle Inhalt der `text`-Property ausgegeben wird. Das soll zur Kontrolle dienen, um festzustellen, dass Änderungen innerhalb der Text-View auch zurück in die `text`-Property von `ContentView` geschrieben werden. Genau das ist aber nicht der Fall (siehe Bild 6.6). Ändert man den Text innerhalb der Text-View, hat das keinerlei Auswirkungen auf die State-Property, die diesen Text eigentlich widerspiegeln sollte.

Listing 6.10 Einsatz einer UITextView als Representable

```
struct TextView: UIViewRepresentable {
    @Binding var text: String

    func makeUIView(context: Context) -> UITextView {
        let textView = UITextView()
        return textView
    }

    func updateUIView(_ uiView: UITextView, context: Context) {
        uiView.text = text
    }
}

struct ContentView: View {
    @State private var text = ""

    var body: some View {
        VStack {
            Text("SwiftUI-Textedtior")
                .font(.largeTitle)
            TextView(text: $text)
                .border(Color.gray, width: 1)
            Divider()
            Text(text)
        }
        .padding()
    }
}
```

Der Grund für dieses Problem ist relativ simpel. Intern arbeiten wir noch immer mit einem UIKit-Element, in diesem Fall einer `UITextView`-Instanz. Die Textänderungen werden also innerhalb der `UITextView` durchgeführt. Wenn wir diese Änderungen an SwiftUI weitergeben möchten (konkret also an die `text`-Property unseres Representables), müssen wir uns selbst um die Umsetzung einer entsprechenden Weitergabe kümmern.

An dieser Stelle kommen die sogenannten *Coordinator* ins Spiel. Ein Coordinator dient als Bindeglied zwischen AppKit/UIKit/WatchKit und unserer SwiftUI-View. Er fängt Funktionen von AppKit/UIKit/WatchKit-Elementen ab und gibt diese in geeigneter Form an SwiftUI weiter.

Betrachten wir dieses Verhalten konkret anhand unseres `UITextView`-Beispiels. Ziel ist es, Änderungen innerhalb von `UITextView` zu erfassen und an die `text`-Property des Representables weiterzugeben. Um das zu erreichen, müssen wir `UITextView` um einen Delegate vom Typ `UITextViewDelegate` ergänzen. Dieser Delegate kann die gewünschten Änderungen abfangen.

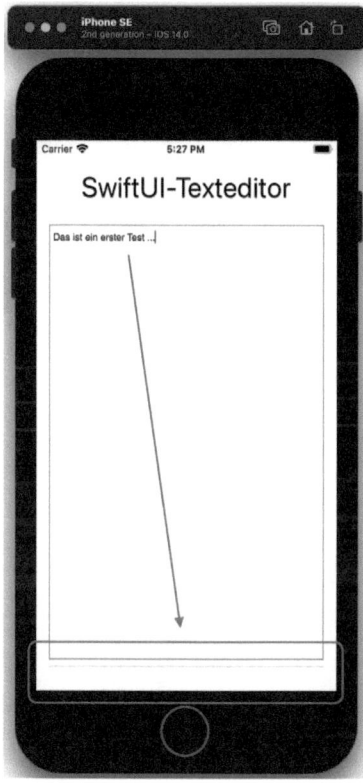

Bild 6.6
Eine Aktualisierung innerhalb der UITextView führt noch zu keinem Update in SwiftUI.

Diese Rolle wird ein Coordinator übernehmen. Er wird so informiert, wenn sich der Text innerhalb von `UITextView` ändert, und kann in diesem Zuge eine passende Aktualisierung der `text`-Property unserer `TextView` durchführen.

Coordinator werden idealerweise als Nested Type innerhalb des zugehörigen Representables umgesetzt. Es handelt sich bei ihnen um Klassen, denen man einen Verweis auf die zu aktualisierende SwiftUI-View zuweist. Gleichzeitig implementiert der Coordinator alle Methoden, um mit dem einzubindenden AppKit/UIKit/WatchKit-Element interagieren zu können.

In Listing 6.11 sehen Sie, wie die Ergänzung von `TextView` um einen Coordinator aussehen kann. Dazu wird eine neue Klasse namens `Coordinator` als Teil von `TextView` erzeugt. Diese Klasse erhält bei Initialisierung eine `TextView`-Instanz, die der Coordinator so über mögliche Änderungen passend informieren kann.

Die Änderung, die uns interessiert, wird durch die einzubindende `UITextView` ausgelöst, nämlich immer dann, wenn sich deren Text ändert. Entsprechend ist die `Coordinator`-Klasse konform zum `UITextViewDelegate`-Protokoll und implementiert die `textView DidChange(_:)`-Methode. Ändert sich so der Text innerhalb einer `UITextView`, greift der Coordinator auf die ihm bei der Initialisierung übergebene `TextView`-Instanz zu und übergibt deren `text`-Property den aktuellen Text der `UITextView`.

Listing 6.11 Umsetzung eines Coordinators für ein Representable

```swift
struct TextView: UIViewRepresentable {
    @Binding var text: String

    func makeUIView(context: Context) -> UITextView {
        let textView = UITextView()
        return textView
    }

    func updateUIView(_ uiView: UITextView, context: Context) {
        uiView.text = text
    }

    class Coordinator: NSObject, UITextViewDelegate {
        var parent: TextView

        init(_ textView: TextView) {
            parent = textView
        }

        func textViewDidChange(_ textView: UITextView) {
            parent.text = textView.text
        }
    }
}
```

Was nun noch fehlt, ist die Verknüpfung der `TextView`-Structure mit der `TextView.Coordinator`-Klasse. Bisher stehen beide lediglich für sich, sodass auch noch keinerlei Kommunikation zwischen ihnen stattfinden kann.

Zu diesem Zweck verfügen die verschiedenen Representable-Protokolle über eine Methode namens `makeCoordinator()`. Diese müssen wir nun noch innerhalb von `TextView` implementieren und darüber eine Instanz unserer eben deklarierten `Coordinator`-Klasse zurückliefern. Das führt dazu, dass jede erzeugte `TextView`-Instanz automatisch über einen zugehörigen Coordinator verfügt.

Zum Abschluss müssen wir nun noch die Erstellung der `UITextView`-Instanz innerhalb der Make-Methode aktualisieren. Denn wie wir gesehen haben, fungiert unser Coordinator als Delegate für `UITextView`. Dazu müssen wir `UITextView` diesen Delegate aber auch explizit zuweisen.

Zu diesem Zweck können wir sowohl innerhalb der Make- als auch der Update-Methode über den `context`-Parameter den Coordinator auslesen (sofern einer existiert). Das nutzen wir, um so bei Erstellung der `UITextView`-Instanz einen passenden Delegate zu setzen.

All diese finalen Änderungen finden Sie in Listing 6.12. Sie sind darin fett hervorgehoben.

Listing 6.12 Einbinden des Coordinators

```swift
struct TextView: UIViewRepresentable {
    @Binding var text: String

    func makeCoordinator() -> Coordinator {
        Coordinator(self)
    }

    func makeUIView(context: Context) -> UITextView {
```

```
        let textView = UITextView()
        textView.delegate = context.coordinator
        return textView
    }
    
    func updateUIView(_ uiView: UITextView, context: Context) {
        uiView.text = text
    }
    
    class Coordinator: NSObject, UITextViewDelegate {
        var parent: TextView
        
        init(_ textView: TextView) {
            parent = textView
        }
        
        func textViewDidChange(_ textView: UITextView) {
            parent.text = textView.text
        }
    }
}
```

Ändert man nun den Text innerhalb einer TextView (die intern auf einer UITextView-Instanz basiert), löst das die textViewDidChange(_:)-Methode des zugehörigen Coordinators aus. Der wiederum aktualisiert die text-Property und gibt das Update so an SwiftUI weiter (siehe Bild 6.7).

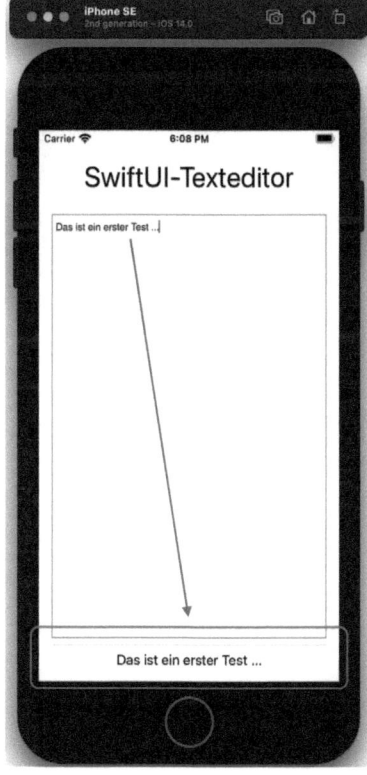

Bild 6.7
Mithilfe des Coordinators lassen sich Updates an SwiftUI zurückgeben.

7 Preview und Xcode

Eines der Highlights von SwiftUI ist die mächtige Integration in Apples Entwicklungsumgebung Xcode. Sogenannte Previews erlauben es nicht nur, eine Live-Vorschau von SwiftUI-Views einzublenden. Xcode ermöglicht es auch, diese Views mithilfe eines grafischen Editors anzupassen (siehe Bild 7.1).

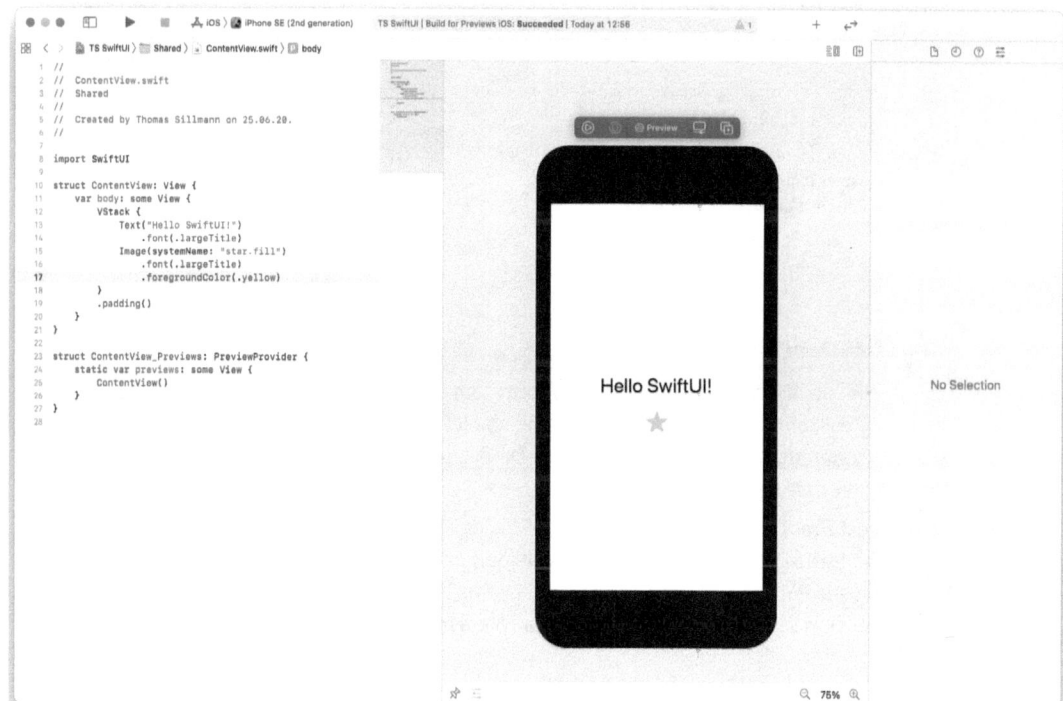

Bild 7.1 Die Preview stellt eine Vorschau von SwiftUI-Views dar.

Standardmäßig verfügt jede SwiftUI-View über eine zugehörige Preview. Sie können sie dazu nutzen, während der Bearbeitung einer Ansicht deren Aussehen zu überprüfen, ohne dafür Ihre gesamte App kompilieren und ausführen zu müssen.

In diesem Kapitel zeige ich Ihnen, wie die Preview von SwiftUI-Views funktioniert und wie Sie sie nutzen können, um die Arbeit mit SwiftUI zu optimieren.

7.1 Funktionsweise der Preview

Grundlage der Preview ist das `PreviewProvider`-Protokoll. Findet Xcode innerhalb einer Swift-Datei einen Typ, der konform dazu ist, steht die Preview-Funktion zur Verfügung.

Um die Anforderungen des `PreviewProvider`-Protokolls zu erfüllen, müssen Sie eine Type Property namens `previews` implementieren. Ähnlich wie bei der `body`-Property von SwiftUI-Views handelt es sich auch bei ihr um eine View. Die Ansicht(en), die Sie über die `previews`-Property zurückgeben, sind jene, die in der Preview von Xcode auftauchen.

Ein einfaches Beispiel zum Einsatz eines Preview-Providers im Zusammenspiel mit einer SwiftUI-View finden Sie in Listing 7.1. Darin erfolgt zunächst die Deklaration von `ContentView`, einer einfachen SwiftUI-Ansicht, die lediglich den Text „Hello, World!" ausgibt. Im Anschluss folgt die Implementierung eines Preview-Providers namens `ContentView_Previews`. Dieser ist konform zum genannten `PreviewProvider`-Protokoll und gibt über seine `previews`-Property eine Instanz von `ContentView` zurück.

Listing 7.1 Einsatz eines Preview-Providers

```swift
struct ContentView: View {
    var body: some View {
        Text("Hello, World!")
    }
}

struct ContentView_Previews: PreviewProvider {
    static var previews: some View {
        ContentView()
    }
}
```

Name eines Preview-Providers

Wie Sie die Typen nennen, die konform zum `PreviewProvider`-Protokoll sind, ist vollkommen Ihnen überlassen und spielt für Xcode keine Rolle. Xcode achtet nur darauf, ob innerhalb einer Swift-Datei zum `PreviewProvider`-Protokoll konforme Typen existieren.

Best Practice ist aber, den Preview-Provider so zu nennen wie die View oder die Swift-Datei, die man darüber abbildet, gefolgt von dem Suffix „_Previews". Dieses Pattern sehen Sie so auch in Listing 7.1. Der Preview-Provider für `ContentView` trägt so den passenden Namen `ContentView_Previews`.

Steht innerhalb einer Swift-Datei ein Preview-Provider zur Verfügung, kann die Preview in Xcode entsprechend genutzt werden. Stellen Sie dazu zunächst sicher, dass der Canvas-Bereich im Editor eingeblendet ist. Das können Sie über den *Editor Options*-Button am oberen rechten Rand des Editor-Fensters festlegen (siehe Bild 7.2). Ist die *Canvas*-Option aktiv, ist die Preview zu sehen, andernfalls nicht.

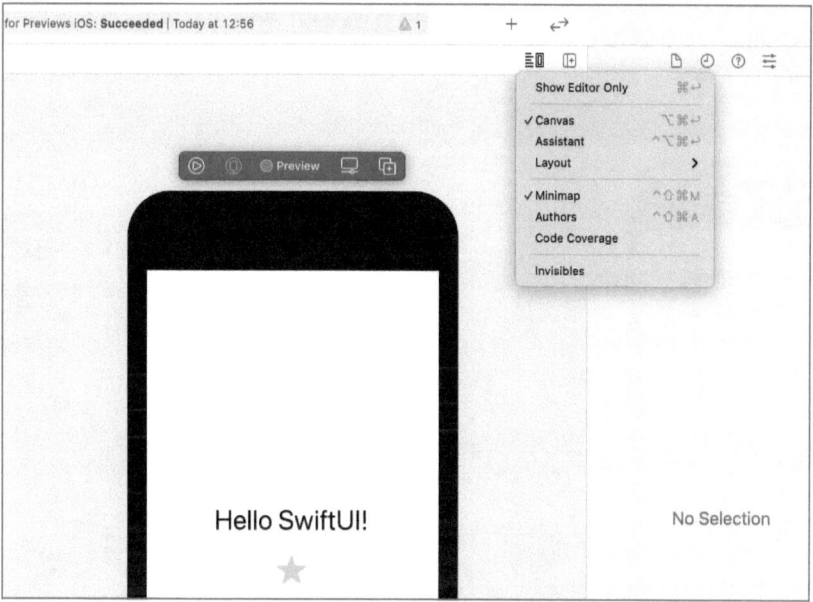

Bild 7.2 Sie können die Preview über die Editor Options ein- und ausblenden.

Ist das der Fall, müssen Sie im ersten Schritt die Preview einmalig ausführen. Hierbei wird das gesamte Projekt kompiliert und anschließend eine Vorschau der View im Canvas-Bereich des Editors eingeblendet. Zum Ausführen der Preview betätigen Sie die *Resume*-Schaltfläche am oberen rechten Rand des Canvas-Bereichs (siehe Bild 7.3).

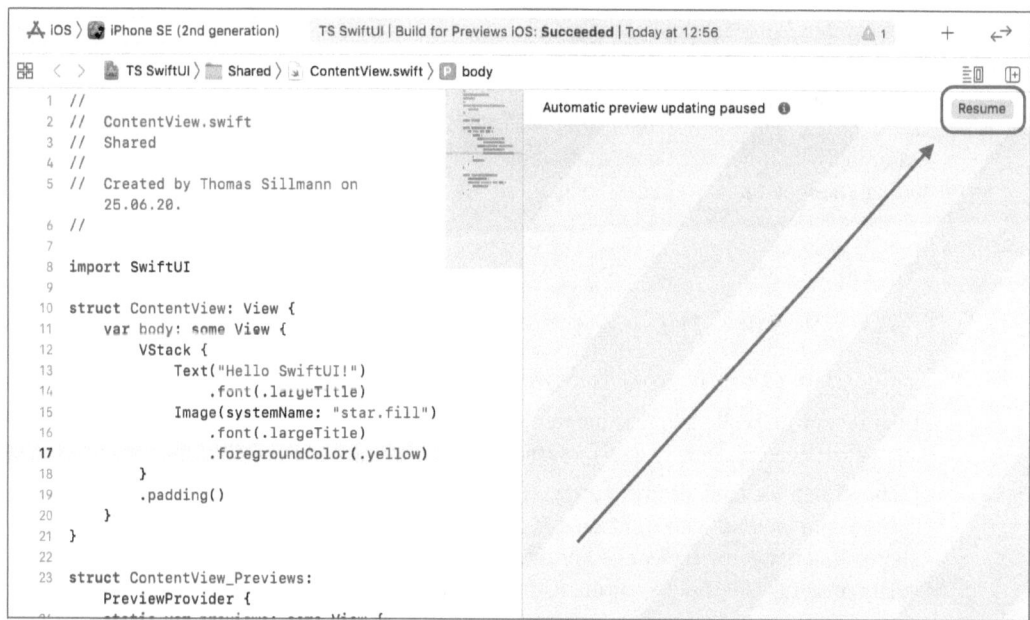

Bild 7.3 Die Preview muss einmalig aktiviert werden.

Es dauert nun einen Moment, bis Xcode das Projekt kompiliert und die Preview erzeugt hat. Im Anschluss sehen Sie die View in der Preview, die Sie über den Preview-Provider erzeugt haben (siehe Bild 7.4).

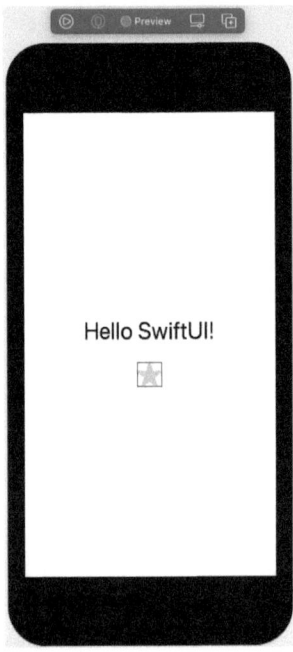

Bild 7.4
Die Preview stellt eine SwiftUI-View vollständig dar.

Die Preview in Xcode spiegelt somit immer die Preview-Provider der zugehörigen Swift-Datei wider. Wie wichtig dieser Umstand noch ist, werden Sie feststellen, wenn Sie in den folgenden Abschnitten mehr über die Bearbeitungsmöglichkeiten von SwiftUI-Views aus der Preview heraus erfahren. Die Preview ist nämlich keine zusätzliche Datei, die ergänzend zum Code das Aussehen und Verhalten einer SwiftUI-View bestimmt. Stattdessen zählt in SwiftUI nur der Code. Änderungen über die Preview führen so auch immer unmittelbar zu einer Anpassung des Codes.

■ 7.2 Arbeiten mit der Preview

Die Preview in Xcode ist mehr als nur eine Darstellung einer SwiftUI-View. Sie können sie auch dazu nutzen, Änderungen an Ihren Views vorzunehmen.

Dazu wählen Sie aus der Preview das Element aus, das Sie bearbeiten möchten, und wechseln anschließend in den Attributes Inspector. Abhängig vom Typ des gewählten Elements stehen Ihnen dort verschiedene Konfigurationsoptionen zur Verfügung. So können Sie beispielsweise für eine Text-View die Farbe oder die Größe verändern (siehe Bild 7.5).

Bild 7.5 Über den Attributes Inspector lassen sich die verschiedenen Elemente einer SwiftUI-View aus der Preview heraus anpassen.

Jede Änderung über die Preview wirkt sich unmittelbar auf den zugehörigen View-Code aus. Das liegt daran, dass die Preview eins zu eins den Code einer SwiftUI-View widerspiegelt. Ändern Sie so beispielsweise über die Preview die Farbe eines Textes, wird an der zugehörigen Stelle im Code der `foregroundColor(_:)`-Modifier inklusive des gewählten Farbwerts gesetzt. Umgekehrt spiegelt die Preview immer den Zustand wider, den eine View aus dem Code heraus besitzt.

Änderungen zurücksetzen

Um eine Änderung einer View-Eigenschaft über die Preview zurückzusetzen, klicken Sie auf die zugehörige Kreis-Schaltfläche, die am rechten Rand jeder Eigenschaft zu finden ist (siehe Bild 7.6). Sie ist allerdings nur dann aktiv, wenn die jeweilige Eigenschaft auch tatsächlich gesetzt ist.

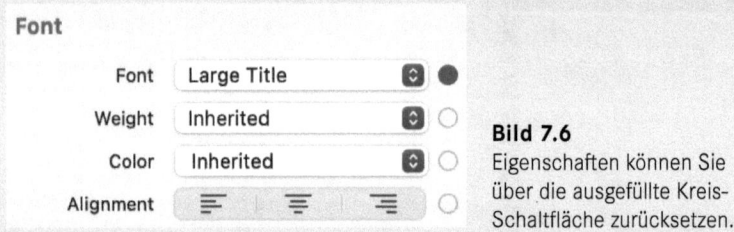

Bild 7.6
Eigenschaften können Sie über die ausgefüllte Kreis-Schaltfläche zurücksetzen.

Neben den verschiedenen Eigenschaften, die Sie direkt über den Attributes Inspector verändern können, haben Sie auch die Möglichkeit, beliebige weitere Modifier für die gewählte View zu ergänzen. Dazu nutzen Sie den entsprechenden Modifier-Bereich am unteren Ende des Attributes Inspectors. Über das Suchfeld mit dem Platzhalter „Add Modifier" haben Sie Zugriff auf die verfügbaren Modifier und können die Auswahl durch Texteingabe filtern (siehe Bild 7.7).

Bild 7.7 Über das Suchfeld können Sie einer View spezifische Modifier aus der Preview heraus zuweisen.

7.3 Konfiguration der Preview

Über die *Inspect Preview*-Schaltfläche können Sie die Darstellung der Preview anpassen. Es handelt sich um den zweiten Button von rechts innerhalb der Symbolleiste, die oberhalb der Preview zu sehen ist (siehe Bild 7.8).

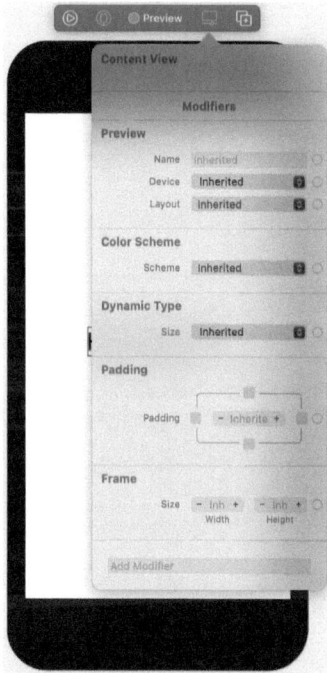

Bild 7.8
Die Preview lässt sich in ihrem Erscheinungsbild anpassen.

Durch Betätigung dieser Schaltfläche öffnet sich ein Popover, über das Sie verschiedene Merkmale der Preview verändern können. Dazu gehören:

- **Name:** Der Name der Preview, wie er innerhalb der Symbolleiste am oberen Rand der Vorschau angezeigt wird.
- **Device:** Das Gerät, in dem die Preview erfolgen soll. Standardmäßig kommt das Device zum Einsatz, das über das Scheme ausgewählt ist. Über diesen Punkt können Sie aber explizit ein spezifisches Gerät für die Darstellung auswählen.
- **Layout:** Darüber lässt sich die Größe der Preview anpassen. Das ist insbesondere für kleinere Views wie Zellen innerhalb einer Liste interessant, damit diese nicht innerhalb eines großflächigen Simulators dargestellt werden. Wenn Sie beispielsweise den Punkt *Size That Fits* auswählen, reduziert sich die Größe der Preview auf die Fläche, die mindestens zur Darstellung der zugrunde liegenden View benötigt wird.
- **Scheme:** Hierüber steuern Sie das Erscheinungsbild der View (Light oder Dark Mode).
- **Size:** Hier haben Sie die Wahl zwischen verschiedenen Dynamic Type-Größen, die im Bereich Accessibility eine immens wichtige Rolle spielen. Sie können so simulieren, wie sich beispielsweise Bilder und Texte unter verschiedenen Dynamic Type-Größen verhalten.

Ähnlich wie bei der Bearbeitung von Views führt jede Änderung innerhalb des beschriebenen Popovers zu Anpassungen im Code. Denn auch bei der Darstellung der Preview zählt nur das, was innerhalb des zugehörigen Preview-Providers deklariert ist. Mithilfe passender Modifier haben Sie so die Möglichkeit, das Erscheinungsbild und das Verhalten der Preview anzupassen. Umgekehrt können Sie die Preview auch direkt im Code konfigurieren.

Ein Beispiel für eine angepasste Preview finden Sie in Listing 7.2. Für die Vorschau von `ContentView` werden darin folgende Anpassungen festgelegt:

- Das Device innerhalb der Preview ist ein iPhone 11 (unabhängig von der Scheme-Auswahl).
- Zur Präsentation kommt der Dark Mode zum Einsatz.
- Der Titel der Preview lautet „ContentView".

Listing 7.2 Anpassung der Preview im Code

```
struct ContentView_Previews: PreviewProvider {
    static var previews: some View {
        ContentView()
            .previewDevice("iPhone 11")
            .preferredColorScheme(.dark)
            .previewDisplayName("ContentView")
    }
}
```

■ 7.4 Mehrere Previews parallel einsetzen

Sie können aus einer Swift-Datei heraus mehr als nur eine Preview anzeigen lassen. Dazu können Sie zwischen zwei Vorgehensweisen wählen:

- Sie erzeugen mehrere zum `PreviewProvider`-Protokoll konforme Typen. Für jeden Typ erzeugt Xcode die passende Preview.
- Sie geben innerhalb eines `PreviewProvider` eine `Group`-View zurück, in der sie wiederum alle Views definieren, die als Teil der Preview dargestellt werden sollen.

In Listing 7.3 finden Sie ein Beispiel für die erstgenannte Vorgehensweise. Darin existieren zwei zum `PreviewProvider`-Protokoll konforme Typen, die je eine Instanz von `ContentView` als Ergebnis zurückliefern. Im Falle des zweiten Preview-Providers werden zwei Anpassungen an `ContentView` vorgenommen, sodass die Vorschau auf einem iPhone 11 im Dark Mode erfolgt.

Listing 7.3 Einsatz mehrerer Preview-Provider

```
struct ContentView: View {
    var body: some View {
        Text("Hello, World!")
    }
}
```

```
struct ContentView_Previews1: PreviewProvider {
    static var previews: some View {
        ContentView()
    }
}

struct ContentView_Previews2: PreviewProvider {
    static var previews: some View {
        ContentView()
            .previewDevice("iPhone 11")
            .preferredColorScheme(.dark)
    }
}
```

In Xcode werden die verschiedenen Vorschauen untereinander aufgeführt und durch den Titel des jeweiligen Preview-Providers voneinander getrennt (siehe Bild 7.9).

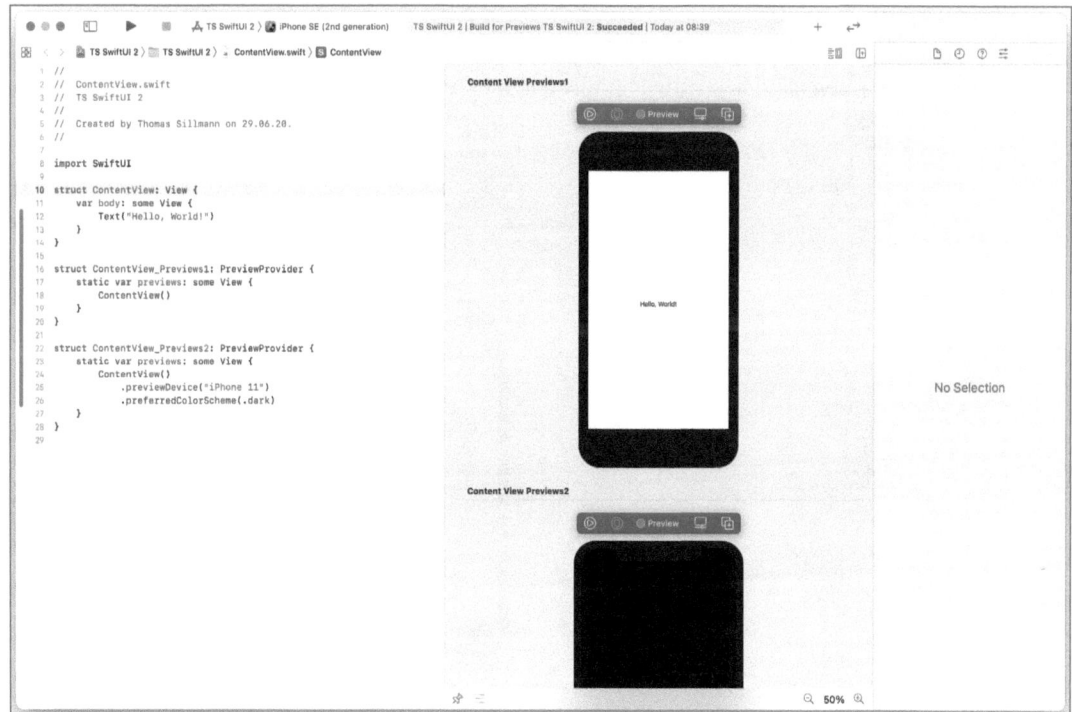

Bild 7.9 Xcode zeigt die einzelnen Vorschauen der Preview-Provider untereinander an.

Gängiger bei der Arbeit mit SwiftUI zum Einblenden mehrerer Previews ist aber die zweitgenannte Option. Sie erzeugen in diesem Fall alle gewünschten Vorschauen innerhalb eines einzigen Preview-Providers und fassen diese in einer Group-View zusammen. Ein Beispiel dazu zeigt Listing 7.4.

Listing 7.4 Erzeugen mehrerer Views innerhalb eines Preview-Providers

```
struct ContentView: View {
    var body: some View {
        Text("Hello, World!")
    }
}

struct ContentView_Previews: PreviewProvider {
    static var previews: some View {
        Group {
            ContentView()
            ContentView()
                .previewDevice("iPhone 11")
                .preferredColorScheme(.dark)
                .previewDisplayName("ContentView on iPhone 11 in Dark Mode")
        }
    }
}
```

Es ist möglicherweise sinnvoll, bei Rückgabe mehrerer Views über einen Preview-Provider pro View einen passenden Titel mithilfe des `previewDisplayName(_:)`-Modifiers zu setzen (beziehungsweise direkt über die Konfigurationsoptionen der Preview, siehe hierzu Abschnitt 7.3). So lassen sich die parallel dargestellten Vorschauen besser voneinander unterscheiden (siehe Bild 7.10).

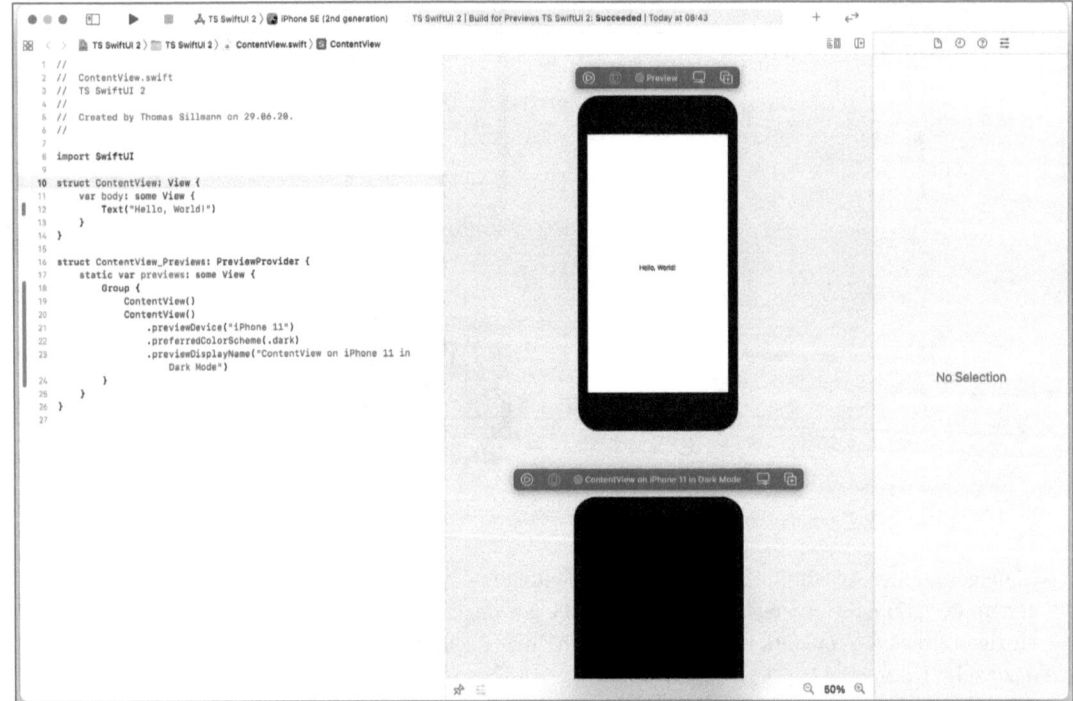

Bild 7.10 Für jede Preview lässt sich zur besseren Unterscheidung ein eigener Titel setzen.

Übrigens können Sie auch über die *Duplicate Preview*-Schaltfläche, die Sie am äußersten rechten Rand der Funktionsleiste oberhalb einer Preview finden, bequem eine neue Preview innerhalb eines Preview-Providers erzeugen (siehe Bild 7.11). Beim Erstellen der neuen Preview legt Xcode alle Konfigurationen wie Titel und Präsentation zugrunde und wendet sie auf die neue Preview an. Diese wird dann direkt unterhalb der Vorschau eingefügt, über die sie die *Duplicate Preview*-Schaltfläche betätigt haben. Das können Sie auch direkt im Code des zugehörigen Preview-Providers nachvollziehen.

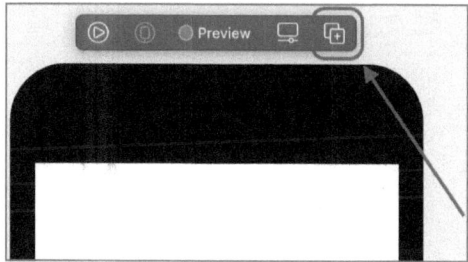

Bild 7.11
Mithilfe des Duplicate Preview-Buttons lässt sich schnell und komfortabel eine neue Preview erzeugen.

Einsatzzwecke mehrerer Previews

Mehrere Vorschauen parallel anzuzeigen bietet sich in der Regel immer in zwei Fällen an. Zum einen können Sie so (wie in den vorangegangenen Beispielen gezeigt) eine View in unterschiedlichen Konfigurationen testen. Sie können so auf einen Blick sehen, wie eine View beispielsweise im Light und im Dark Mode aussieht oder wie sich unterschiedliche Schriftgrößen auf die Darstellung auswirken.

Darüber hinaus können Sie mehrere Vorschauen auch dazu nutzen, unterschiedliche Views parallel einzublenden. Das kann unter anderem dann interessant sein, wenn Sie innerhalb einer Swift-Datei mehrere verschiedene SwiftUI-Views deklarieren. Da der Preview-Provider standardmäßig nur die erste View enthält, können Sie so weitere Views ergänzen, die Teil der zugrunde liegenden SwiftUI-Datei sind.

7.5 Preview ausführen

Die Preview kann mehr als nur eine statische Vorschau für SwiftUI-Views bereitzustellen. Sie können eine Preview auch – ganz ähnlich wie den Simulator in Xcode – *ausführen*. Das erlaubt es Ihnen, direkt aus der Preview heraus auch die Funktionalität einer View zu überprüfen. Sie können so Buttons betätigen oder sich innerhalb einer Navigationsstruktur bewegen, ganz so, als würden Sie die zugrunde liegende View direkt im Simulator oder auf einem Endgerät ausführen.

Um die Ausführung der Preview zu starten, klicken Sie auf die *Live Preview*-Schaltfläche am oberen rechten Rand der gewünschten Preview (siehe Bild 7.12). Sollten Sie mehr als eine Vorschau über die Preview anzeigen, werden alle anderen Vorschauen für die Dauer der Ausführung ausgeblendet.

Bild 7.12
Über den Live Preview-Button führen Sie eine Vorschau – ganz ähnlich dem Simulator – direkt in Xcode aus.

Es dauert einen kurzen Moment, bis die Preview gestartet wird. Sobald der Activity Indicator links vom Preview-Namen verschwunden ist, können Sie mit der Nutzung der Preview beginnen (siehe Bild 7.13). Um die Ausführung zu stoppen, klicken Sie einfach erneut auf den *Live Preview*-Button.

Bild 7.13
Nach Ausführung der Preview können Sie mit der View interagieren.

Live Preview im Debug-Modus starten

Standardmäßig unterstützt die Live Preview keinerlei Debugging-Funktionen. Print-Statements werden so nicht auf der Konsole ausgegeben, ebenso sind Breakpoints wirkungslos.

Erfreulicherweise verfügt die Preview aber über eine Funktion, um das Debugging auch aus der Live Preview heraus nutzen zu können. Dazu führen Sie einen Rechtsklick auf die *Live Preview*-Schaltfläche aus und wählen aus dem erscheinenden Kontextmenü den Eintrag *Debug Preview* (siehe Bild 7.14). Im Anschluss fährt die Preview wie zuvor hoch, befindet sich nun aber im Debug-Modus. Das erlaubt es Ihnen, auf Breakpoints zu reagieren oder Befehle über die Konsole abzusetzen.

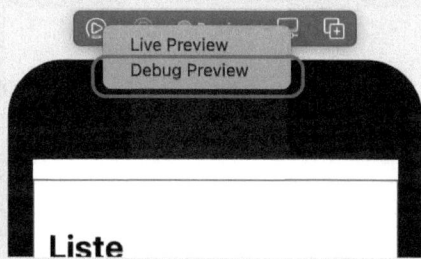

Bild 7.14
Die Preview lässt sich auch in einem Debug-Modus ausführen.

■ 7.6 Preview auf Device ausführen

So schön und nützlich die Preview auch ist, möchte man in bestimmten Fällen eine View lieber auf einem „richtigen" Endgerät testen. Xcode erlaubt es zu diesem Zweck, die Preview auf ein mit dem Mac verbundenes Gerät zu übertragen.

Wählen Sie dazu die gewünschte Preview aus und betätigen Sie in der darüber befindlichen Symbolleiste die *Preview on Device*-Schaltfläche (es handelt sich um den zweiten Button von links, siehe Bild 7.15). Anschließend öffnet sich ein Popover, in dem Sie das Gerät auswählen, auf dem die Preview ausgeführt werden soll.

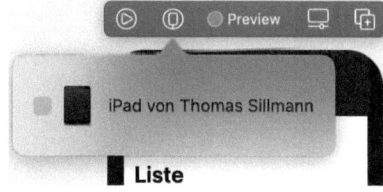

Bild 7.15
Sie können die Preview auch direkt auf einem Endgerät ausführen und so Ihre Views testen.

7.7 Library

Ein weiteres wichtiges Werkzeug bei der Arbeit mit SwiftUI und der Preview ist die in Xcode integrierte Library. Um sie zu öffnen, betätigen Sie die Plus-Schaltfläche am oberen rechten Rand von Xcode (siehe Bild 7.16). Über die äußerste linke Schaltfläche der Reiter am oberen Rand erhält man Zugriff auf die verfügbaren Views, die Schaltfläche daneben führt zur Auflistung verschiedener Modifier.

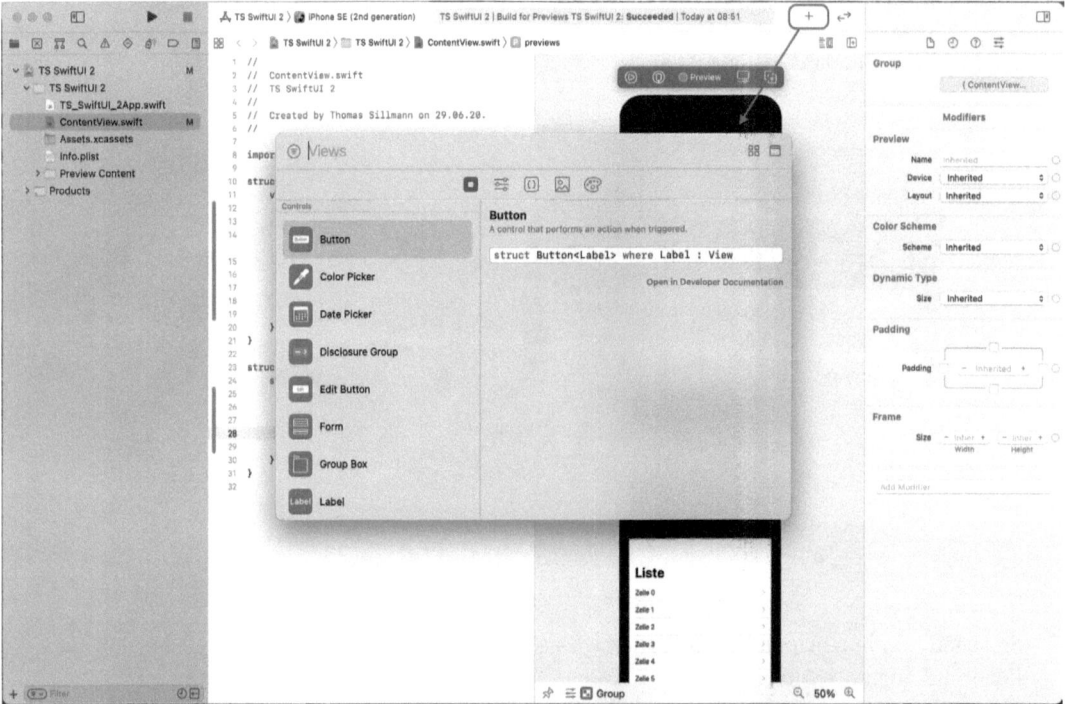

Bild 7.16 Die Library öffnen Sie über die Plus-Schaltfläche am oberen rechten Rand von Xcode.

Die Library enthält eine Vielzahl von Views und Modifiern, die Teil des SwiftUI-Frameworks sind. Sie können diese Elemente via Drag-and-drop aus der Library ziehen und einer SwiftUI-View hinzufügen. Hierbei können Sie das jeweilige Element sowohl direkt im Code als auch in der Preview platzieren (siehe Bild 7.17).

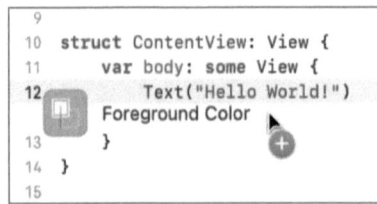

Bild 7.17
Elemente aus der Library fügen Sie mittels Drag-and-drop einer SwiftUI-View hinzu.

Es gilt die Regel, dass auch bei der Arbeit mit der Library letztlich immer der Code aktualisiert wird. Fügen Sie so beispielsweise eine View oder einen Modifier aus der Library der Preview hinzu, kümmert sich Xcode im Anschluss automatisch um die korrekte Anpassung des zugehörigen View-Codes.

Wenn Sie Views oder Modifier aus der Library direkt der Preview hinzufügen, zeigt Xcode Ihnen übrigens am unteren Rand eine zusätzliche Info an. Sie gibt Aufschluss darüber, wie genau sich die jeweilige Änderung auf Ihren View-Code auswirken würde. Ein Beispiel dazu zeigt Bild 7.18. Darin wird unterhalb eines bestehenden Textes ein Label ergänzt. Um das zu ermöglichen, muss Xcode zusätzlich den bestehenden Text aber in einen Vertical Stack packen. Genau diese Info erhält man innerhalb des Kastens am unteren Rand der Preview.

Bild 7.18
Xcode gibt zusätzliche Hinweise, wenn man Elemente der Library direkt in der Preview ergänzt.

 Einsatzzwecke der Library

In erster Linie ist die Library dazu gedacht, Ihre Views komfortabel anzupassen. Dazu suchen Sie die gewünschten Elemente aus der Library heraus und fügen Sie Ihrer View mittels Drag-and-drop hinzu. Das ist in manchen Fällen schneller und komfortabler als den notwendigen Code selbst händisch zu schreiben.

Die Library bietet aber noch einen weiteren großen Vorteil, insbesondere wenn man neu in die Welt von SwiftUI einsteigt. Einerseits enthält sie für jedes verfügbare Element einen Auszug der Dokumentation. So kann man auf einen Blick alle grundlegenden Infos zu einem Element abrufen und erfährt im Falle von Modifiern mehr über die verfügbaren Parameter (siehe Bild 7.19).

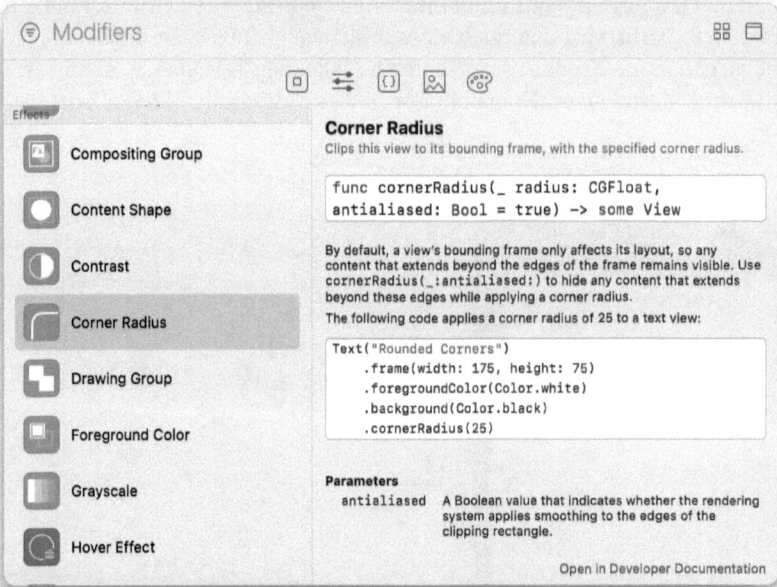

Bild 7.19 Die Library bietet grundlegende Informationen zu Views und Modifiern.

Zusätzlich verfügt die Library über eine Suchleiste am oberen Rand, mit der man die sichtbaren Ergebnisse filtern kann. Das ist ideal, wenn man beispielsweise eine bestimmte View oder einen bestimmten Modifier sucht und nicht weiß, ob es das jeweilige Element überhaupt gibt und welchen Namen es besitzt.

Die Library stellt so ein sehr hilfreiches Tool dar, um sich mit den Möglichkeiten und der Funktionsweise von SwiftUI weiter vertraut zu machen.

Eigene Views und Modifier in der Library ergänzen

Mithilfe des LibraryContentProvider-Protokolls ist es möglich, eigens kreierte Views und Modifier über die Xcode-Library zugänglich zu machen. Xcode scannt das zugrunde liegende Projekt automatisch nach Typen, die konform zum LibraryContentProvider-Protokoll sind, und integriert deren Inhalte automatisch in der Library.

Das LibraryContentProvider-Protokoll definiert zwei wichtige Eigenschaften. Über die views-Property liefern Sie eine Liste der Views zurück, die Sie in die Library integrieren möchten. Analog dazu nutzen Sie die modifiers(base:)-Methode für die Integration von Modifiern.

Beiden Eigenschaften ist gemein, dass sie als Ergebnis ein Array von LibraryItem-Instanzen zurückliefern. Über eine solche Instanz legen Sie fest, welche Elemente (sprich Views und Modifier) Sie in die Xcode-Library einbinden möchten. Zusätzlich können Sie darüber weitere Informationen wie einen Titel oder eine Kategorie ergänzen.

In Listing 7.5 finden Sie ein Beispiel zum Einsatz des LibraryContentProvider-Protokolls. Es liefert sowohl eine View als auch einen Modifier zurück, die in die Library integriert werden sollen.

Bei der View handelt es sich um eine Instanz eines eigens erstellten Typs namens RatingView. Bei der Umsetzung des passenden LibraryItem werden zusätzlich ein Titel vergeben und als Kategorie control festgelegt. Das führt dazu, dass die Rating-View innerhalb der Library im Bereich „Control" zu finden sein wird (siehe Bild 7.20). Ohne explizite Angabe einer Kategorie erscheinen alle Library-Items am Ende der Library.

Über die modifiers(base:)-Methode wird dann noch ein Modifier zur Anpassung von Bildern für die Library definiert. In diesem Zusammenhang ist der base-Parameter der Methode entscheidend. Zunächst definieren Sie einen passenden Typ für ihn, der die Views widerspiegelt, auf die der Modifier angewendet werden kann. In dem gezeigten Beispiel ist der Modifier für Image-Instanzen gedacht, entsprechend wird der Typ des base-Parameters auf Image gesetzt. Beim Erstellen eines zugehörigen Library-Items ruft man dann die gewünschten Modifier auf jenen base-Parameter auf.

Da sonst keine weiteren Anpassungen am Library-Item des Modifiers vorgenommen wurden, findet sich der Modifier ganz am Ende der Modifier-Liste in der Library (siehe Bild 7.21). Als Titel nutzt Xcode den Namen des ersten Modifiers, der innerhalb des jeweiligen Library-Items aufgerufen wurde (sofern kein alternativer Titel gesetzt ist). Zudem zeigt Xcode immer ergänzend zur Kategorie den Namen des Projekts an, aus dem die View beziehungsweise der Modifier stammt.

Listing 7.5 Integration eigener Views und Modifier in die Xcode-Library

```
struct LibraryViewContent: LibraryContentProvider {
    var views: [LibraryItem] {
        [LibraryItem(RatingView(), title: "Rating View", category: .control)]
    }

    func modifiers(base: Image) -> [LibraryItem] {
        [LibraryItem(
            base
                .resizable()
                .scaledToFit()
        )]
    }
}
```

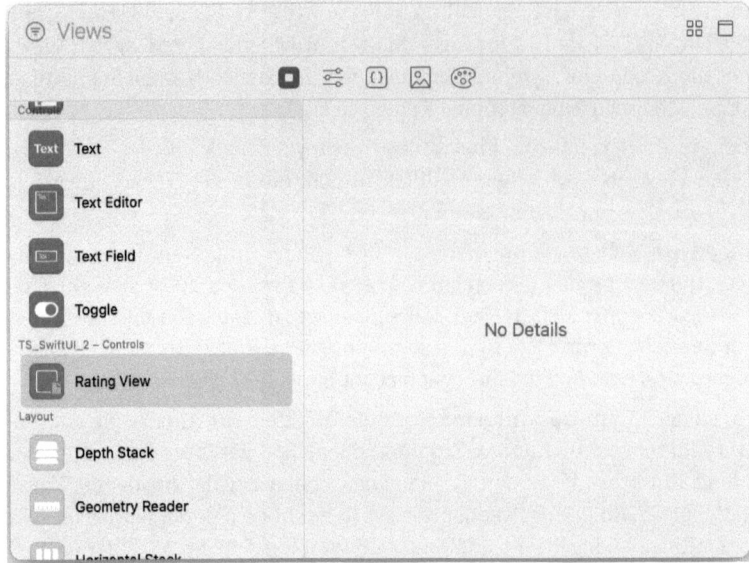

Bild 7.20 Die View wird der Kategorie des zugrunde liegenden Library-Items zugeordnet.

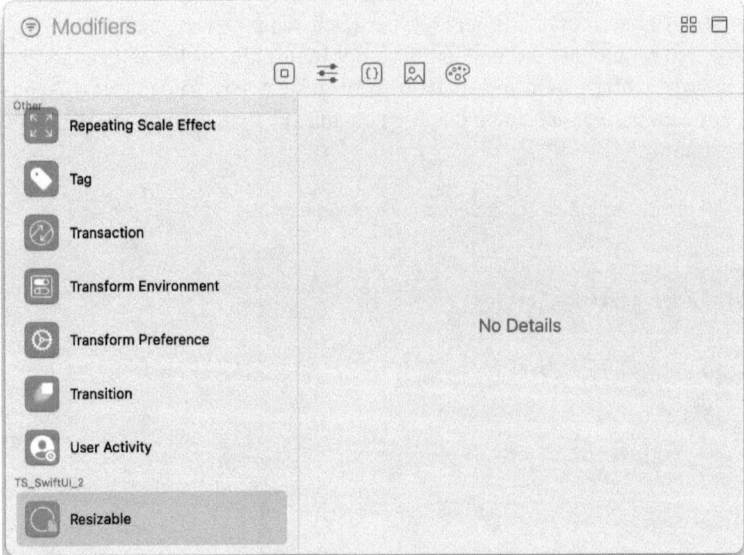

Bild 7.21 Auch eigens kreierte Modifier lassen sich in die Xcode-Library integrieren.

So kreierte Library-Items lassen sich – wie alle anderen Elemente innerhalb der Xcode-Library auch – mittels Drag-and-drop einer SwiftUI-View hinzufügen.

LibraryContentBuilder

Da sowohl die `views`-Property als auch die `modifiers(base:)`-Methode immer ein Array von `LibraryItem`-Instanzen zurückliefern, stellt Apple eine Funktion namens `LibraryContentBuilder` zur Verfügung. Diese Funktion erlaubt es, auf die Array-Syntax zu verzichten und schlicht nacheinander alle Library-Items zu definieren, die man in die Xcode-Library einbinden möchte (ähnlich wie die Deklaration von Views innerhalb eines Containers).

Listing 7.6 zeigt, wie der Code aus Listing 7.5 mithilfe von `LibraryContentBuilder` optimiert werden kann. Das Schlüsselwort wird darin sowohl für die `views`-Property als auch für die `modifiers(base:)`-Methode gesetzt. Das führt dazu, dass die `LibraryItem`-Instanzen direkt erzeugt werden können, ohne diese explizit in ein Array packen zu müssen.

Listing 7.6 Einsatz von `LibraryContentBuilder`

```
struct LibraryViewContent: LibraryContentProvider {
    @LibraryContentBuilder
    var views: [LibraryItem] {
        LibraryItem(RatingView(), title: "Rating View", category: .control)
    }

    @LibraryContentBuilder
    func modifiers(base: Image) -> [LibraryItem] {
        LibraryItem(
            base
                .resizable()
                .scaledToFit()
        )
    }
}
```

■ 7.8 Kontext-Actions

Xcode bringt diverse Kontext-Aktionen mit, die die Arbeit mit und das Refactoring von SwiftUI-Views weiter erleichtern.

Um eine Liste der verfügbaren Aktionen abzurufen, klicken Sie eine SwiftUI-View im Editor mit gedrückt gehaltener **CMD**-Taste an. Im Anschluss öffnet sich ein Popover, in dem sich diverse Optionen zur Auswahl finden (siehe Bild 7.22). Im Zusammenspiel mit SwiftUI sind unter anderem die folgenden Aktionen interessant:

- **Embed in HStack:** Ersetzt die gewählte View durch einen `HStack` und bindet sie als erstes Element des `HStack` ein.
- **Embed in VStack:** Ersetzt die gewählte View durch einen `VStack` und bindet sie als erstes Element des `VStack` ein.

- **Embed in List:** Ersetzt die gewählte View durch eine `List`-View und bindet sie als erste Zelle der `List`-View ein.
- **Group:** Ersetzt die gewählte View durch eine `Group`-View und bindet sie als erstes Element der `Group`-View ein.
- **Repeat:** Ersetzt die gewählte View durch eine `ForEach`-View und bindet sie als Element innerhalb der `ForEach`-View ein.
- **Show SwiftUI Inspector:** Öffnet den Attributes Inspector als Popover und bietet alle verfügbaren Konfigurationsoptionen für die gewählte View an (siehe Bild 7.23).
- **Extract Subview:** Diese Option wird nur dann angezeigt, wenn die gewählte View nicht das erste Element der `body`-Property ist. Sie lagert die gewählte View in eine automatisch generierte neue View aus. Das ist ideal, um im Laufe der Zeit stark gewachsene Views zu optimieren.

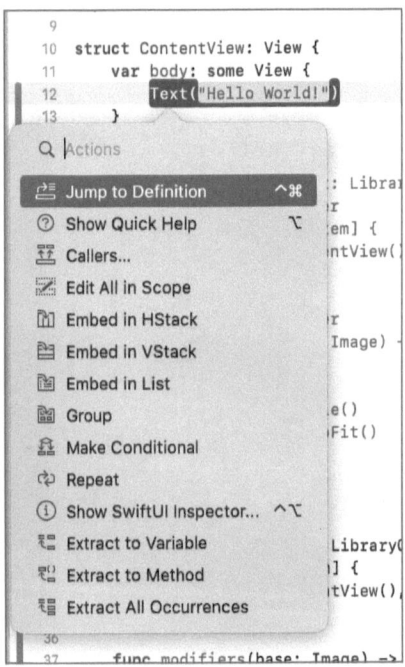

Bild 7.22
Xcode bietet diverse Kontext-Aktionen zur Bearbeitung von SwiftUI-Views.

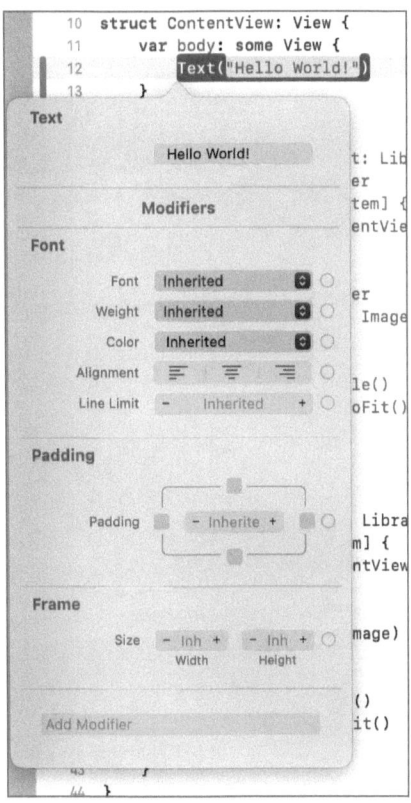

Bild 7.23
Sie können den Attributes Inspector für eine View direkt aus einer Kontext-Aktion heraus aufrufen.

Sie können die genannten Kontext-Aktionen für das Refactoring Ihres SwiftUI-Codes nutzen, um Views ohne großen Aufwand in Container wie Stacks oder Listen auszulagern.

Nachwort

Wie geht es jetzt weiter? Womöglich geht Ihnen nach dem Lesen dieses Buches nun diese Frage durch den Kopf. Sie sind jetzt mit den Grundlagen und der Funktionsweise von SwiftUI vertraut und imstande, eigene Views auf Basis von Apples neuem UI-Framework umzusetzen. Doch wie der Titel des Buches bereits suggeriert, war das nur ein *Einstieg*. Und die gute Nachricht ist: Die Reise ist an dieser Stelle noch nicht zu Ende.

Dank des *Update inside*-Service erscheinen bis Oktober 2022 neue und ergänzende Inhalte, die Sie kostenlos herunterladen können (alle Informationen hierzu finden Sie ganz zu Beginn des Buches). Einerseits deckt das Themen ab, die es aus Platzgründen nicht in dieses Buch geschafft haben. Dazu gehören unter anderem das Erstellen von Animationen, das Zeichnen mit SwiftUI oder die Umsetzung von Gesten. Doch auch gänzlich neue Inhalte finden so ihren Weg zu Ihnen. So werden Sie Zugriff auf Kapitel erhalten, die sich mit kommenden Aktualisierungen von SwiftUI beschäftigen.

Wenn Sie mögen, können Sie darüber hinaus gerne meinem Blog unter

letscode.thomassillmann.de

einen Besuch abstatten. Dort finden Sie Artikel und Videos zu allen möglichen Themen rund um die App-Entwicklung für Apple-Plattformen.

Bevor sich unsere Wege an dieser Stelle trennen (zumindest vorerst, dank Update inside erhalten Sie zukünftig weiteren Lesestoff zu SwiftUI), möchte ich noch von Herzen ein Dankeschön für all diejenigen aussprechen, die dieses Buch erst möglich gemacht haben. Denn die Finanzierung des Buches erfolgte über eine Bookbakers-Crowdfunding-Kampagne *(hanser.bookbakers.de)*. Dass diese erfolgreich abgeschlossen wurde, ermöglichte es mir, dieses Buch umzusetzen. Dafür bin ich enorm dankbar, nicht zuletzt, da SwiftUI ein Thema ist, das mich persönlich wahnsinnig begeistert.

In diesem Sinne: Vielen lieben Dank allen Unterstützern, durch deren Support es dieses Buch in den Handel geschafft hat. Für mich als Autor gibt es kaum ein größeres Glück. ☺

Ich verbleibe mit den besten Wünschen, haben Sie viel Freude bei der Arbeit mit SwiftUI.

Auf bald,

Ihr Thomas Sillmann

Die folgenden Unterstützerinnen und Unterstützer haben über die bookbakers-Pakete „Dein eigenes SwiftUI-Projekt" und „Ganz und gar dein Buch" zur Verwirklichung dieses Buches beigetragen:

Géraldine Al-Nemri	Roland Henze	Harald Rahn
Jonas Navid Al-Nemri	Thomas Hirth	Jan Reinhardt
Mario Wolfgang Antonino	Niko Jochim	Sascha Ringst
Wilfried Bakenecker	Stephan Kahl	Raffael Rot
Tobias Batora	Mike Kania	Dieter Roussaint
Thomas Böhner	Dirk Kirchmann	Thomas Schenk
John Creuzberger	Ernest Klier	Holger Schimmele
Berkant Dursun	Sebastian Klösel	Hans-Rudolf Schneider
Stefan Dziuba	Christian Koch	Sebastian Schön
Johann Ellinger	Dennis Kohrt	Frank Schuppe
Torben Daniel Erz	Martin Kowollik	Marco Schütz
André Flenner	Tobias Kreckel	Lutz Schweiger
Daniel Franke	Michael Kreisler	Reinhardt Städele
Roman Gebhard	Martin Kretz	Norbert Stadler
Steffen Gerdes	Fabian Kurz	Andi Steinscherer
Alex Gertsch	Manuel Lammers	Thomas Stenzel
Andreas Golgath	Niklas Lang	Thomas Thimm
David Götte	Annegret Lühr	Mike Trummer
Alexander Grau	Peter Martin	Jens Werthmüller
Tobias Gürgen	Christian Miessner	Jens Wettermann
Markus Guske	Dennis Möller	Kay Uwe Wilde
Christoph Hediger	Sebastian Mrosko	Torsten Zimmermann
Robert Hennig	Jan Mundhenk	Daniel Zwick
Alex Heinrich	Christian Neumann	
Sven Henze	Christian Palla	

Index

A

ActionSheet 174
– Bool 177
– erstellen 175
– Identifiable-Item 177
ActionSheet.Button 175
Alert 169
– Bool 171
– erstellen 169
– Identifiable-Item 172
Alert.Button 170
AppKit 1
Asset Catalog 47
Axis.Set 126

B

Binding 35, 183
body 11
Bundle 47
Button 53
– Style 56

C

Child-View 30
Container-View 16, 128
– View-Maximum 131
Coordinator 216

D

DatePicker 70
– Auswahl einschränken 71
– Style 72
DatePickerComponents 70
Debugging 233
Deklarative Syntax 31
Divider 142
Drag-and-drop 119

E

EditButton 57
Environment 200
EnvironmentObject 194
– Besonderheiten 198
– zuweisen 198
EnvironmentValues 201

F

Font 40
ForEach 112
– Datenmodell 115
– mit List 117
Form 128
Frameworks
– AppKit 1
– MobileCoreServices 120
– UIKit 1
– WatchKit 1

G

Grids 99
- Abstände 101
- LazyHGrid 99
- LazyVGrid 99
GridItem 99
- Konfiguration 101
GridItem.Size 101
Group 130
GroupBox 134
- Label 135

H

HorizontalAlignment 93
Hosting 205
HSplitView 164
HStack 16, 88
- Abstände 91
- Ausrichtung 89

I

Identifiable 107, 108
Image 15, 47
- Größe ändern 49
Integration 205
- Hosting 205
- Representable 208

K

KeyPath 108
Klasse 14
Kontext-Aktionen 239

L

Label 63, 85
Layout-System 30
LazyHGrid 99
- Abstände 101
LazyHStack 98
LazyVGrid 99
- Abstände 101
LazyVStack 98
Library 28, 234
- Einsatzzweck 235
- Modifier ergänzen 236
- Modifiers Library 28
- View ergänzen 236
- Views Library 28
LibraryContentBuilder 239
LibraryContentProvider 236
Link 86
List 103
- Datenmodell 106
- dynamisch 105
- statisch und dynamisch 124
- Style 111
- Zelle hinzufügen 119
- Zelle löschen 118
- Zellen verschieben 122
- Zellenauswahl 109
ListStyle 111

M

Managed Reference 35
Menu 58
- Style 59
MobileCoreServices 120
Modifier 19
- Funktionsweise 22
- auf mehrere Views anwenden 21
- Reihenfolge 23
- verfügbarer Auszug 26
Modifiers Library 28

N

Navigation-Bar-Item 153
NavigationLink 143
- dynamischer Status 156
- einfacher Status 155
NavigationView 143
- Display-Mode 151
- Grundlagen 143
- Navigation-Bar ausblenden 152
- Navigation-Bar-Items 153
- Standardansicht 146
- Style 148
- Titel 150
- watchOS 157
NSHostingController 206
NSItemProvider 121

N

NSViewControllerRepresentable 209
NSViewRepresentable 209

O

objectWillChange 191
ObservableObject 187
ObservedObject 186
- Änderungen 190
- Datenmodell einbinden 187
- Datenmodell erstellen 187
- objectWillChange 191
- Published 190
Opaque Type 13

P

Parent-View 30
Pasteboard 57
PasteButton 57
Picker 66
- Label ausblenden 68
- Style 68
Preview 5, 28, 221
- Ausführung 231
- Debugging 233
- Device 233
- Einsatz 224
- Funktionsweise 222
- Konfiguration 227
PreviewProvider 222
- Name 222
Primitive View 14
ProgressView 83
- Style 84
Property 32, 180
Protokolle
- Identifiable 108
- LibraryContentProvider 236
- ObservableObject 187
- PreviewProvider 222
- View 11
Published 190

R

Refactoring 239
Representable 208
- aktualisieren 213
- Coordinator 216
- erstellen 210
- Make-Methode 209
- Update-Methode 209
- View-Update 215
Root View 30

S

ScrollView 125
- Scroll-Indicator 128
- Scroll-Richtung 126
Section 136
- Fußzeile 137
- Kopfzeile 137
SecureField 45
SF Symbols 15, 48
Sheet 165
- ausblenden 168
- Boolean 165
- Identifiable-Item 166
Shorthand Getter Declaration 12
SignInWithAppleButton 60
Slider 74
- Wertebereich 74
some 14
Spacer 139
- Mindestabstand 140
Stack 16, 87
- HStack 16, 88
- LazyHStack 98
- LazyVStack 98
- VStack 16, 92
- ZStack 16, 96
State 33, 182
StateObject 193
Status 31, 179
- Binding 35, 183
- Environment 200
- EnvironmentObject 194
- ObservedObject 186
- Property 32, 180
- State 33, 182

- StateObject 193
- Übersicht 202
Stepper 78
- Aktionen 82
- eigene View 80
- Schritte 80
Storyboard 1
Structure 14
SwiftUI 1
- Grundlagen 11
- View-Aufbau 14
- Voraussetzungen 8

T

TabView 158
- Grundlagen 159
- programmatischer View-Wechsel 162
- Tab-Bar-Items 160
Text 15, 39
- Übersetzung 41
TextEditor 46
TextField 42
TextFieldStyle 44
Toggle 61
- Label ausblenden 63
- Style 64
- tvOS 65

U

UIHostingController 206
UIKit 1
UINavigationController 143
UIViewControllerRepresentable 209
UIViewRepresentable 209
Uniform Type Identifier 58, 120
UTI 58, 120
UTType 120
UUID 107

V

Value Indicators 83
Value Selector 61
VerticalAlignment 89
View 11
- body 11
- Button 53

- DatePicker 70
- deklarativ erzeugte 31
- Divider 142
- EditButton 57
- ForEach 112
- Form 128
- Group 130
- GroupBox 134
- HSplitView 164
- HStack 88
- Image 47
- imperativ erzeugte 31
- Label 85
- LazyHGrid 99
- LazyHStack 98
- LazyVGrid 99
- LazyVStack 98
- Link 86
- List 103
- Menu 58
- NavigationLink 143
- NavigationView 143
- PasteButton 57
- Picker 66
- ProgressView 83
- ScrollView 125
- Section 136
- SecureField 45
- SignInWithAppleButton 60
- Slider 74
- Spacer 139
- Stepper 78
- TabView 158
- Text 39
- TextEditor 46
- TextField 42
- Toggle 61
- VSplitView 164
- VStack 92
- ZStack 96
View-Builder 17
View-Maximum 131
Views Library 7, 28
Voraussetzungen 8
- iOS 8
- iPadOS 8
- macOS 8
- tvOS 8
- watchOS 8

VSplitView 164
VStack 16, 92
– Abstände 95
– Ausrichtung 93

W

WatchKit 1
WKHostingController 207
WKInterfaceObjectRepresentable 209
Worldwide Developers Conference 1
WWDC 1

X

Xcode 221
– Kontext-Aktionen 239
– Library 28, 234

Z

ZStack 16, 96
– Ausrichtung 96

Für Ein- und Umsteiger

Sillmann

Das Swift-Handbuch

Apps programmieren für macOS, watchOS und tvOS

1271 Seiten. Inklusive E-Book

€ 54,–. ISBN 978-3-446-45505-4

Auch einzeln als E-Book erhältlich

Von den Basics bis zu fortgeschrittenen Techniken

- Einsteiger lernen die Grundlagen der Swift 5-Programmierung und wie sie Apps mit Xcode für die unterschiedlichen Plattformen entwickeln.
- Profis erfahren u. a., wie sie Siri in eigene Apps integrieren, die Versionsverwaltung von Xcode nutzen und welches Vertriebsmodell das richtige für ihre App ist.
- Mit Update inside: Erhalten Sie Bonuskapitel zu den kommenden Versionen von Swift, Xcode, macOS, iOS, watchOS und tvOS und weiteren Themen.

Schritt für Schritt SQL lernen

Adams
SQL
Der Grundkurs für Ausbildung und Praxis
3., aktualisierte Auflage
490 Seiten. Inklusive E-Book
€ 29,99. ISBN 978-3-446-46110-9

Auch einzeln als E-Book erhältlich

- Eine Datenbank aufbauen, ändern, die Daten auswerten und die Datenbank administrieren
- Die wichtigsten Grundbegriffe und Designregeln für relationale Datenbanken wie ER-Modell, Schlüssel, referenzielle Integrität und Normalformen
- Mit zahlreichen Übungen, Praxistipps, einem MySQL-Befehlsindex und weiterführenden Themen
- Alle Beispiele sind für MySQL/MariaDB, PostgreSQL und T-SQL getestet

HANSER

Der Weg zum erfolgreichen Online-Marketing

Weller, Harmanus
Content Design
Durch Gestaltung die Conversion beeinflussen
416 Seiten. Komplett in Farbe. Inklusive E-Book
€ 39,–. ISBN 978-3-446-44295-5

Auch einzeln als E-Book erhältlich
€ 29,99. E-Book-ISBN 978-3-446-44535-2

Lernen Sie, Content und Design zusammenzuführen, um potenzielle Kunden von Ihrem Angebot zu überzeugen. Die Autoren erklären Ihnen, wie Sie mit psychologischen Triggern aus Besuchern Ihrer Website Newsletter-Abonnenten, Leads und Kunden machen und wie Sie durch Content-Optimierung nachhaltig Ihre Umsätze steigern.

Das Buch bietet Ihnen eine Übersicht über die Voraussetzungen für erfolgreiches Content Design sowie eine klar strukturierte Einführung in die Gestaltung und Konzeption digitaler Inhalte. Profitieren Sie nicht nur vom Expertenwissen der Autoren, sondern auch von erfahrenen Marketingverantwortlichen bei Facebook, Zalando, Pixum und LogMeIn.

Mehr Informationen finden Sie unter **www.hanser-fachbuch.de**